Rosengarten/Loos • Ivrit – Schritt für Schritt

Miriam Rosengarten • Vera Loos

Ivrit –
Schritt für Schritt
Hebräisch für Anfänger

Fourier Verlag • Wiesbaden

Für unsere Kinder

Illustrationen: Marc Salyer*

*Die Zeichnungen in Lektion 9 stammen von Schülern der Jüdischen Volkshochschule Berlin der Klasse Miriam Rosengarten

4. Auflage 1999

Gesamtherstellung: Grafische Betriebe
Süddeutscher Zeitungsdienst, Aalen
ISBN 3-925037-62-4

Inhaltsverzeichnis

Vorwort

Die hebräische Sprache ist deutschsprachigen Schülern völlig fremd, da sie in Aufbau und Wortschatz weder mit der deutschen noch mit einer Nachbarsprache vergleichbar ist. Die größte Schwierigkeit besteht in der Tatsache, daß es sich um eine Konsonantensprache handelt. Vokale werden durch bestimmte Zeichen (Striche und Punkte) angedeutet, auf die in israelischen Veröffentlichungen, mit Ausnahme von lyrischen Texten und der Bibel, jedoch gänzlich verzichtet wird. Erschwerend kommt hinzu, daß die hebräische Sprache ein eigenes Schriftbild hat. Das Erlernen der fremden Buchstaben stellt ein zusätzliches technisches Problem dar.

Die hier vorgestellte neue Unterrichtsmethode wurde von Miriam Rosengarten aufgrund ihrer langjährigen Erfahrungen als Hebräischlehrerin in Israel, Berlin, Saarbrücken und Köln entwickelt und mit Schülern der Volkshochschule mit guten Ergebnissen getestet. Ihr Ziel ist es, den Schülern innerhalb kurzer Zeit fundierte Sprachkenntnisse zu vermitteln und sie in die Lage zu versetzen, unpunktierte hebräische Texte fließend lesen und verstehen zu können. Die Punktierung erleichtert den Unterricht zwar sehr, da sie den Schülern zu schnellen Leseerfolgen verhilft. Diese können ihnen jedoch langfristig keinen Nutzen bringen, da die Schüler später in der alltäglichen Lesepraxis keine punktierten Texte vorfinden werden. Israelische Forschungen zeigen, daß die Gewöhnung an das Lesen punktierter Texte eine spätere Umstellung auf unpunktierte nahezu verhindert.

Um die Anfangsschwierigkeiten zu entflechten, wird die Sprachvermittlung mit Lautschrift unter Umgehung des hebräischen Schriftbildes begonnen, so daß sich zunächst das Ohr an den Klang der Sprache gewöhnt und langsam ein Sprachgefühl entstehen kann. In diesem Buch wird zur Transkription die sogenannte volkstümliche Lautschrift mit lateinischem Alphabet verwendet, um den Leseprozeß zu erleichtern. Die hebräischen Buchstaben werden nach und nach eingeführt, und das Lesen einfacher, bereits bekannter Wörter ohne Punktierung wird geübt. Die Arbeitstexte der ersten Lektionen erscheinen ausschließlich in Lautschrift, die Vokabeln werden der Vollständigkeit halber jedoch bereits ab Lektion 1 in hebräischer Schrift angegeben. Dies soll von den Schülern zunächst ignoriert werden. Nach Lektion 8, nachdem ein bestimmtes Sprachniveau erreicht ist, wird in einem gesonderten Textteil der bereits bekannte Stoff in unpunktierter hebräischer Schrift wiederholt. So wird das Wissen unter einem neuen Blickwinkel vertieft und der Schüler allmählich mit dem Lesen des hebräischen Schriftbildes vertraut gemacht. Nach diesem Textteil werden die hebräischen Texte in die einzelnen Lektionen integriert. Lehrer und Schüler können selbst entscheiden, ob sie bei der Einführung neuer Arbeitstexte von den hebräischen Schriftzeichen oder den umgeschriebenen Texten ausgehen wollen. Sämtliche Texte wurden übersetzt, damit die Schüler jederzeit ihr Textverständnis kontrollieren können. Die Übersetzungen sind in der Regel sehr nah am Ausgangstext orientiert und weichen an nur wenigen Stellen aus idiomatischen Gründen leicht von diesem ab.

Bei der Einführung neuer Vokabeln und bei der Vermittlung der Grammatik, im Buch als Sprachaufbau bezeichnet, sind folgende Punkte zu beachten:

- Neu eingeführte, hebräisch geschriebene Wörter werden zunächst punktiert, sofern sie nicht gleichzeitig in Umschrift aufgeführt werden, um eine korrekte Aussprache zu garantieren.
- Bei allen geläufigen hebräischen Adjektiven werden jeweils die weiblichen und männlichen Singular- und Pluralformen angegeben.
- Bei allen Verben werden aufgrund ihrer Wichtigkeit für die Konjugation die 3. Person Singular, Maskulinum des Präsens (in runden Klammern) und die 3. Person Singular, Maskulinum der Vergangenheit (in spitzen Klammern) angegeben.
- Bei der Umschrift erscheint zwischen zwei aufeinanderfolgenden Vokalen ein Apostroph, das als Pausenzeichen anzusehen ist.
- Das tiefgestellte '$_e$' gilt als stummes 'e'. Es wird ausgesprochen wie das 'e' in 'halte'.
- '*ch*' wird grundsätzlich ausgesprochen wie in 'machen'.
- Bei der Umschrift wird auf das stumme End- '*h*' verzichtet, da es für die Aussprache nicht relevant ist. In den Vokabelteilen und den Tabellen der Kapitel zum Sprachaufbau wird es bei Verben und Pronominalsuffixen aus Gründen der Veranschaulichung jedoch angegeben.

Bei der Aussprache wird in der Regel die letzte Silbe betont. In Ausnahmefällen liegt die Betonung auf der vorletzten Silbe (bei der Einführung neuer Vokabeln durch das Symbol ^ gekennzeichnet). Die Lektionen entsprechen nicht einzelnen Unterrichtsstunden, d.h. eine Lektion kann über mehrere Unterrichtsstunden behandelt werden. Da dieses Buch ausführlich auf grammatikalische Probleme der Sprache eingeht, ist es auch zum Selbststudium ohne Lehrer geeignet.

Die Methode erzielte in der Praxis hervorragende Ergebnisse und war insgesamt ein großer Erfolg, der Frau Rosengarten dazu inspirierte, dieses Buch zu verfassen.

Glücklicherweise fand sich Vera Loos, eine Diplom-Übersetzerin und ehemalige Schülerin von Frau Rosengarten, bereit, die deutschen Texte und die Übersetzungen zu verfassen, wodurch sich eine besonders sinnvolle gegenseitige Ergänzung innerhalb des Teams ergab.

Dieses Buch basiert auf dem offiziellen Lehrplan des israelischen Ministeriums für Erziehung und Kultur, Abteilung Erwachsenenbildung, der für die Sprachschulen für israelische Neueinwanderer herausgegeben wurde.

Lektion 1

Die Vokabeln

ich	*ani*	אני
du	*ata (m.)*	אתה
Student/in	*studänt/studä̂ntit*	סטודנט/סטודנטית
du	*at (f.)*	את
Büroangestellter/e, (Schalter) beamter/e	*pakid/pkida*	פּקיד/פּקידה
er	*hu*	הוא
Herr (Anrede)	*adon*	אדון
sie	*hi*	היא
Frau (Anrede)	*g_eŵärät*	גברת
wer?	*mi?*	מי?
ja	*kän*	כּן
Physiker/in	*fisikaj/fisika'it*	פיסיקאי/פיסיקאית
nein, nicht	*lo*	לא
Techniker/in	*tächnaj/tächna'it*	טכנאי/טכנאית
das ist	*sä (m.)/sot (f.)*	זה /זאת

<u>und auch:</u>

Architekt	*architäkt*	ארכיטקט
Architektin	*architä̂ktit*	ארכיטקטית
Psychologe	*psicholog*	פּסיכולוג
Psychologin	*psicholôgit*	פּסיכולוגית

mi ani	**Wer bin ich**
ani rut. ani dawid.	Ich bin Ruth. Ich bin David.
ata studänt.	Du bist Student.
at pkida.	Du bist Büroangestellte.
hu adon läwi.	Er ist Herr Levi.
hi g$_e$wärät kohän.	Sie ist Frau Cohen.

mi at? - ani dani'äla.	Wer bist du? - Ich bin Daniela.
mi ata? - ani jossäf.	Wer bist du? - Ich bin Josef.
at iris? - kän, ani iris.	Bist du Iris? - Ja, ich bin Iris.
hu fisikaj?	Ist er Physiker?
kän, hu fisikaj.	Ja, er ist Physiker.
hi studäntit?	Ist sie Studentin?
kän, hi studäntit.	Ja, sie ist Studentin.

ata jossäf? — Bist du Josef?

lo, ani lo jossäf. — Nein, ich bin nicht Josef.

at rut? — Bist du Ruth?

lo, ani lo rut. — Nein, ich bin nicht Ruth.

hi tächna'it? — Ist sie Technikerin?

lo, hi lo tächna'it. — Nein, sie ist nicht Technikerin.

hu pakid? — Ist er Beamter?

lo, hu lo pakid. — Nein, er ist nicht Beamter.

mi sä? - sä dawid. — Wer ist das? - Das ist David.

mi sot? - sot rut. — Wer ist das? - Das ist Ruth.

sä dawid? — Ist das David?

lo, sä lo dawid. — Nein, das ist nicht David.

sot rut? - lo, sot lo rut. — Ist das Ruth? - Nein, das ist nicht Ruth.

Zum Sprachaufbau

Die Geschlechter

In der hebräischen Grammatik unterscheidet man nur zwischen weiblichem und männlichem Geschlecht. Ein sächliches Geschlecht gibt es nicht. Substantive, die auf *-a* oder *-t* enden, sind in der Regel weiblich.

z.B.	*pkid**a***	-	(eine) Büroangestellte
	*studänti**t***	-	(eine) Studentin

Die Personalpronomen im Singular

Außer in der 1. Person Singular und Plural wird im Hebräischen zwischen femininen und maskulinen Personalpronomen unterschieden:

ich	-	*ani (m./f.)*
du	-	***ata (m.)***
du	-	***at (f.)***
er	-	*hu*
sie	-	*hi*

Die 2. Person Singular dient als direkte Anrede (auch in der Höflichkeitsform).

z.B.	*ata dawid?*	Bist du David?
	ata adon läwi?	Sind Sie Herr Levi?

Das Hilfsverb 'sein'

Im Hebräischen gibt es für das Hilfszeitwort 'sein' im Präsens keine eigene Form.

z.B.	*ani dawid.*	Ich bin David.
	hi tächna'it.	Sie ist Technikerin.

Der Fragesatz

Fragesätze können entweder allein durch die Betonung ausgedrückt, oder durch ein Fragewort eingeleitet werden. In beiden Fällen wird die Satzstellung nicht verändert.

z.B.	*ata jossäf?*	Bist du Josef?
	at fisika'it?	Sind Sie Physikerin?
	mi ata?	Wer sind Sie?
	mi hu?	Wer ist er?

lo - nein, nicht

z.B.	*ata jossäf?*	Bist du Josef?
	lo, ani lo jossäf.	Nein, ich bin nicht Josef.

Die Demonstrativpronomen im Singular

Das Demonstrativpronomen richtet sich nach dem Geschlecht des Substantives, auf das es sich bezieht.

z.B.	*sä dawid.*	Das ist David.
	sot rut.	Das ist Ruth.
	sä täläfon?	Ist das ein Telefon?
	sot hi?	Ist sie das?

Die Übungen

Antworte!

hu studänt?	*kän, hu studänt.*
hi gewärät kohän?	*lo,* היא לא גברת כהן
ata pakid?	*lo,* אני לא פקיד
ata architäkt?	*kän,* אני ארכיטקט

Setze ein, *sä* oder *sot!*

זאת *doris?*	*kän,* זאת *doris.*
זה *pakid?*	*lo,* זה *lo pakid.*
זה *tächnaj?*	*kän,* זה *tächnaj.*
זה *adon läwi?*	*lo,* זה *lo adon läwi.*
זאת *gewärät kohän?*	*kän,* זאת *gewärät kohän.*

Antworte!

mi ata? אני אנדראס

mi at? אני שושנה

mi hu? הוא יוסף

mi hi? היא גברת

Das hebräische Alphabet

Hebräisch wird von rechts nach links geschrieben. Das Alphabet besteht nur aus Konsonanten. Die Vokale werden durch Symbole (Striche und Punkte), die unter oder über den Konsonanten stehen, angedeutet.
In der Regel hat jeder Vokal zwei unterschiedliche Punktierungsmöglichkeiten bei gleicher Aussprache. In modernen Texten wird auf die Punktierung gänzlich verzichtet. Aus diesem Grund kann man einen hebräischen Text nur lesen, wenn man die darin verwendeten Wörter kennt.
Im Hebräischen gibt es keine Großschreibung.

Wir beginnen mit:

ת	ל	ע	א
T - *taw*	L - *lamäd*	*ajn*	*aläf*

aläf א und *ajn* ע sind stumm. In Verbindung mit der entsprechenden Punktierung werden sie zu den Vokalen a, e, o, u oder i.

Die Vokalisierung

Wir benutzen im Folgenden den Buchstaben X als Symbol für alle Konsonanten. Die unter oder über den Buchstaben erscheinenden Zeichen entsprechen den deutschen Vokalen.

Die Punktierung einiger Vokale:

ä -	**Xֶ**	**a -**	**Xַ**	**o -**	**Xֹ**
ä	**אֶ**	*a*	**אַ**	*o*	**אֹ**
ä	**עֶ**	*a*	**עַ**	*o*	**עֹ**
lä	**לֶ**	*la*	**לַ**	*lo*	**לֹ**
tä	**תֶ**	*ta*	**תַ**	*to*	**תֹ**

אל על	אֶל עַל
את, את	אַת, אֶת
לא	לֹא

Lektion 2

Die Vokabeln

Frieden (Begrüßungsformel)	*schalom*	שלום
Wie geht's?	*ma nischma?*	מה נשמע?
was?	*ma?*	מה?
danke	*toda*	תודה
schlecht, böse	*ra*	רע
(er, sie) arbeitet	*owäd/oŵädät*	עובד/עובדת
jetzt, zur Zeit	*achschaw*	עכשיו
in einem Büro	b_e*missrad*	בְּמשׂרד
in	b_e*...*	בְּ...
Büro/Büros	*missrad/missradim (m.)*	משׂרד/משׂרדים
auch	*gam*	גם
in dem Büro	*bamissrad*	בַּמשׂרד
in dem, in der, im	*ba...*	בַּ...
und auch	w_e*gam*	וגם
und	w_e*...*	ו...
dort	*scham*	שם
in der, an der Universität	*ba'uniŵärssita*	באוניברסיטה
Universität/en	*uniŵärssita/*	אוניברסיטה
	uniwärssita'ot (f.)	אוניברסיטאות
und Sie?/und du?	w_e*at? (f.)*	ואת?
(er, sie) lernt, studiert	*lomäd/lom̂ädät*	לומד/לומדת
wo?	*êjfo?*	איפה?
Hebräisch	*iwrit*	עברית
Deutsch	*gärmanit*	גרמנית

und auch:

Französisch	*zarfatit*	צרפתית
Englisch	*anglit*	אנגלית
Russisch	*russit*	רוסית
Italienisch	*italkit*	איטלקית
Schwedisch	*schŵädit*	שוודית
Dänisch	*d̂änit*	דנית
Arabisch	*arawit*	ערבית
Japanisch	*jap̂anit*	יפנית

ejfo ata owäd

g$_e$wärät kohän: *schalom adon läwi, ma nischma?*
adon läwi: *toda, lo ra.*
g$_e$wärät kohän: *ata owäd achschaw?*
adon läwi: *kän, ani owäd b$_e$missrad b$_e$täl-awiw.*
g$_e$wärät kohän: *gam rut owädät bamissrad?*
adon läwi: *kän, gam hi owädät scham.*
g$_e$wärät kohän: *w$_e$gam jossäf owäd bamissrad?*
adon läwi: *lo, hu lo owäd bamissrad, hu owäd ba'uniwärssita. w$_e$at?*
g$_e$wärät kohän: *ani lo owädät. ani lomädät.*
adon läwi: *ejfo at lomädät?*
g$_e$wärät kohän: *ani lomädät ba'uniwärssita b$_e$bärlin.*
adon läwi: *ma at lomädät?*
g$_e$wärät kohän: *ani lomädät gärmanit.*
adon läwi: *gam dawid lomäd gärmanit?*
g$_e$wärät kohän: *lo, hu lomäd iwrit.*
adon läwi: *schalom!*
g$_e$wärät kohän: *schalom!*

Wo arbeiten Sie

Frau Cohen:	Guten Tag, Herr Levi, wie geht's?
Herr Levi:	Danke, nicht schlecht.
Frau Cohen:	Arbeiten Sie zur Zeit?
Herr Levi:	Ja, ich arbeite in einem Büro in Tel-Aviv.
Frau Cohen:	Arbeitet Ruth auch in dem Büro?
Herr Levi:	Ja, auch sie arbeitet dort.
Frau Cohen:	Arbeitet Josef auch in dem Büro?
Herr Levi:	Nein, er arbeitet nicht in dem Büro, er arbeitet an der Universität. Und Sie?
Frau Cohen:	Ich arbeite nicht. Ich studiere.
Herr Levi:	Wo studieren Sie?
Frau Cohen:	Ich studiere an der Universität in Berlin.
Herr Levi:	Was studieren Sie?
Frau Cohen:	Ich studiere Deutsch.
Herr Levi:	Studiert David auch Deutsch?
Frau Cohen:	Nein, er studiert Hebräisch.
Herr Levi:	Auf Wiedersehen!
Frau Cohen:	Auf Wiedersehen!

Zum Sprachaufbau

Das Verb im Präsens Singular

Das Verb hat eine männliche und eine weibliche Singularform, die für alle drei Personen jeweils gleichbleibt:

mask. 

fem. 

ani	***lomäd***	***ani***	***lomädät***
ata	***lomäd***	***at***	***lomädät***
hu	***lomäd***	***hi***	***lomädät***

ejfo? - wo?

Auf die Frage *ejfo?* antworten wir mit der Präposition b_e... bzw. *ba*.... Die Präposition b_e..., *ba*... kann nicht allein stehen, sondern wird dem nachfolgenden Wort vorangestellt und verschmilzt mit ihm zu einem Wort.

Ob ב b_e oder *ba* ausgesprochen wird, hängt davon ab, ob ein bestimmtes oder ein unbestimmtes Substantiv folgt bzw. ob die Präposition sich auf eine genaue Ortsangabe (Länder- oder Städtenamen) bezieht.

b_e - wenn das folgende Substantiv unbestimmt ist.
z.B. *$b_e$missrad* — in <u>einem</u> Büro

- wenn eine Ortsangabe folgt.
z.B. *$b_e$täl-awiw* — in Tel Aviv

ba - wenn das folgende Substantiv bestimmt ist.
z.B. *bamissrad* — in <u>dem</u> Büro
z.B. *ba'uniwärssita* — an der Universität

Die Verneinung

Das Verb wird verneint durch Voranstellung von *lo.*

z.B.	*ani lo lomädät.*	Ich lerne nicht.
	hu lo owäd.	Er arbeitet nicht.

Das Bindewort w_e... - und

Das Bindewort w_e... kann nicht allein stehen, sondern wird immer dem nachfolgenden Wort vorangestellt.

z.B.	w_e*gam dawid.*	Und auch David.
	w_e*at?*	Und du?

Der unbestimmte Artikel

Im Hebräischen gibt es weder im Singular noch im Plural einen unbestimmten Artikel.

z.B.	*missrad*	ein Büro
	missradim	Büros
	uniwärssita	eine Universität
	uniwärssita'ot	Universitäten

Die Übungen

Konjugiere!

ani owäd bamissrad.

hi עובדת

ata עובד

dawid עובד

hu lomäd ba'uniwärssita.

hi לומדת

ani (f) לומדת

ata לומד

at לומדת

Antworte!

ejfo ata lomäd? — *ani lomäd ba'uniwärssita.*

ma ata lomäd? — אני לומד עורת

ejfo ata owäd? — אני עובד במשרד

ejfo hi owädät? — היא גם עובדת במשרד

ejfo at lomädät? — אני לומדת במשרד

Stelle eine Frage!

ejfo hu lomäd? — *hu lomäd b*

איפה את עובדת? — *ani owädät ba'uniwärssita.*

מה את לומדת? — *ani lomädät biologia.*

איפה דויד עובד? — *dawid owäd $b_e$gärmania.*

אתה לומד? — *kän, ani lomäd.*

Verneine!

ata owäd ba'uniwärssita? — *lo, ani lo owäd ba'uniwärssita.*
rut owädät bamissrad? — *lo,* היא לא עובדת במשרד
at lomädät iwrit? — *lo,* אני לא לומדת עברית
jossäf lomäd scham? — *lo,* הוא לא לומד שם
dawid owäd? — *lo,* הוא לא עובד

Übersetze!

David studiert und arbeitet in einem Büro. Er studiert Deutsch und Englisch an der Universität in Berlin. Ruth ist Technikerin. Zur Zeit arbeitet sie nicht. Josef arbeitet im Büro.

Nimm jeweils ein Wort aus jeder Spalte und bilde einen Satz!

a	b	c
ani	*lomäd(ät)*	*bamissrad*
hu	*owäd(ät)*	*b$_e$kibuz*
ata		*ba'uniwärssita*
hi		*b$_e$täl-awiw*

דויד לומד ועובד במשרד. הוא לומד גרמנית ואנגלית באוניברסיטה בברלין. רות טכנאית. עכשיו היא לא עובדת. יוסף עובד במשרד.

אני לומד במשרד
הוא עובד בקיבוץ
אתה לומדת באוניברסיטה
היא עובדת בתל אביב

Das hebräische Alphabet

Die neuen Buchstaben

ד	מ ם	י	ו
D - *dalät*	M - *mäm, mäm (ssofit)*	J (i) - *jod*	W (o,u) - *waw*

Im Hebräischen gibt es fünf Buchstaben, die eine eigene Endform *(ssofit)* haben, d. h. wenn diese Buchstaben den Abschluß eines Wortes bilden, haben sie eine eigene Orthographie.

Die Punktierung

ä-	Xֵ	*i-*	Xִי, Xִ
o-	Xוֹ	*u-*	Xוּ, Xֻ

Die Konsonanten *waw* ו und *jod* י können in der Mitte des Wortes die Funktion der Vokale o, u und i übernehmen. Bei unpunktierten Texten sind sie eine Lesehilfe.

z.B.	*waw* und *jod* als Konsonanten:	$w_e at$			וְאַת
	waw und *jod* als Vokale:	*di*	די	*mo*	מו

לומד	לוֹמֵד
לומדת	לוֹמֶדֶת
לומדים	לוֹמְדִים
לומדות	לוֹמְדוֹת

Lektion 3

Die Vokabeln

Guten Morgen!	*b̂okär tow!*	בוקר טוב
wohin?	*l$_e$an?*	לאן?
(er, sie) fliegt	*tass/t̂assah*	טס/טסה
nach Israel	*l$_e$isra'äl*	לישׂראל
nach	*l$_e$...*	ל...
wir	*an̂achnu*	אנחנו
(sie) fliegen	*tassim/tassot*	טסים/טסות
nach Mallorca	*l$_e$maĵorka*	למיורקה
ihr	*atäm (m.)*	אתם
(sie) wohnen	*garim/garot*	גרים/גרות
Hotel/s	*malon/m$_e$lonot (m.)*	מלון/מלונות
klein	*katan/ktana*	קטן/קטנה
	ktanim/ktanot	קטנים/קטנות
angenehm	*na'im/n$_e$ima*	נעים/נעימה
	n$_e$imim/n$_e$imot	נעימים/נעימות
(er, sie) wohnt	*gar/ĝarah*	גר/גרה
Freund/e	*chawär/chawärim*	חבר/חברים
Freundin/nen	*chawära/chawärot*	חברה/חברות
gut	*tow/towa*	טוב/טובה
	towim/towot	טובים/טובות
der, die, das	*ha...*	ה...
hier ist, da ist	*ĥinä*	הינה
(er, sie) macht	*ossäh/ossah*	עושׂה/עושׂה
hier	*po*	פה
Zimmer/Zimmer	*ĉhädär/chadarim (m.)*	חדר/חדרים

groß	*gadol/gdola*	גדול/גדולה
	gdolim/gdolot	גדולים/גדולות
schön	*jafä/jafa*	יפה/יפה
	jafim/jafot	יפים/יפות
bei	*âzäl*	אצל
Familie/n	*mischpacha/mischpachot (f.)*	משפחה/משפחות
Auf Wiedersehen!	*$l_e$hitra'ot!*	להיתראות!

<u>und auch:</u>

Pension	*pänssion*	פנסיון
Kibbuz	*kibuz*	קיבוץ

anachnu tassim

jossäf: *bokär tow, dani'äla!*

dani'äla: *hallo, jossäf w$_e$rut!*

jossäf: *l$_e$an at tassa?*

dani'äla: *ani tassa l$_e$isra'äl. w$_e$atäm?*

jossäf w$_e$rut: *anachnu tassim l$_e$majorka.*

dani'äla: *w$_e$ejfo atäm garim scham?*

rut: *anachnu garim b$_e$malon katan w$_e$na'im. gam at gara b$_e$malon b$_e$isra'äl?*

dani'äla: *lo, ani lo gara b$_e$malon. ani gara äzäl chawära towa. hachawära gara b$_e$älat.*

jossäf: *hinä dawid. schalom dawid. ma ata ossä po?*

dawid: *ani tass l$_e$italia.*

jossäf: *w$_e$ejfo ata gar scham?*

dawid: *ani gar b$_e$chädär gadol w$_e$jafä äzäl mischpacha.*

jossäf: *l$_e$hitra'ot!*

dawid: *bye!*

Wir fliegen

Josef:	Guten Morgen, Daniela!
Daniela:	Hallo Josef, hallo Ruth!
Josef:	Wo fliegst du hin?
Daniela:	Ich fliege nach Israel. Und ihr?
Josef und Ruth:	Wir fliegen nach Mallorca.
Daniela:	Und wo wohnt ihr dort?
Ruth:	Wir wohnen in einem kleinen, angenehmen Hotel. Wohnst du in Israel auch in einem Hotel?
Daniela:	Nein, ich wohne nicht in einem Hotel. Ich wohne bei einer guten Freundin. Die Freundin wohnt in Elat.
Josef:	Da ist David. Hallo David. Was machst du hier?
David:	Ich fliege nach Italien.
Josef:	Und wo wohnst du dort?
David:	Ich wohne in einem großen, schönen Zimmer bei einer Familie.
Josef:	Auf Wiedersehen!
David:	Tschüß!

Zum Sprachaufbau

Das Personalpronomen

Wie wir bereits in Lektion 1 gesehen haben, wird im Hebräischen außer in der 1. Person Singular und Plural zwischen femininen und maskulinen Personalpronomen unterschieden.

ich (bin)	*ani (m./f.)*	אני
du (bist)	*ata (m.)*	אתה
du (bist)	*at (f.)*	את
er (ist)	*hu*	הוא
sie (ist)	*hi*	היא
wir (sind)	*ânachnu (m./f.)*	אנחנו
ihr (seid)	*atäm (m.)*	אתם
ihr (seid)	*atän (f.)*	אתן
sie (sind)	*häm (m.)*	הם
sie (sind)	*hän (f.)*	הן

Die 2. Person Singular und Plural dienen als direkte Anrede.

Das Verb im Präsens

Ebenso wie im Präsens Singular hat das Verb auch im Plural je eine weibliche und eine männliche Form. Es richtet sich also nach Person und Zahl und hat im Präsens vier unterschiedliche Formen.

ani	*lomäd*	*ani*	*lomâdät*	*anachnu*	*lomdim*	*anachnu*	*lomdot*	
ata	*ossäh*	*at*	*ossah*	*atäm*	*ossim*	*atän*	*ossot*	tut
hu	*tass*	*hi*	*t̂assah*	*häm*	*tassim*	*hän*	*tassot*	

Im Hebräischen werden die Verben in verschiedene Gruppen mit unterschiedlicher Konjugation unterteilt.
Bei der Konjugation im Präsens gehen alle Formen von der maskulinen Singularform aus und werden durch Anhängen entsprechender Endungen gebildet.

	Maskulinum	Femininum
Singular	———	*-ät/-ah* אֶת, אָה
Plural	*-im* ים	*-ot* וֹת

Und hier eine Tabelle unserer Verben:

lomäd	*lomâdät*	*lomdim*	*lomdot*	lernt
owäd	*owâdät*	*owdim*	*owdot*	arbeitet
ossäh	*ossah*	*ossim*	*ossot*	tut, macht
tass	*t̂assah*	*tassim*	*tassot*	fliegt
gar	*ĝarah*	*garim*	*garot*	wohnt

Das Substantiv

Auch das Substantiv kennt nur zwei Geschlechter. Die weiblichen Substantive enden in der Regel auf *-a* oder *-t*, im Plural auf *-ot*, die männlichen haben keine typische Endung im Singular und enden im Plural in der Regel auf *-im*.

z.B.	*chawär*	Freund	*chawära*	Freundin
	chawärim	Freunde	*chawärot*	Freundinnen
	missrad	Büro	*mischpacha*	Familie
	missradim	Büros	*mischpachot*	Familien
Aber:	*malon m.*	Hotel	*m$_e$lonot*	Hotels

Der bestimmte Artikel

Die hebräische Sprache kennt nur einen bestimmten Artikel für beide Geschlechter, Singular und Plural. Er lautet *ha...* und kann nicht für sich allein stehen. Er wird dem darauffolgenden Wort vorangestellt.

z.B.	*hachawär*	der Freund
	hapkida	die Beamtin
	hachadarim	die Zimmer
	hamischpachot	die Familien

Das Adjektiv

Das Adjektiv richtet sich in Geschlecht und Zahl nach dem Substantiv. Es wird nachgestellt.

z.B.	*chädär jafä*	ein schönes Zimmer
	malon gadol	ein großes Hotel
	chawärim towim	gute Freunde
	mischpacha ktana	eine kleine Familie
	m$_e$lonot gdolim	große Hotels

Eine Tabelle unserer Adjektive:

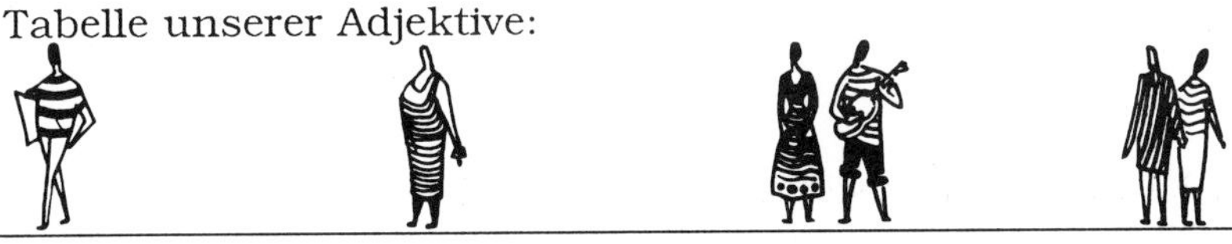

tow	*towa*	*towim*	*towot*
na'im	*n$_e$ima*	*n$_e$imim*	*n$_e$imot*
katan	*ktana*	*ktanim*	*ktanot*
gadol	*gdola*	*gdolim*	*gdolot*
jafä	*jafa*	*jafim*	*jafot*
ra	*ra'a*	*ra'im*	*ra'ot*

Die Übungen

Ersetze die unterstrichenen Wörter durch die Wörter in den Klammern!

l$_e$an ata tass?	*(at, anachnu, häm, hän)*
ejfo hi gara?	*(hu, ata, atäm, atän)*
ma hu lomäd?	*(ani, hi, hu, häm)*
ejfo at owädät?	*(hi, häm, atän, ata)*
hu gar b$_e$malon jafä.	*(gadol, katan, tow, na'im)*
ejfo hu owäd? hu owäd bamissrad.	*(chädär, malon, uniwärssita)*
ejfo hi gara? hi gara b$_e$täl-awiw.	*(isra'äl, bärlin, italia)*

Dekliniere!

chawär	*tow*	*na'im*	*gadol*	*katan*
chawära				
chawärim				
chawärot				
m$_e$lonot				

Setze ein!

(katan, gadol, jafä, na'im)

z.B. *chädär gadol*

malon ______________________

mischpacha ______________________

chawära ______________________

missrad ______________________

missradim ______________________

chawärot ______________________

Lies laut und übersetze!

dawid lomäd b$_e$chädär gadol.
rut lomädät b$_e$chädär katan.
dawid w$_e$jossäf lomdim b$_e$chädär gadol.
rut w$_e$ssara lomdot b$_e$uniwärssita ktana.
adon läwi owäd b$_e$missrad na'im.
g$_e$wärät kohän owädät b$_e$malon jafä.
g$_e$wärät kohän w$_e$adon läwi owdim b$_e$missrad jafä.
ssara w$_e$dani'äla owdot b$_e$missrad katan.
adon schneider gar äzäl mischpacha ktana.
dani'äl w$_e$micha'äl garim äzäl chawära towa.
rut w$_e$ssara garot b$_e$chädär jafä.

Setze in den Plural!

malon katan w$_e$na'im ______________________

mischpacha gdola ______________________

chawära towa ______________________

chädär jafä ______________________

Übersetze!

David fliegt nach Israel. Dort wohnt er in einem kleinen Zimmer bei einer Familie. Sie fliegen nach Italien und wohnen dort in einem großen, schönen Hotel. Wohin fliegst du? Wohnst du bei einer guten Freundin?

Das hebräische Alphabet

Die neuen Buchstaben

ס	ט	ה	ז
SS - *ssamäch*	T - *tät*	H - *hä*	S- *sajn*

Die Punktierung

a **- Xָ** **das stumme e - Xְ**

טס טסה	טַס טָסָה
אתה	אַתָה
ואתה	וְאַתָה
לאיטליה	לְאִיטַלְיָה
הם	הֵם
תודה	תוֹדָה
זה	זֶה
זאת	זֹאת

ט, ת – *t*

Lektion 4

Die Vokabeln

Unterricht	*schi'ur/schi'urim (m.)*	שיעור/שיעורים
Klasse/n	*kita/kitot (f.)*	כיתה/כיתות
(er, sie) sitzt	*joschäw/josĉhäwät*	יושב/יושבת
auf, über	*al*	על
Stuhl/Stühle	*kissä/kiss'ot (m.)*	כיסא/כיסאות
neben, an	*al-jad*	על יד
Tisch/e	*schulchan/schulchanot (m.)*	שולחן/שולחנות
Lehrerin/nen	*mora/morot*	מורה/מורות
Lehrer	*morä/morim*	מורה/מורים
(er, sie) schreibt	*kotäw/kot̂äwät*	כותב/כותבת
Heft/e	*machb̂ärät/machbarot (f.)*	מחברת/מחברות
(er, sie) liest	*korä/korät*	קורא/קוראת
Buch/Bücher	*ŝsäfär/ssfarim (m.)*	ספר/ספרים
es gibt/es gibt nicht	*jäsch/ejn*	יש/אין
heute	*hajom*	היום
Schüler	*talmid/talmidim*	תלמיד/תלמידים
Schülerin/nen	*talmida/talmidot*	תלמידה/תלמידות
warum?	*l̂ama?*	למה
hier	*kan*	כאן
ein/s	*ächad (m.)*	אחד
(er, sie) weiß	*jodä'a/jod̂a'at*	יודע/יודעת
alle, ganz	*kol ha...*	כול ה...
krank	*cholä/chola*	חולה/חולה
	cholim/cholot	חולים/חולות
Jerusalem	*jeruschal̂ajim*	ירושליים

zu Hause	*babâ'it*	בבית
Haus/Häuser	*b̂a'it/batim (m.)*	בית/בתים
sehr	*m$_e$od*	מאוד
aber	*awal*	אבל
mit	*im*	עם
nur	*rak*	רק
ausgezeichnet	*m$_e$zujan/m$_e$zuĵänät*	מצויין/מצויינת
	m$_e$zujanim/m$_e$zujanot	מצויינים/מצויינות
vielen Dank!	*toda raba!*	תודה רבה!
Freiheit, Freizeit	*ĉhofäsch (m.)*	חופש
Kino	*kolN̂o'a (m.)*	קולנוע
Meer, See	*jam (m.)*	ים
das sind	*âlä*	אלה

schi'ur bakita

(jossäf joschäw bakita. hu joschäw al hakissä al-jad haschulchan.)

mora:	*jossäf, ma ata ossä achschaw?*
jossäf:	*achschaw ani kotäw bamachbärät $w_e$korä bassäfär.*
mora:	*ejn hajom talmidim bakita?*
jossäf:	*lama ejn? jäsch kan talmid ächad $w_e$sä ani.*
mora:	*ata jodä'a ejfo kol hatalmidim?*
jossäf:	*rut chola $w_e$dawid bamissrad. dani'äla bijruschalajim, iris baba'it $w_e$micha'äl bakafätäria.*
mora:	*sä ra $m_e$od. ata talmid tow, jossäf. awal rak im talmid ächad, ejn schi'ur hajom.*
jossäf:	*$m_e$zujan! toda raba. hajom jäsch chofäsch.*

(achschaw ejn talmidim bakita $w_e$ejn gam mora. ejfo häm? jossäf bakolno'a $w_e$hamora bajam.)

Beschreibe das Bild!

Unterricht in der Klasse

(Josef sitzt in der Klasse. Er sitzt auf dem Stuhl am Tisch.)

Lehrerin:	Josef, was machst du gerade?
Josef:	Ich schreibe gerade in das Heft und lese in dem Buch.
Lehrerin:	Sind heute keine Schüler in der Klasse?
Josef:	Wieso keine? Es gibt hier einen Schüler, und das bin ich.
Lehrerin:	Weißt du, wo all die Schüler sind?
Josef:	Ruth ist krank, und David ist im Büro. Daniela ist in Jerusalem, Iris ist zu Hause, und Michael ist in der Cafeteria.
Lehrerin:	Das ist sehr schlecht. Du bist ein guter Schüler, Josef, aber mit nur einem Schüler gibt es heute keinen Unterricht.
Josef:	Ausgezeichnet! Vielen Dank. Heute ist frei.

(Nun sind keine Schüler in der Klasse und auch keine Lehrerin.
Wo sind sie? Josef ist im Kino, und die Lehrerin ist am Meer.)

יוסף על הכיסא

יש מחברת אחת והכיסא של יוסף על השולחן [illegible]?

יוסף [illegible]: יש חופש

יש המורה על יד השולחן

Zum Sprachaufbau

Die neuen Verben

jodä'a	*joda'at*	*jod'im*	*jod'ot*
joschäw	*joschäwät*	*joschwim*	*joschwot*
korä	*korät*	*kor'im*	*kor'ot*
kotäw	*kotäwät*	*kotwim*	*kotwot*

kol hatalmidim - alle Schüler

Das Pronomen *kol* in Verbindung mit dem bestimmten Artikel hat die Bedeutung von 'ganz, alle'.

z.B.	*kol hatalmidim*	alle Schüler
	kol hakita	die ganze Klasse
	kol hamischpacha	die ganze Familie

Merke: *kol hajom* - den ganzen Tag

jäsch/ejn - es gibt/es gibt nicht

jäsch wird nicht durch Zusatz von *lo* verneint, sondern es gibt im Hebräischen den eigenen, bereits verneinten Ausdruck *ejn* (es gibt nicht, es ist nicht, es sind nicht).

z.B.	*hajom jäsch schi'ur.*	Heute gibt es (ist) Unterricht.
	hajom ejn schi'ur.	Heute gibt es keinen Unterricht.

jäsch in Verbindung mit Ortsangaben zieht die Präposition b_e... *(ba...)* nach sich.

z.B.	b_e*italia jäsch spagäti.*	In Italien gibt es Spaghetti.
	bakita jäsch mora.	In der Klasse ist eine Lehrerin.
	b_e*gärmania ejn kibuzim.*	In Deutschland gibt es keine Kibbuzim.
	bakita ejn talmidim.	In der Klasse sind keine Schüler.

Das Demonstrativpronomen *älä*

Das Demonstrativpronomen *älä* (das sind) gilt für beide Geschlechter.

z.B.	*älä talmidim.*	Das sind Schüler.
	älä talmidim towim.	Das sind gute Schüler.
	älä chawärot towot.	Das sind gute Freundinnen.
	*älä schulchan**ot** gdol**im**.*	Das sind große Tische.

al - auf, über

hu joschäw al hakissä.	Er sitzt auf dem Stuhl.
hamachbärät al haschulchan.	Das Heft ist auf dem Tisch.
hi kotäwät al isra'äl.	Sie schreibt über Israel.

al-jad - neben

hassäfär al-jad hamachbärät.	Das Buch ist neben dem Heft.
hamissrad al-jad hakafätäria.	Das Büro ist neben der Cafeteria.

Aber:

jossäf joschäw al-jad haschulchan.	Josef sitzt an dem Tisch.

Die Übungen

Ersetze die unterstrichenen Wörter durch die Wörter in den Klammern!

dawid cholä.	*(iris, hu, häm, atäm)*
dawid joschäw bakita al kissä.	*(anachnu, häm, hi, ata)*
hatalmidim kotwim bamachbärät.	*(hi, hu, rut, adon läwi)*
hamora lo joda'at ejfo hatalmidim.	*(hamorä, anachnu, atäm, ani)*
ata korä bassäfär.	*(hi, atän, hän, hu, jossäf)*
rut joschäwät bamissrad.	*(kita, malon, chädär)*
jossäf gar äzäl chawärim.	*(hachawära, dani'äl, hamora)*
iris lomädät im dawid.	*(g$_e$wärät kohän, hachawärim)*
kol hachawärim baba'it.	*(hatalmidim, hapkidim, hamischpacha)*
dawid w$_e$rut garim im jossäf.	*(lomdim, owdim, tassim)*

Setze die richtige Präposition!

(al-jad, al, b$_e$, ba, äzäl)

1. *hamachbärät ____ haschulchan, gam hassäfär ____ haschulchan.*
2. *dawid joschäw ____ rut.*
3. *adon läwi owäd ____ missrad gadol. dani'äla gara ____ chawärim towim ____ täl-awiw.*
4. *hamora ____ jam w$_e$jossäf ____ kolno'a.*

Antworte!

jäsch bakita täläfon?	*lo,* ________
jäsch bamalon pkida?	*kän,* ________
jäsch b$_e$täl-awiw jam?	*kän,* ________
jäsch hajom schi'ur?	*lo,* ________
jäsch achschaw chofäsch?	*kän,* ________

Setze in den Plural!

sä ssäfär tow. אלה ספרים טובים. אלה

sot mischpacha ktana. אלה משפחות קטנות "

sä schulchan gadol. אלה שולחנות גדולים "

sä kissä jafä. אלה כיסות יפים "

Übersetze!

איפה כל התלמידים היום? הם בבית? כן, הם חולים מאוד

Wo sind alle Schüler heute? Sind sie zu Hause? Ja, sie sind sehr krank. Die Lehrerin weiß es nicht.

המורה לא יודעת זאת.

Josef ist ein guter Schüler. Er sitzt in der Klasse und liest ein Buch.

יוסף תלמיד טוב. יושב בכיתה וקורא ספר.

Antworte mit ja oder nein!

jossäf joschäw al haschulchan? לא (הוא)

hassäfär al haschulchan? כן

hamora joschäwät al hassäfär? לא

hamachbärät al hakissä? לא

hamissrad al-jad hajam? כן

כיסות יפים x

משפחות קטנות

שולחנות גדולים x

מלונות קטנים x

Das hebräische Alphabet

Die neuen Buchstaben

ש	שׂ	ר	ק
SCH - *schin*	S - *ssin*	R - *räsch*	K - *kuf*

שִׁיעוּר שִׁיעוּרִים	שיעור שיעורים
עַל יַד	על יד
תַלְמִיד תַלְמִידָה	תלמיד תלמידה
תַלְמִידִים תַלְמִידוֹת	תלמידים תלמידות
הַיּוֹם	היום
יָם	ים
תוֹדָה	תודה
מִשְׂרָד מִשְׂרָדִים	משׂרד משׂרדים
יִשְׂרָאֵל	ישׂראל
אִיטַלְקִית	איטלקית

שׂ,ס – *ss*

Lektion 5

Die Vokabeln

Abend	*âräw (m.)*	ערב
(er, sie) geht	*holäch/holâchät*	הולך/הולכת
zu einer Party	*l$_e$m$_e$ssiba*	למסיבה
Party/Partys	*m$_e$ssiba/m$_e$ssibot (f.)*	מסיבה/מסיבות
Wohnung/en	*dira/dirot (f.)*	דירה/דירות
neu	*chadasch/chadascha*	חדש/חדשה
	chadaschim/chadaschot	חדשים/חדשות
in der Herzlstraße	*birchow ĥärzl*	ברחוב הרצל
Straße/n	*r$_e$chow/r$_e$chowot (m.)*	רחוב/רחובות
Zahl/en, Nummer/n	*misspar/missparim (m.)*	מיספר/מיספרים
fünf	*chamäsch*	חמש
woher?	*mä'âjin?*	מאיין?
(er, sie) kommt (mit)	*ba/bâ'ah*	בא/באה
aus einem Film	*misŝärät*	מסרט
aus, von	*mi...*	מ...
aus dem Film	*mähasŝärät*	מהסרט
Film/Filme	*ŝsärät/ssratim (m.)*	סרט/סרטים
von	*schäl*	של
achteinhalb	*schm̂onä wacĥäzi*	שמונה וחצי
acht	*schm̂onä (f.)*	שמונה
einhalb	*cĥäzi*	חצי
schön, prima! (Ausruf)	*ĵofi!*	יופי!
vielleicht	*ulaj*	אולי
müde	*ajäf/ajäfa*	עייף/עייפה
	ajäfim/ajäfot	עייפים/עייפות

nach Hause	*habajta*	הביתה
(er, sie) ~~kommt~~ geht zurück zurückkehren	*chosär/chosärät* לחזור	חוזר/חוזרת

<u>und auch:</u>

Theater	*tä'atron/tä'atronim (m.)*	תיאטרון/תיאטרונים
Konzert/Konzerte	*konzärt/konzärtim (m.)*	קונצרט/קונצרטים
Oper/Opern	*ôpära/ôpärot (f.)*	אופרה/אופרות
Museum/Museen	*musä'on/musä'ônim (f.)*	מוזיאון/מוזיאונים
Ballet	*balät*	בלט

l$_e$m$_e$ssiba gdola w$_e$jafa

dawid w$_e$iris: *äräw tow, dani'äla! l$_e$an at holächät?*

dani'äla: *ani holächät l$_e$m$_e$ssiba gdola.*

iris: *ejfo ham$_e$ssiba?*

dani'äla: *ham$_e$ssiba äzäl jossäf w$_e$rut. häm garim b$_e$dira chadascha birchow härzl misspar chamäsch. umä'ajin atäm ba'im achschaw?*

dawid w$_e$iris: *anachnu ba'im missärät tow. mähassärät schäl fälini "schmonä wachäzi".*

dani'äla: *jofi, ulaj gam atäm ba'im achschaw lam$_e$ssiba hagdola badira hachadascha?*

iris: *lama lo? anachnu ba'im.*

dawid: *ani lo ba. ani ajäf. ani chosär habajta.*

iris: *o. k., ata holäch habajta, w$_e$ani holächät lam$_e$ssiba.*

Zu einer großen und schönen Party

David und Iris:	Guten Abend, Daniela! Wohin gehst du?
Daniela:	Ich gehe zu einer großen Party.
Iris:	Wo ist die Party?
Daniela:	Die Party ist bei Josef und Ruth. Sie wohnen in einer neuen Wohnung in der Herzl-Straße Nummer fünf. Und wo kommt ihr jetzt her?
David und Iris:	Wir kommen aus einem guten Film. Aus dem Film "Achteinhalb" von Fellini.
Daniela:	Schön, vielleicht kommt ihr jetzt auch mit zu der großen Party in der neuen Wohnung?
Iris:	Warum nicht? Wir kommen mit.
David:	Ich komme nicht mit. Ich bin müde. Ich gehe nach Hause zurück.
Iris:	O. K., du gehst nach Hause, und ich gehe zu der Party.

Zum Sprachaufbau

Die neuen Verben

chosär	*choŝärät*	*chosrim*	*chosrot*
ba	*b̂a'ah*	*bai'm*	*ba'ot*
holäch	*hol̂ächät*	*holchim*	*holchot*

Besonderheit der Aussprache

Die Konjunktion w_e... (und) wird vor *w* ו , *b* ב, *m* מ , *f* + *p* פ und dem stummen $_e$ wie *u* ausgesprochen.

z.B. *ul$_e$an ata holäch?* — Und wo gehst du hin?
umä'ajin atäm ba'im? — Und wo kommt ihr her?

In der Umgangssprache wird diese Regel jedoch häufig nicht beachtet.

Präpositionen + bestimmter Artikel

Die Präpositionen b_e... (in) und l_e... (nach, zu) verbinden sich mit dem bestimmten Artikel.

b_e	+	*ha*	=	*ba*
l_e	+	*ha*	=	*la*

z.B. *hu owäd (b$_e$ha) bamissrad.* — Er arbeitet <u>in dem</u> Büro.
hu holäch (l$_e$ha) lam$_e$ssiba. — Er geht <u>zu der</u> Party.

Der bestimmte Artikel + Adjektiv

Wird das bestimmte Substantiv durch ein Adjektiv ergänzt, so muß der bestimmte Artikel vor dem Adjektiv (durch Voranstellung) wiederholt werden, und zwar vor jedem Adjektiv, wenn es mehrere gibt.

z.B.	*hassärät hatow*	der gute Film
	hachawära hatowa	die gute Freundin
	ham$_{e}$ssiba hagdola	die große Party
	hassärät hatow, hajafä w$_{e}$hachadasch	der gute, schöne und neue Film

Aber:

ham$_{e}$ssiba jafa.	Die Party **ist** schön.
hassärät tow.	Der Film **ist** gut.
hamissrad chadasch.	Das Büro **ist** neu.

Also:

hamalon hagadol jafä.	Das große Hotel ist schön.
hadira hachadascha ktana.	Die neue Wohnung ist klein.
hamissradim haktanim chadaschim.	Die kleinen Büros sind neu.

mä'ajin? - woher?

Auf die Frage *mä'ajin?* antworten wir mit *mi...* (vor unbestimmten Substantiven, Länder- und Städtebezeichnungen) oder mit *mäha...* (vor bestimmten Substantiven). *mi...* und *mäha...* können nicht allein stehen.

z.B.	*ani chosär migärmania.*	Ich komme aus Deutschland zurück.
	hu ba missärät.	Er kommt aus einem Film.
	hu ba missärät tow.	Er kommt aus einem guten Film.
	hu ba mähassärät hatow.	Er kommt aus dem guten Film.

l$_e$an? - wohin?

Auf die Frage *l$_e$an?* antworten wir mit der Präposition *l$_e$*... bzw. *la*.... Sie verhält sich wie die Präposition *b$_e$*... bzw. *ba*... (kann nicht allein stehen).

z.B.	*l$_e$an hu tass? hu tass l$_e$isra'äl.*	Wohin fliegt er? Er fliegt nach Israel.
	jossäf holäch l$_e$ssärät.	Josef geht in einen Film.
	jossäf holäch l$_e$ssärät tow.	Josef geht in einen guten Film.
	jossäf holäch lassärät hatow.	Josef geht in den guten Film.

ejfo? -	*b$_e$missrad*	in einem Büro
	bamissrad	in dem Büro
	bamissrad hagadol	in dem großen Büro

l$_e$an? -	*l$_e$chawära*	zu einer Freundin
	lam$_e$ssiba	zu der Party
	lam$_e$ssiba hajafa	zu der schönen Party

woher *mä'ajin? -*	*missärät*	aus einem Film
aber:	***mäha**missrad*	aus dem Büro
	mähamissrad hakatan	aus dem kleinen Büro

Besonderheiten:

hi gara birchow härzl.	Sie wohnt in der Herzl-Straße.
hu holäch habajta.	Er geht nach Hause.

Die weiblichen Zahlen

Im Hebräischen gibt es für beide Geschlechter eigene Zahlen. Sie richten sich nach den Substantiven, auf die sie sich beziehen. Zum Rechnen und Zählen werden die weiblichen Formen der Zahlen benutzt. Die Zahl 0 ist männlich.

null	*âfäss*	אפס	**0**
eins	*achat*	אחת	**1**
zwei	*scht̂ajim*	שתיים	**2**
drei	*schalosch*	שלוש	**3**
vier	*ârba*	ארבע	**4**
fünf	*chamäsch*	חמש	**5**
sechs	*schäsch*	שש	**6**
sieben	*ŝchäwa*	שבע	**7**
acht	*schm̂onä*	שמונה	**8**
neun	*t̂äscha*	תשע	**9**
zehn	*âssär*	עשר	**10**

Die Zahlen von drei bis zehn stehen vor den Substantiven, auf die sie sich beziehen und werden nicht verändert.

z.B.	*schalosch kitot*	drei Klassen
	schäsch morot	sechs Lehrerinnen
	ässär machbarot	zehn Hefte

schtajim/schtej

Bezieht sich die weibliche Zahl *schtajim* auf ein Substantiv, so wird sie zu *schtej*.

z.B.	*schtej machbarot*	zwei Hefte
	schtej morot	zwei Lehrerinnen

achat

Die Zahl *achat* wird als Adjektiv nachgestellt.

z.B.	*mora achat*	eine Lehrerin
	kita achat	eine Klasse

Die Übungen

Ergänze nach den Beispielen!

z.B. *chädär gadol* — ***ha**chädär gadol.*

talmida towa ______________

kita ktana ______________

talmidim ajäfim ______________

ssärät tow ______________

talmida chadascha — ***ha**talmida **ha**chadascha.*

m$_e$ssiba jafa ______________

mora chadascha ______________

malon gadol ______________

missradim ktanim ______________

Schreibe aus!

bakita jäsch __________ *(2) talmidot.*

bamissrad owdot __________ *(6) morot.*

al haschulchan jäsch __________ *(8) machbarot.*

hu gar birchow weizman misspar __________ *(2).*

misspar hatäläfon schäl dawid 645890 ______________

***mi** oder **mäha**?*

mä'ajin anachnu ba'im/chosrim?

__________ *missrad katan.*

__________ *ssärät hatow.*

__________ *m$_e$ssiba hagdola.*

__________ *ba'it gadol.*

Bilde Sätze nach dem Beispiel!

z.B.

a. hapkida towa. *b. hi joschäwät bamissrad.*
hapkida hatowa joschäwät bamissrad.

a. hatalmida ajäfa.	*b. hi lo chosärät lakita.*
a. hapakid cholä.	*b. hu lo ba lamissrad.*
a. hastudäntit chadascha.	*b. hi tassa $l_e$gärmania.*
a. hakissä katan.	*b. hakissä jafä.*
a. hamalon gadol.	*b. hamalon chadasch.*

Bilde eine Frage mit dem bestimmten Artikel!

z.B. *sot machbärät chadascha.* *ejfo hamachbärät hachadascha?*

sot mora jafa.	*ejfo* ______________________ ?
älä talmidim towim.	*ejfo* ______________________ ?
sot mischpacha ktana.	*ejfo* ______________________ ?
sä missrad gadol.	*ejfo* ______________________ ?

l_e oder *la*?

$l_e$an hi holächät?

_______________ *ba'it hajafä.*
_______________ *chädär hagadol.*
_______________ *malon chadasch.*
_______________ *dira ktana.*

b_e oder *ba*?

ejfo häm owdim?

_______________ *ba'it hakatan.*
_______________ *missrad chadasch.*
_______________ *kita hagdola.*
_______________ *dira hajafa.*

Setze Adjektive ein!

(tow, na'im, chadasch, jafä, gadol)

hatalmida hachadascha jafa.
hamalon hachadasch ______
hamissradim haktanim ______
haba'it hagadol ______
hassärät hachadasch ______

Übersetze!

Heute bin ich müde. Vielleicht bin ich auch krank. Ich gehe nicht zum Unterricht, nicht ins Kino und nicht zur Party. Ich gehe zu Esthers neuer Wohnung.

Kinderreim

achat scht̂ajim j$_e$ruschal̂ajim
schalosch arba amärika
*chamäsch schäsch ata tipäsch**
ŝchäwa schm̂onä amaẑonä
t̂äscha âssär hu proff̂äss-är

אחת שתיים ירושליים
שלוש ארבע אמריקה.
חמש שש אתה טיפש
שבע שמונה אמזונה
תשע עשר הוא פרופ סר

*doof, blöd

Das hebräische Alphabet

Die neuen Buchstaben

בּ	ב	צ ץ
B - *bät*	W - *wät*	Z - *zadi, zadi (ssofit)*

bät und *wät* ist der gleiche Buchstabe, der je nach seiner Stellung im Wort die Aussprache ändert. *bät* wird wie *b* ausgesprochen, wenn in der Mitte des Buchstaben ein Punkt markiert ist.

טוֹב טוֹבָה

בַּיִת

בָּתִּים

קִבּוּץ

טוב טובה

בּית

בּתים

קיבּוץ

ב,ו — *w*

Lektion 6

Die Vokabeln

(er, sie) muß, braucht, soll	*zarich/zrichah*	צריך/צריכה
kommen	*lawo (ba)*	לבוא(בא)
wollen	*lirzot (rozäh)*	לרצות(רוצה)
lernen, studieren	*lilmod (lomäd)*	ללמוד(לומד)
weil	*ki*	כי
Tag/e	*jom/jamim (m.)*	יום/ימים
Sonne	*ŝchämäsch*	שמש
sitzen	*laŝchäwät (joschäw)*	לשבת(יושב)
gehen	*lal̂ächät (holäch)*	ללכת(הולך)
spazierengehen, einen Ausflug machen	*l$_e$tajäl (m$_e$tajäl)*	לטייל(מטייל)
Es stimmt! Es ist richtig!	*nachon!*	נכון!
heiß, warm	*cham/chama*	חם/חמה
	chamim/chamot	חמים/חמות
(er, sie) kann	*jachol/j$_e$cholah*	יכול/יכולה
machen	*la'assot (ossäh)*	לעשות(עושׂה)
Ausflug/Ausflüge	*tijul/tijulim (m.)*	טיול/טיולים
zusammen	*b$_e$ĵachad*	ביחד
Idee/n	*ra'ajon/ra'ajonot (m.)*	רעיון/רעיונות
die "Kleine Schweiz" (Landschaft bei Haifa)	*"schwejẑarja haktana"*	"שוויצריה הקטנה"
der Karmel (Berg in Haifa)	*hakarmäl*	הכרמל
Picknick	*p̂iknik*	פיקניק
sprechen	*l$_e$dabär (m$_e$dabär)*	לדבר(מדבר)

anachnu ossim tijul

dani'äla: *halo dawid. ata ba achschaw lakita?*

dawid: *ani zarich lawo. awal ani lo rozä.*

dani'äla: *lama ata lo rozä lilmod iwrit?*

dawid: *ani kän rozä lilmod, awal ani lo rozä laschäwät bakita, ki hajom jom jafä w$_{e}$jäsch schämäsch. ani rozä lalächät l$_{e}$tajäl.*

dani'äla: *nachon! hajom cham w$_{e}$na'im. ulaj anachnu j$_{e}$cholim la'assot tijul b$_{e}$jachad im hamora w$_{e}$im kol hatalmidim?*

dawid: *sä ra'ajon! anachnu j$_{e}$cholim lalächät l$_{e}$schwejzarja haktana bakarmäl.*

dani'äla: *w$_{e}$scham anachnu j$_{e}$cholim la'assot piknik w$_{e}$gam lilmod iwrit.*

dawid: *m$_{e}$zujan! ani holäch l$_{e}$dabär im hamora w$_{e}$im hatalmidim.*

dani'äla: *jofi!*

Wir machen einen Ausflug

Daniela: Hallo David. Kommst du jetzt in die Klasse?

David: Ich muß kommen, aber ich will nicht.

Daniela: Warum willst du nicht Hebräisch lernen?

David: Ich will ja lernen, aber ich will nicht in der Klasse sitzen, weil heute ein schöner Tag ist, und die Sonne scheint (es Sonne gibt). Ich will spazierengehen.

Daniela: Stimmt! Heute ist es heiß und angenehm. Vielleicht können wir zusammen mit der Lehrerin und mit allen Schülern einen Ausflug machen?

David: Das ist eine Idee! Wir können zu der "Kleinen Schweiz" auf dem Karmel gehen.

Daniela: Und dort können wir ein Picknick machen und auch Hebräisch lernen.

David: Ausgezeichnet! Ich gehe mit der Lehrerin und den Schülern sprechen.

Daniela: Prima!

Zum Sprachaufbau

Die neuen Verben

l$_e$tajäl	*m$_e$tajäl*	*m$_e$tajâlät*	*m$_e$tajlim*	*m$_e$tajlot*
l$_e$dabär	*m$_e$dabär*	*m$_e$dabârät*	*m$_e$dabrim*	*m$_e$dabrot*

Der Infinitiv

Im Hebräischen beginnt jeder Infinitiv mit dem Buchstaben *l...*

Präs. mask.	Infinitiv		
ba	*lawo*	לבוא	בא
lomäd	*lilmod*	ללמוד	לומד
joschäw	*laschâwät*	לשבת	יושב
holäch	*lalâchät*	ללכת	הולך
ossäh	*la'assot*	לעשות	עושׂה
chosär	*lachsor*	לחזור	חוזר

Die Modalverben müssen, können, wollen

	zarich	*zrichah*	*zrichim*	*zrichot*
lirzot	*rozäh*	*rozah*	*rozim*	*rozot*
	jachol	*j$_e$cholah*	*j$_e$cholim*	*j$_e$cholot*

(*jachol* hat keinen Infinitiv)

Wie im Deutschen ziehen die Modalverben einen Infinitiv nach sich.
Im Hebräischen wird er unmittelbar an das Modalverb angeschlossen.

z.B.	*ani rozä lilmod iwrit.*	Ich möchte Hebräisch lernen.
	ata zarich lawo.	Du mußt kommen.
	anachnu j$_e$cholim la'assot tijul im hamora.	Wir können mit der Lehrerin einen Ausflug machen.

ki - weil, denn

Auf die Frage *lama?* (warum?) antworten wir mit *ki*.

z.B. *lama ata lo rozä lilmod iwrit? - ki hajom jom jafä w$_e$jäsch schämäsch.*
Warum willst du nicht Hebräisch lernen? - Weil heute ein schöner Tag ist, und die Sonne scheint (es Sonne gibt).

ani lo ba lam$_e$ssiba, ki ani ajäf m$_e$od.
Ich komme nicht zu der Party, weil ich sehr müde bin.

Merke: Im Hebräischen wird die Satzstellung grundsätzlich nicht verändert.

ani zarich lawo - Ich muß kommen

z.B.	*jossäf zarich ssäfär chadasch.*	Josef braucht ein neues Buch.
	ata zarich lawo habajta.	Du sollst nach Hause kommen.
	achschaw ani zarich lalächät.	Ich muß jetzt gehen.

Die Übungen

Setze in den Infinitiv!

z.B. *hi lomädät.*	*hi roza lilmod.*
hu ba.	*hu rozä* ________
anachnu holchim.	*anachnu rozim* ________
at joschäwät.	*at roza* ________
häm $m_e$dabrim.	*häm rozim* ________
ata $m_e$tajäl.	*ata rozä* ________
ani lomäd.	*ani rozä* ________

Ersetze die unterstrichenen Wörter durch die Begriffe in den Klammern!

hu <u>rozä</u> lilmod.	*(zarich, jachol)*
hi <u>zricha</u> lalächät.	*($j_e$chola, roza)*
<u>ani</u> jachol laschäwät.	*(ata, at, anachnu, atäm)*
<u>anachnu</u> zrichim $l_e$dabär.	*(ani, ata, at, hän)*
<u>mi</u> rozä lilmod.	*(ata, at, hi, hän, atäm)*

Antworte!

ma dawid rozä la'assot hajom?
lama dawid lo rozä laschäwät bakita?
$l_e$an häm $j_e$cholim lalächät?
hara'ajon schäl dawid tow?

Übersetze!

Heute ist ein schöner Tag, und die Schüler wollen einen Ausflug machen. Sie wollen zur "Kleinen Schweiz" auf dem Karmel gehen. Dort können sie mit der Lehrerin Hebräisch sprechen.

Das hebräische Alphabet

Die neuen Buchstaben

כּ	**ך כ**
K - *kaf*	CH - *chaf, chaf ssofit*

לטייל מטייל	לְטַיֵיל מְטַיֵיל
לדבר מדבר	לְדַבֵּר מְדַבֵּר
כרמל	כַּרמֶל
שמש	שֶׁמֶשׁ
שלום	שָׁלוֹם
יכול יכולה	יָכוֹל יְכוֹלָה
יכולים יכולות	יְכוֹלִים יְכוֹלוֹת

ק, כּ – *k*

Lektion 7

Die Vokabeln

mein Herr	*adoni*	אדוני
haben	*jäsch l_e...*	יש ל...
nicht haben	*ejn l_e...*	אין ל...
Zeitung/en	*iton/itonim (m.)*	עיתון/עיתונים
daß	*schä...*	ש...
lesen	*likro (korä)*	לקרוא(קורא)
dieser, diese, dieses	*hasä, hasot, ha'âlä*	הזה, הזאת, האלה
denken, glauben	*lachschow (choschäw)*	לחשוב(חושב)
Laden, Läden	*chanut/chanujot (f.)*	חנות/חנויות
Welt/en	*olam/olamot (m.)*	עולם/עולמות
noch, mehr	*od*	עוד
viel	*harbä*	הרבה
den, die, das (Akk.)	*ät ha...*	את ה...
lieben, mögen	*lä'ähow (ohäw)*	לאהוב(אוהב)
gib mir!	*tni li! (f.)*	תני לי!
wie sagt man auf... ?	*ejch omrim b_e... ?*	איך אומרים ב...?
wie?	*ejch?*	איך?
Postkarte/n	*gluja/glujot (f.)*	גלויה/גלויות
nehmen	*lak̂achat (lok̂ä'ach)*	לקחת/לוקח
Briefmarke/n	*bul/bulim (m.)*	בול/בולים
Post	*d̂o'ar (m.)*	דואר
wieviel?	*k̂ama?*	כמה
kosten	*la'alot (oläh)*	לעלות(עולה)
Schekel	*ŝchäkäl/schkalim (m.)*	שקל/שקלים
Verzeihung!	*sslicha!*	סליחה!

Rechnung/en	*chäschbon/chäschbonot (m.)*	חשבון/חשבונות
Geld/er	*k̂ässäf/kssafim (m.)*	כסף/כספים
sagen	*lomar (omär)*	לומר/אומר
bitte	*b$_e$wakascha*	בבקשה

kama sä olä

dawid:	*schalom adoni. jäsch $l_e$cha iton gärmani?*
adon:	*lo, ejn li. jäsch li rak itonim $b_e$iwrit. awal ani choschäw, schäbachanut birchow disängof jäsch. jäsch lahäm harbä itonim mikol ha'olam.*
dawid:	*schalom $g_e$wärät. jäsch lach iton gärmani?*
$g_e$wärät:	*achschaw jäsch lanu rak od iton gärmani ächad. ata rozä likro ät* "Bildzeitung"?
dawid:	*lo, lo, ani lo ohäw ät ha'iton hasä.*
$g_e$wärät:	*ulaj ata rozä likro ät* "Times"?
dawid:	*tow. jäsch lach gam ssigariot?*
$g_e$wärät	*ata rozä "dubäk"? älä ssigariot towot.*
dawid:	*o. k. tni li $b_e$wakascha gam..., gam... - ejch omrim $b_e$iwrit "post card"?*
$g_e$wärät:	*gluja. scham jäsch harbä glujot. ata jachol lakachat achat.*
dawid:	*jäsch lach gam bul $l_e$gärmania?*
$g_e$wärät:	*lo, ejn li. $b_e$isra'äl jäsch bulim rak bado'ar.*
dawid:	*kama sä olä?*
$g_e$wärät:	*ata lokä'ach ät ha'iton, ät hassigariot $w_e$ät hagluja. $b_e$jachad sä schischa schkalim.*
dawid:	*sslicha, ejch hachäschbon $b_e$wakascha?*
$g_e$wärät:	*ha'iton olä schloscha schkalim, ssigariot olot schnej schkalim, ugluja ola schäkäl ächad.*
dawid:	*hinä hakässäf.*
$g_e$wärät:	*toda, schalom!*

Was kostet das

David: Guten Tag, mein Herr! Haben sie eine deutsche Zeitung?

Herr: Nein, ich habe keine. Ich habe nur Zeitungen in Hebräisch. Aber ich glaube, daß es in dem Laden in der Dizengoffstraße (welche) gibt. Sie haben viele Zeitungen aus der ganzen Welt.

David: Guten Tag, die Dame! Haben sie eine deutsche Zeitung?

Dame: Zur Zeit haben wir nur noch eine deutsche Zeitung. Wollen sie die "Bildzeitung" lesen?

David: Nein, nein, diese Zeitung mag ich nicht.

Dame: Vielleicht wollen Sie die "Times" lesen?

David: Gut. Haben sie auch Zigaretten?

Dame: Wollen sie "Dubek"? Das sind gute Zigaretten.

David: O. K. Geben sie mir bitte auch..., auch... - Wie sagt man "postcard" auf hebräisch?

Dame: *"gluja"*. Dort sind viele Ansichtskarten. Sie können eine nehmen.

David: Haben sie auch eine Briefmarke nach Deutschland?

Dame: Nein, ich habe keine. In Israel gibt es Briefmarken nur auf der Post.

David: Wieviel kostet das?

Dame: Sie nehmen die Zeitung, die Zigaretten und die Ansichtskarte. Zusammen macht das (ist es) sechs Schekel.

David: Verzeihung, wie ist die Rechnung bitte?

Dame: Die Zeitung kostet drei Schekel, Zigaretten kosten zwei Schekel, und eine Ansichtskarte kostet einen Schekel.

David: Hier ist das Geld.

Dame: Danke, auf Wiedersehen!

Zum Sprachaufbau

Die neuen Verben

lä'ähow	*ohäw*	*oĥäwät*	*ohawim*	*ohawot*
lomar	*omär*	*om̂ärät*	*omrim*	*omrot*
lachschow	*choschäw*	*chosĉhäwät*	*choschwim*	*choschwot*
lak̂achat	*lok̂ä'ach*	*lok̂achat*	*lokchim*	*lokchot*
la'alot	*oläh*	*olah*	*olim*	*olot*

Die Pronominalsuffixe

Im Hebräischen gibt es die Möglichkeit, die Personalpronomen an die Präpositionen anzuhängen. So entstehen eigene Formen, deren Endsilben man als **Pronominalsuffixe** bezeichnet.

Wir zeigen diese Suffixe anhand der Präposition ***l_e***...

l_e + ani	⇒	***li***	לִי
l_e + ata	⇒	*l_e**cha** (m.)*	לְךָ
l_e + at	⇒	***lach** (f.)*	לָךְ
l_e + hu	⇒	***lo***	לוֹ
l_e + hi	⇒	***lah***	לָהּ
l_e + anachnu	⇒	*l̂a**nu***	לָנוּ
l_e + atäm	⇒	*la**chäm** (m.)*	לָכֶם
l_e + atän	⇒	*la**chän** (f.)*	לָכֶן
l_e + häm	⇒	*la**häm** (m.)*	לָהֶם
l_e + hän	⇒	*la**hän** (f.)*	לָהֶן

Das Hilfsverb 'haben'

jäsch bzw. *ejn* + l_e... wird verwendet, um das Hilfszeitwort 'haben' bzw. 'nicht haben' auszudrücken.

z.B.	*jäsch* l_e*dawid iton.*	David hat eine Zeitung.
	l_e*iris jäsch ssäfär.*	Iris hat ein Buch.
	lamora ejn talmidim.	Die Lehrerin hat keine Schüler.
	ejn $l_e g_e$*wärät kohän dira.*	Frau Cohen hat keine Wohnung.

jäsch + $l_{e...}$ + die Pronominalsuffixe

ich habe	*jäsch li*	יש לי
du hast	*jäsch* l_e*cha (m.)*	יש לך
du hast	*jäsch lach (f.)*	יש לך
er hat	*jäsch lo*	יש לו
sie hat	*jäsch lah*	יש לה
wir haben	*jäsch lanu*	יש לנו
ihr habt	*jäsch lachäm (m.)*	יש לכם
ihr habt	*jäsch lachän (f.)*	יש לכן
sie haben	*jäsch lahäm (m.)*	יש להם
sie haben	*jäsch lahän (f.)*	יש להן

z.B.	*jäsch li ssäfär.*	Ich habe ein Buch.
	jäsch lanu iton.	Wir haben eine Zeitung.
	ejn li bulim.	Ich habe keine Briefmarken.
	ejn lach chanut gdola.	Du hast keinen großen Laden.
	ejn lahäm dira.	Sie haben keine Wohnung.

ejn + *l_e...* + die Pronominalsuffixe

ich habe nicht	*ejn li*	אין לי
du hast nicht	*ejn $l_e$cha (m.)*	אין לך
du hast nicht	*ejn lach (f.)*	אין לך
er hat nicht	*ejn lo*	אין לו
sie hat nicht	*ejn lah*	אין לה
wir haben nicht	*ejn l̂anu*	אין לנו
ihr habt nich	*ejn lachäm (m.)*	אין לכם
ihr habt nicht	*ejn lachän (f.)*	אין לכן
sie haben nicht	*ejn lahäm (m.)*	אין להם
sie haben nicht	*ejn lahän (f.)*	אין להן

Der Akkusativ

Das Akkusativobjekt wird mit *ät* angeschlossen, wenn es einen bestimmten Artikel hat, oder wenn es sich um einen Eigennamen handelt.

z.B.	*dawid ohäw ät iris.*	David liebt Iris.
	jossäf lokä'ach ät hassigariot.	Josef nimmt die Zigaretten.

Aber: *dani'äla ohäwät tijulim.* — Daniela mag Ausflüge.

Die indirekte Rede

Der Nebensatz der indirekten Rede wird mit *schä...* (daß) eingeleitet. Er steht im Hebräischen immer im Indikativ.

z.B.	*hamora omärät, schähajom ejn schi'ur.*	Die Lehrerin sagt, daß heute kein Unterricht ist.
	Iris choschäwät, schäjäsch $l_e$dawid itonim $b_e$iwrit.	Iris glaubt, daß David Zeitungen in Hebräisch hat.
	anachnu choschwim, schähassärät tow $m_e$od.	Wir denken, daß der Film sehr gut ist.

Der Dativ

Der Dativ wird mit der Präposition $l_{e...}$ angeschlossen.

z.B.	*hu kotäw $l_e$dawid.*	Er schreibt David.
	ani omärät lamora "bokär tow".	Ich sage der Lehrerin "Guten Tag".
	tni latalmidim ät hamachbarot!	Gib den Schülern die Hefte!

Die Personalpronomen im Dativ (mir, dir, usw.) werden gebildet durch l_e + Pronominalsuffixe.

z.B.	*hu kotäw li.*	Er schreibt mir.
	ma hu omär la?	Was sagt er ihr?
	tni lo bulim!	Gib ihm Briefmarken!

Der Imperativ

Alle Verben haben eigene Befehlsformen. In der Regel wird der Imperativ jedoch durch das Futur ausgedrückt. Nur die Befehlsformen einiger Verben, die besonders kurz sind, werden benutzt.

gib!	*tän! (m.)*	תן !	geh!	*läch! (m.)*	לך !
gib!	*tni! (f.)*	תני !	geh!	*$l_e$chi! (f.)*	לכי !
gebt!	*tnu!*	תנו !	geht!	*$l_e$chu!*	לכו !
sitz!	*schäw! (m.)*	שב !	nimm!	*kach! (m.)*	קח !
sitz!	*schwi! (f.)*	שבי !	nimm!	*kchi! (f.)*	קחי !
sitzt!	*schwu!*	שבו !	nehmt!	*kchu!*	קחו !
komm!	*bo! (m.)*	בוא !			
komm!	*$\hat{b}$o'i! (f.)*	בואי !			
kommt!	*$\hat{b}$o'u!*	בואו !			

Die männlichen Zahlen

eins	*ächad*	אחד
zwei	*schnajim*	שניים
drei	*schloscha*	שלושה
vier	*arba'a*	ארבעה
fünf	*chamischa*	חמישה
sechs	*schischa*	שישה
sieben	*schiw'a*	שיבעה
acht	*schmona*	שמונה
neun	*tisch'a*	תישעה
zehn	*assara*	עשׂרה

Merke: Obwohl die Endung *-a* als weiblich gilt, enden die männlichen Zahlen auf *-a*.

z.B.	*arba'a missradim*	vier Büros
	chamischa talmidim	fünf Schüler
	tisch'a ssfarim	neun Bücher

schnajim / schnej

Bezieht sich die Zahl *schnajim* auf ein Substantiv, so wird sie zu *schnej* (wie die weibliche Zahl *schtajim* zu *schtej*).

z.B.	*schnej itonim*	zwei Zeitungen
	schnej pkidim	zwei Beamte

ächad

Die Zahl *ächad* als Adjektiv wird nachgestellt (wie die weibliche Zahl *achat*).

z.B.	*iton ächad*	eine Zeitung
	ssäfär ächad	ein Buch

Die Zahlen von zwanzig bis hundert

zwanzig	*ässrim*	עשׂרים
dreißig	*schloschim*	שלושים
vierzig	*arba'im*	ארבעים
fünfzig	*chamischim*	חמישים
sechzig	*schischim*	שישים
siebzig	*schiw'im*	שבעים
achtzig	*schmonim*	שמונים
neunzig	*tisch'im*	תשעים
hundert	*mä'a*	מאה

Die vollen Zehner, Hunderter, Tausender usw. haben nur eine Form für beide Geschlechter.
Im Hebräischen werden die Ziffern wie im Deutschen von links nach rechts geschrieben, jedoch in der Reihenfolge ausgesprochen, in der sie erscheinen (35, *schloschim w$_e$chamäsch*). Die letzte Ziffer richtet sich nach dem Geschlecht.

z.B.	*ässrim w$_e$chamäsch talmidot*	25 Schülerinnen
	ässrim w$_e$chamischa talmidim	25 Schüler
	schloschim uschnajm bulim	32 Briefmarken
	schloschim uschtajim glujot	32 Ansichtskarten
	schiw'im w$_e$ächad chawärim	71 Freunde
	schiw'im w$_e$achat morot	71 Lehrerinnen
	mä'a w$_e$ässrim chawrej knässät	120 Knessetabgeordnete

Die Übungen

Schreibe aus!

3 ______________ *missradim*
6 ______________ *glujot*
2 ______________ *morot*
2 ______________ *chawärim*
22 ______________ *bulim*

35 ______________ kitot

80 ______________ ssfarim

59 ______________ talmidim

125 ______________ kiss'ot

Antworte!

jäsch $l_e$dawid ssäfär?	*kän, jäsch lo ssäfär.*
jäsch $l_e$daniä'la chawär?	*kän,* ______________
jäsch lapkida missrad?	*kän,* ______________
jäsch latalmida iton?	*kän,* ______________
$l_e$rut ejn dira?	*lo, ejn la dira.*
$l_e$dawid $w_e l_e$iris ejn ssigariot?	*lo,* ______________
$l_e$micha'äl ejn schi'ur?	*lo,* ______________
lachawärot ejn ssäfär?	*lo,* ______________

Setze in die indirekte Rede!

hu omär:	*hajom ejn schi'ur.*
hi choschäwät:	*$l_e$dawid jäsch glujot.*
anachnu omrim:	*atäm zrichim lilmod.*
$g_e$wärät kohän omärät:	*dawid lo baba'it.*

Ersetze die unterstrichenen Wörter durch die Begriffe in den Klammern!

<u>hu</u> lokä'ach ät hagluja.	*(iris, rut $w_e$jossäf, anachnu)*
<u>jossäf</u>, tän li ät hassäfär!	*(rut, dawid $w_e$iris)*
<u>hamora</u> omärät, schähajom ejn schi'ur.	*(jossäf, $g_e$wärät kohän, anachnu)*
ma <u>at</u> choschäwät?	*(anachnu, atän, häm, hi, hu)*
<u>hamachbärät</u> ola schloscha schkalim.	*(hassäfär, ha'itonim, glujot)*
<u>hachawärim</u> chosrim mäham$_e$ssiba.	*(chawärot, rut, dani'äl)*
<u>hu</u> lo ohäw ssigariot.	*(hi, anachnu, atän, häm)*

Verändere den Ausgangssatz unter Benutzung der folgenden Begriffe!

jäsch li dira chadascha.

z.B. *(jäsch l$_e$cha)* — *jäsch l$_e$cha dira chadascha.*

(jäsch lanu) ____________________

(jafa) ____________________

(chawärim) ____________________

(ejn lanu) ____________________

(ejn lachäm) ____________________

(ssäfär) ____________________

Das hebräische Alphabet

Die neuen Buchstaben

נ ן	ח
N - *nun, nun (ssofit)*	CH - *chät* (wie bei 'machen')

Die Punktierung

a - **X**ֲ　　　　**ä -** **X**ֱ

אני	אֲנִי
אין	אֵין
אנחנו	אֲנַחְנוּ
לאהוב	לֶאֱהוֹב
לעשׂות	לַעֲשׂוֹת
Idee　רעיון	רַעֲיוֹן
אחד	אֶחָד

***ch* – ח,כ**

Lektion 8

Die Vokabeln

von mir, mein/e	*schäli*	שלי
fragen	*lisch'ol (scho'äl)*	לשאול (שואל)
Frage/n	*sch$_e$'äla/sch$_e$'älot (f.)*	שאלה/שאלות
Eltern	*horim (m.)*	הורים
ihr Name ist, sie heißt	*schma*	שמה
Name/n	*schäm/schämot (m.)*	שם/שמות
Kind/er	*ĵäläd/j$_e$ladim (m.)*	ילד/ילדים
Kind/er	*jalda/j$_e$ladot (f.)*	ילדה/ילדות
wie alt ist?	*bat/bän k̂ama?*	בת/בן כמה?
Vater/Väter	*âba/awot*	אבא/אבות
Mutter/Mütter	*îma/imahot*	אמא/אמהות
Bruder/Brüder	*ach/achim*	אח/אחים
Schwester/n	*achot/achajot*	אחות/אחיות
sowohl ... als auch	*gam ... w$_e$gam*	גם... וגם
oder	*o*	או
See Genezareth	*kin̂ärät*	כינרת
Ehemann/Ehemänner	*b̂a'al/b$_e$'alim*	בעל/בעלים
der zweite	*haschäni*	השני
Sohn/Söhne	*bän/banim*	בן/בנים
Tochter/Töchter	*bat/banot*	בת/בנות
Frau, Ehefrau	*ischa/naschim*	אישה/נשים
Baby	*tinok/tin̂okät*	תינוק/תינוקת
Babys	*tinokot*	תינוקות

niedlich, nett	*nächmad/nächmada*	נחמד/נחמדה
	nächmadim/nächmadot	נחמדים/נחמדות
Jahr/e	*schana/schanim (f.)*	שנה/שנים
alles	*hakol*	הכול

נשים

hamischpacha schäli

riwka hi talmida chadascha bakita. hi joschäwät al-jad dawid. hatalmidim bakita scho'alim ät riwka sch$_{e}$'älot.

jossäf:	*at gara äzäl hahorim schälach?*
riwka:	*lo, ani gara im hachawär schäli wili. jäsch lanu jalda ktana. schma ana.*
dani'äla:	*bat kama ana?*
riwka:	*ana bat schalosch.*
iris:	*w$_{e}$ejfo garim hahorim schälach?*
riwka:	*hahorim schäli lo garim b$_{e}$jachad. aba schäli gar b$_{e}$gärmania, w$_{e}$ima schäli gara b$_{e}$isra'äl.*
dawid:	*jäsch lach ach o achot?*
riwka:	*kän, jäsch li gam ach w$_{e}$gam achot.*
jossäf:	*ejfo häm garim?*
riwka:	*ha'achot schäli miriam gara b$_{e}$kibuz al-jad hakinärät. jäsch la ba'al uschloscha j$_{e}$ladim. habän hagadol bän schäwa, habän haschäni bän schäsch w$_{e}$habat haktana bat arba. ha'ach schäli gar b$_{e}$täl-awiw im ha'ischa schälo. jäsch lahäm tinokät nächmada. hi bat schana uschma nurit.*
mora:	*jafä m$_{e}$od, achschaw anachnu jod'im hakol al hamischpacha schälach.*

Meine Familie

Riwka ist eine neue Schülerin in der Klasse. Sie sitzt neben David.
Die Schüler in der Klasse stellen Riwka Fragen.

Josef:	Wohnst du bei deinen Eltern?
Riwka:	Nein, ich wohne mit meinem Freund Willi zusammen. Wir haben eine kleine Tochter. Sie heißt Anna.
Daniela:	Wie alt ist Anna?
Riwka:	Anna ist drei.
Iris:	Und wo wohnen deine Eltern?
Riwka:	Meine Eltern wohnen nicht zusammen. Mein Vater wohnt in Deutschland, und meine Mutter wohnt in Israel.
David:	Hast du einen Bruder oder eine Schwester?
Riwka:	Ja, ich habe sowohl einen Bruder als auch eine Schwester.
Josef:	Wo wohnen sie?
Riwka:	Meine Schwester Miriam wohnt in einem Kibbuz am See Genezareth. Sie hat einen Ehemann und drei Kinder. Der älteste Sohn ist sieben Jahre alt, der zweite Sohn ist sechs Jahre, und die kleine Tochter ist vier. Mein Bruder wohnt mit seiner Frau in Tel-Aviv. Sie haben ein niedliches Baby. Es ist ein Jahr alt und heißt Nurit.
Lehrerin:	Sehr schön, jetzt wissen wir alles über deine Familie.

① אני לא גר אצל ההורים שלי. ② אני גר עם האישה שלי.
יש לנו ילדה גדולה, שמה אנג'ליקה ③ אנג'ליקה בת 19.
④ ההורים שלי לא גרים ביחד. אבא שלי גר בגרמניה
ואמא שלי גרה בישראל.
יש לך אח או אחות
⑤ כן, יש לי גם אח וגם אחות.
איפה הם גרים?
⑥ האחות שלי גרה בקיבוץ על יד הכינרת. יש לה בעל ו
שלושה ילדים. הבן הגדול בן שבע, הבן השני בן שש
והבת הקטנה בת ארבע. האח שלי גר עם האישה שלו
בתל אביב. יש להם תינוקת נחמדה. היא בת שנה
ושמה נורית. יפה מאוד, עכשיו אנחנו יודעים
⑦ הכול על המשפחה שלך.

Zum Sprachaufbau

Das neue Verb

lisch'ol	*scho'äl*	*scho'älät*	*scho'alim*	*scho'alot*

Der Genitiv

Der Genitiv wird im Hebräischen mit der Präposition *schäl* gebildet.

z.B.	*hassäfär schäl hapakid*	das Buch des Beamten
	hahorim schäl hatalmida	die Eltern der Schülerin
	hachädär schäl hamora	das Zimmer der Lehrerin

Die Präposition *schäl* + die Pronominalsuffixe

mein/e/es	(von mir)	*schäli*	שלי
dein/e/es	(von dir)	*schälcha (m.)*	שלך
dein/e/es	(von dir)	*schälach (f.)*	שלך
sein/e/es	(von ihm)	*schälo*	שלו
ihr/e/es	(von ihr)	*schälah*	שלה
unser/e/es	(von uns)	*schälanu*	שלנו
euer/eure/s	(von euch)	*schälachäm (m.)*	שלכם
euer/eure/s	(von euch)	*schälachän (f.)*	שלכן
ihr/e/es	(von ihnen)	*schälahäm (m.)*	שלהם
ihr/e/es	(von ihnen)	*schälahän (f.)*	שלהן

schäli, schälcha usw. entspricht dem in der deutschen Umgangssprache verwendeten 'von mir, von dir usw.'

z.B. *ha'ach schäli*	mein Bruder (der Bruder von mir)
hamora schälanu	unsere Lehrerin
chawär schäli	ein Freund von mir
hassfarim schalahäm	ihre Bücher
hassäfär schäl hajalda schälo	das Buch seiner Tochter

schmi - ich heiße

schmi ist abgeleitet von dem Substantiv *schäm* (Name).

mein Name ist	*schmi*	שמי
dein Name ist	*schimcha (m.)*	שמך
dein Name ist	*schmäch (f.)*	שמך
sein Name ist	*schmo*	שמו
ihr Name ist	*schmah*	שמה
unser Name ist	*schmänu*	שמנו
euer Name ist	*schimchäm (m.)*	שמכם
euer Name ist	*schimchän (f.)*	שמכן
ihr Name ist	*schmam (m.)*	שמם
ihr Name ist	*schman (f.)*	שמן

z.B. *ma schimcha?*	Wie heißt du?
schmi jossäf.	Ich heiße Josef.
ma haschäm schäl hatalmid?	Wie ist der Name des Schülers?
schmo dawid.	Sein Name ist David.
ma schäm hamischpacha schälach?	Wie ist Ihr Familienname?

bän kama hu? - Wie alt ist er?

bat kama ana?	Wie alt ist Anna?
ana bat schalosch.	Anna ist drei.
bän kama hu?	Wie alt ist er?
hu bän schäwa.	Er ist sieben.
bnej kama haj$_e$ladim?	Wie alt sind die Kinder?
häm bnej ässär.	Sie sind zehn.
bnot kama hän?	Wie alt sind sie?
hän bnot schäsch.	Sie sind sechs.

Merke:	*hu bän schana.*	Er ist ein Jahr alt.
	hi bat schana.	Sie ist ein Jahr alt.

riwka hi talmida chadascha bakita

An die Stelle des im Hebräischen fehlenden Hilfszeitworts 'sein' im Präsens kann das Personalpronomen treten, wenn die prädikative Ergänzung des Satzes ein Substantiv ist (z.B. Hans ist Lehrer).

z.B.	*nurit hi tinokät.*	Nurit ist ein Baby.
	jossäf hu haba'al schäl rut.	Josef ist Ruths Ehemann.
	hachawärim schäli häm talmidim towim.	Meine Freunde sind gute Schüler.

Die Fragewörter

mi	*ata?*	Wer bist du?
ma	*at ossa?*	Was machst du?
ejfo	*häm garim?*	Wo wohnen sie?
mä'ajin	*hi ba'a?*	Wo kommt sie her?
l$_e$an	*hän holchot?*	Wo gehen sie hin?
kama	*j$_e$ladim jäsch l$_e$cha?*	Wie viele Kinder hast du?
bat kama	*at?*	Wie alt bist du?
l$_e$mi jäsch	*dira chadascha?*	Wer hat eine neue Wohnung?
schäl mi	*hassäfär?*	Wessen Buch ist das?
lama	*anachnu lomdim?*	Warum studieren wir?
ejch	*hadira hachadascha?*	Wie ist die neue Wohnung?

Die Übungen

Erzähle von deiner Familie!

Antworte!

ejfo garim hahorim schälcha (schälach)?
jäsch $l_e$cha (lach) $j_e$ladim?
bat kama ha'achot schälcha (schälach)?
kama $j_e$ladim jäsch $l_e$cha (lach)?

bän kama dani'äl? (7)
bat kama rachäl? (4)
ana bat schalosch?
bän (bat) kama ata (at)?

Dekliniere!

haschäm schälo	*schmo*
haschäm schäli	
haschäm schälanu	
haschäm schäla	
haschäm schälcha	

Antworte!

schmäch rut? — lo, ______
ma schimcha?
ma haschäm schäl hamora?

Übersetze!

Miriam wohnt in einem Kibbuz am See Genezareth. Sie hat einen Bruder und eine Schwester. Die Schwester wohnt in Deutschland zusammen mit ihrem Freund. Ihr Bruder wohnt mit seiner Freundin in Tel-Aviv. Sie haben ein kleines Baby. Miriams Eltern wohnen nicht zusammen.

Das hebräische Alphabet

Die neuen Buchstaben

פּ	ף פ	ג
P - *pä*	F - *fä*, F - *fä (ssofit)*	G - *gimäl*

עייף	עָיֵיף
ספר	סֵפֶר
ספרים	ספָרִים
פה	פֹּה
משפחה	מִשפָּחָה
גם	גַם
גדול	גָדוֹל
איפה	אֵיפֹה
פנסיון	פֶּנסִיוֹן

Das vollständige hebräische Alphabet

ד dalät	ג gimäl	ב wät	בּ bät	א aläf
ט tät	ח chät	ז sajn	ו waw	ה hä
ל lamäd	ך chaf (ssofit)	כ chaf	כּ kaf	י jod
ס ssamäch	ן nun (ssofit)	נ nun	ם mäm (ssofit)	מ mäm
ץ zadi (ssofit) צ zadi	ף fä(ssofit)	פ fä	פּ pä	ע ajn
ת taw	שׂ ssin	שׁ schin	ר räsch	ק kof

Die Vokale

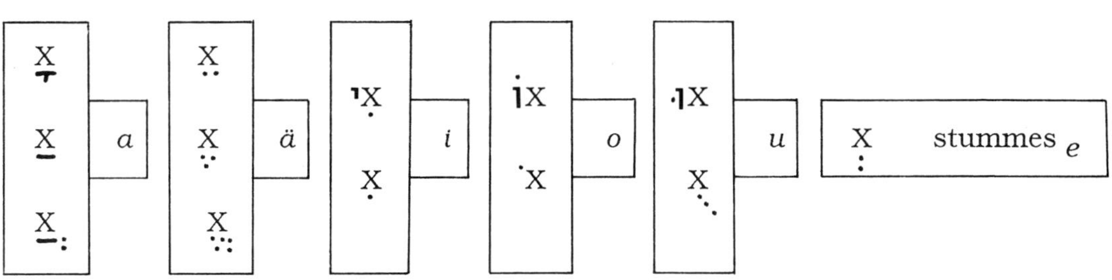

Besonderheiten des Alphabets

Die Endbuchstaben

Die Buchstaben *ch* כ, *m* מ, *n* נ, *f* פ und *z* צ haben eine eigene Form, wenn sie den Abschluß eines Wortes bilden *(soffit)*.

כך	מם	נן	פף	צץ

Buchstaben mit unterschiedlicher Aussprache

Die Buchstaben *bät* בּ, *kaf* כּ und *pä* פּ werden je nach ihrer Stellung im Wort unterschiedlich ausgesprochen. Eröffnen sie ein Wort, so werden sie *b, k, p* ausgesprochen, stehen sie am Wortende, so werden sie zu *w, ch, f.* In der Wortmitte gibt es nach bestimmten Regeln beide Aussprachemöglichkeiten. In punktierten Texten werden *bät, kaf* und *pä* durch einen Punkt in der Mitte des Buchstaben gekennzeichnet. Wir haben diesen Punkt im Folgenden zunächst als Lesehilfe übernommen. Er wird im Laufe des Buches entsprechend den fortschreitenden Kenntnissen wegfallen.

Der unpunktierte Text

Wie wir bereits erwähnt haben, sind die meisten Texte in Israel nicht punktiert. Ausnahmen bilden Gedichte und Bibeltexte. Eine Lesehilfe bieten die Buchstaben *jod* י und *waw* ו, die, wie in Lektion 1 gezeigt, in Verbindung mit einem Konsonanten zu den Vokalen *i* und *o* oder *u* werden. Sollen diese Buchstaben trotz ihrer Verbindung zu einem Konsonanten für *j* bzw. *w* stehen, so treten sie in der Regel als Doppelbuchstaben auf, z.B. m_e*tajiäl* – מטייל
Ein Problem bleiben die Vokale *a* und *ä*. So kann man beispielsweise das Wort
את sowohl als *at* als auch als *ät* lesen, עושׂה kann *ossä* und *ossa* bedeuten.
Eindeutige Auskunft über die jeweilige Bedeutung gibt nur der Kontext.
Man unterscheidet in der hebräischen Schrift zwischen vollständiger *(malä)* und unvollständiger *(chassär)* Schreibweise.
Die vollständige Schreibweise zeichnet sich durch den starken (mehr als nötigen) Gebrauch von *jod* und *waw* aus. Sie soll das unpunktierte Lesen erleichtern. Im israelischen Schriftgebrauch werden beide Schreibweisen gleichberechtigt verwendet.

z.B. דויד דוד, מישׂרד משׂרד, כּול כּל, צוהריים צהריים

Text zu Lektion 1

מי אני

אני רות.

אני דויד.

אתה סטודנט.

את פקידה.

הוא אדון לוי.

היא גברת כּוהן.

מי את? אני דניאלה.

מי אתה? אני יוסף.

את איריס? כן, אני איריס.

הוא פיסיקאי? כן, הוא פיסיקאי.

היא סטודנטית? כן, היא סטודנטית.

אתה יוסף? לא, אני לא יוסף.

את רות? לא, אני לא רות.

היא טכנאית? לא, היא לא טכנאית.

הוא פקיד? לא, הוא לא פקיד.

מי זה? זה דויד.

מי זאת? זאת רות.

זה דויד? לא, זה לא דויד.

זאת רות? לא, זאת לא רות.

Übungen/Lektion 1

Antworte!

אתה אדון לוי? כן, אני אדון לוי

את דניאלה? לא, אני לא דניאלה

הוא פקיד? כן, הוא פקיד

היא טכנאית? לא, היא לא טכנאית

Setze *sä* oder *sot*!

(מי זה, מי זאת)

זה דויד? כן, זה דויד.

זאת דניאלה? לא, זאת לא דניאלה.

זאת אירים.

Antworte!

מי אתה? אני יוסף.

מי את? אני אירים.

מי הוא? הוא אדון לוי.

מי היא? היא גברת כוהן.

Text zu Lektion 2

איפה אתה עובד?

גברת כּוהן: שלום אדון לוי, מה נשמע?

אדון לוי : תודה, לא רע.

גברת כּוהן: אתה עובד עכשיו?

אדון לוי : כּן, אני עובד בּמשׂרד בּתל אביב.

גברת כּוהן: גם רות עובדת בּמשׂרד?

אדון לוי : כּן, גם היא עובדת שם.

גברת כּוהן: וגם יוסף עובד בּמשׂרד?

אדון לוי : לא, הוא לא עובד בּמשׂרד,
הוא עובד בּאוניברסיטה. ואת?

גברת כּוהן: אני לא עובדת. אני לומדת.

אדון לוי : איפה את לומדת?

גברת כוהן: אני לומדת באוניברסיטה בּברלין.

אדון לוי : מה את לומדת?

גברת כּוהן: אני לומדת גרמנית.

אדון לוי : גם דויד לומד גרמנית?

גברת כּוהן: לא, הוא לומד עברית.

אדון לוי : שלום !

גברת כּוהן: שלום !

Übungen/Lektion 2

Antworte!

מה אתה לומד?
מה היא לומדת?
איפה הוא עובד?
איפה את עובדת?
את עובדת במשרד?
הוא לומד בתל אביב?
היא עובדת שם?
הוא עובד?
אני לומד צרפתית?
אתה לומד רוסית?
מה את לומדת?
איפה אתה לא לומד?

Setze die richtige Präposition ein!

אדון לוי עובד _משרד _תל אביב.
גברת פוהן לומדת _אוניברסיטה.
דויד עובד _גרמניה.
אני עובדת _משרד.

Ersetze die unterstrichenen Wörter durch die Begriffe in Klammern!

<u>היא</u> לומדת צרפתית. (הוא, היא, אני)
הוא <u>פקיד</u>. (מוסיקאי, פיסיקאי, ארכיטקט)
היא עובדת <u>באוניברסיטה</u>. (משרד, גרמניה)

אנחנו טסים

יוסף : בּוקר טוב, דניאלה.

דניאלה : הלו, יוסף ורות.

יוסף : לאן את טסה?

דניאלה : אני טסה לישׂראל. ואתם?

יוסף ורות: אנחנו טסים למיורקה.

דניאלה : ואיפה אתם גרים שם?

רות : אנחנו גרים בּמלון קטן ונעים.
גם את גרה בּמלון בּישׂראל?

דניאלה : לא, אני לא גרה בּמלון.
אני גרה אצל חברה טובה.
החברה גרה בּאילת.

יוסף : הינה דויד. שלום דויד.
מה אתה עושׂה פה?

דויד : אני טס לאיטליה.

יוסף : ואיפה אתה גר שם?

דויד : אני גר בּחדר גדול ויפה
אצל משפחה.

יוסף : להיתראות!

דויד : בּיי!

Übungen/Lektion 3

Ersetze die unterstrichenen Wörter durch die Begriffe in Klammern!

לאן אתם טסים? (אתה, את, הן, אני)
איפה היא גרה? (את, אתה, הוא, הם, הן)
איפה הוא לומד? (היא, הן, הם)
איפה את עובדת? (היא, אנחנו, אתן, הוא)
הוא עובד במשרד גדול. (היא, הם, אתן)
הם גרים במלון קטן. (היא, אני, אתן, הן)
אני טס לישראל. (גרמניה, איטליה, מיורקה)
הוא גר אצל חברה טובה. (חברים, חברות, חבר)
אנחנו עובדים במשרד. (הוא, את, אתן, אנחנו)

Antworte!

איפה את גרה?
איפה הוא גר?
לאן הם טסים?
הם גרים במלון קטן ונעים? כן,
אתה גר אצל חברה? לא,

Bilde Sätze!

קטן, מלון, אני, גר.
משפחה, אצל, עובדת, גדולה, היא.
טס, לאן, אתה.
בחדר, אצל, גדול, חברה, ויפה, גרה, היא.

Text zu Lektion 4

שיעור בכיתה

(יוסף יושב בכיתה. הוא יושב
על הכיסא על יד השולחן)

מורה: יוסף, מה אתה עושה עכשיו?

יוסף: עכשיו אני כותב במחברת וקורא בספר.

מורה: אין היום תלמידים בכיתה?

יוסף: למה אין? יש כאן תלמיד אחד וזה אני.

מורה: אתה יודע איפה כל התלמידים?

יוסף: רות חולה ודויד במשרד. דניאלה בירושלים,
איריס בבית ומיכאל בקפטריה.

מורה: זה רע מאוד. אתה תלמיד טוב, יוסף. אבל רק
עם תלמיד אחד אין שיעור היום.

יוסף: מצוין! תודה רבה. היום יש חופש.

(עכשיו אין תלמידים בכיתה ואין גם מורה.
איפה הם? יוסף בקולנוע והמורה בים.)

Übungen/Lektion 4

Ersetze die unterstrichenen Wörter durch die Begriffe in Klammern!

מיכאל חולה. (הוא, היא, אתן, הם)
רות יושבת בכיתה וקוראת ספר. (יוסף, דויד ושרה)
מה הוא כותב עכשיו? (היא, אנחנו, אתן, הם)
זה שולחן חדש וטוב. (אלה)

Setze die richtige Präposition!

(על, על יד)
איפה הספר? הספר ___ השולחן.
איפה המחברת? המחברת ___ הכיסא.
איפה הכיסא? הכיסא ___ השולחן.
איפה דויד יושב? הוא יושב ___ איריס.

Antworte!

(יש, אין)
יש בכיתה שולחנות?
יש בכיתה כסאות?
יש בכיתה מורה?
יש במשרד טלפון?
היום יש חופש?
יש בים טלפון?
יש במלון מורים?

למסיבה גדולה ויפה

דויד ואיריס: ערב טוב דניאלה! לאן את הולכת?

דניאלה : אני הולכת למסיבה גדולה.

איריס : איפה המסיבה?

דניאלה : המסיבה אצל יוסף ורות. הם גרים בדירה חדשה ברחוב הרצל מיספר חמש. ומאיין אתם באים עכשיו?

דויד ואיריס: אנחנו באים מסרט טוב. מהסרט של פליני "שמונה וחצי".

דניאלה : אולי גם אתם באים עכשיו למסיבה הגדולה בדירה החדשה?

איריס : למה לא? אנחנו באים.

דויד : אני לא בא, אני עייף. אני חוזר הביתה.

איריס : או. קיי. אתה הולך הביתה, ואני הולכת למסיבה.

Übungen/Lektion 5

Ersetze die unterstrichenen Wörter durch die Begriffe in Klammern!

דירה גדולה וחדשה. (דירות, משׂרדים, מלון)
התלמידה הטובה לומדת עברית. (תלמיד, פקידים, הן)
איפה הספר החדש? (הפקידה, המלון, הדירה, הספרים)
בּכּיתה יש 8 תלמידות. (1, 2, 9, 6)
איריס הולכת למסיבּה אצל רות. (יוסף, החברים, היא)
דויד בּא מהסרט של פליני. (רות, החברים, הפקידות)

Setze die richtige Präposition ein!

מ, ל, בּ,
דויד בּא _הבּית. הוא הולך _מסיבּה _רחוב הרצל.
יוסף יושב _כּיתה ולומד.
דניאלה טסה _ישׂראל.
דויד טס _איטליה _גרמניה.

Setze den bestimmten Artikel!

מורה טובה. ה_______________.
תלמיד חדש. ה_______________.
מסיבּה גדולה. ה_______________.
דירה חדשה. ה_______________.
משׂרד יפה. ה_______________.

Antworte!

איפה השולחן הגדול?
איפה החברה היפה?
איפה התלמידים הטובים?
איפה השולחנות החדשים?
איפה המסיבּות היפות?

Text zu Lektion 6

אנחנו עושׂים טיול

דניאלה: הלו דויד, אתה בּא עכשיו לכּיתה?

דויד : אני צריך לבוא. אבל אני לא רוצה.

דניאלה: למה אתה לא רוצה ללמוד עברית?

דויד : אני כּן רוצה ללמוד, אבל אני לא
רוצה לשבת בּכּיתה, כּי היום יום יפה
ויש שמש. אני רוצה ללכת לטייל.

דניאלה: נכון! היום יום חם ונעים. אולי
אנחנו יכולים לעשׂות טיול עם המורה
ועם כּל התלמידים.

דויד : זה רעיון! אנחנו יכולים ללכת
ל"שוויצריה הקטנה" בּכּרמל.

דניאלה: ושם אנחנו יכולים לעשׂות פיקניק וגם
ללמוד עברית.

דויד : מצויין! אני הולך לדבּר עם המורה
ועם התלמידים.

דניאלה: יופי!

Übungen/Lektion 6

Antworte mit dem Infinitiv!

למה אתה לא <u>לומד</u>?	כי אני לא רוצה <u>ללמוד</u>.
למה אתה לא <u>בא</u>?	______________________.
למה היא לא <u>יושבת</u>?	______________________.
למה הם לא <u>הולכים</u>?	______________________.
למה הוא לא <u>מטייל</u>?	______________________.
למה אני לא <u>עושה טיול</u>?	______________________.
למה היא לא <u>מדברת</u>?	______________________.

Ersetze die unterstrichenen Wörter durch die Begriffe in Klammern!

<u>הוא</u> יכול ללכת לכּרמל. (רות, אנחנו, אתן, מיכאל)

<u>דניאלה</u> צריכה ללמוד. (יוסף, איריס, הם, הפקיד)

<u>התלמידים</u> מטיילים בּכּרמל. (המורה, יוסף, רות ושׂרה)

<u>הפקיד</u> מדבּר בּמשׂרד. (הפקידה, מיכאל, איריס, אנחנו)

Antworte!

למה דויד לא רוצה ללמוד היום?

מה הוא רוצה לעשׂות?

לאן הוא רוצה ללכת?

מה התלמידים יכולים לעשׂות בּכּרמל?

Text zu Lektion 7

כמה זה עולה?

דויד: שלום אדוני, יש לך עיתון גרמני?

אדון: לא, אין לי. יש לי רק עיתונים בעברית,
אבל אני חושב, שבחנות ברחוב דיזנגוף יש.
יש להם הרבה עיתונים מכּל העולם.

דויד: שלום גברת, יש לך עיתון גרמני?

גברת: עכשיו יש לנו רק עוד עיתון גרמני אחד.
אתה רוצה לקרוא את "Bildzeitung"?

דויד: לא, לא, אני לא אוהב לקרוא את העיתון הזה.

גברת: אולי אתה רוצה לקרוא את "TIMES"?

דויד: טוב. יש לך גם סיגריות?

גברת: אתה רוצה "דובק"? אלה סיגריות טובות.

דויד: או. קיי. תני לי בּבקשה גם... גם...
איך אומרים בעברית "postcard"?

גברת: גלויה. שם יש הרבה גלויות. אתה יכול לקחת אחת.

דויד: יש לך גם בול לגרמניה?

גברת: לא, אין לי. בישראל יש בולים רק בדואר.

דויד: כמה זה עולה?

גברת: אתה לוקח את העיתון, את הסיגריות ואת הגלויה.
ביחד זה שישה שקלים.

דויד: סליחה, איך החֶשבּוֹן בּבקשה?

גברת: עיתון עולה שלושה שקלים, סיגריות עולות שני
שקלים וגלויה עולה שקל אחד.

דויד: הינה הכסף.

גברת: תודה, שלום.

Übungen/Lektion 7

Setze in die indirekte Rede!

דויד אומר : רות, את צריכה ללכת.
יוסף חושב : בישראל אין עיתונים בגרמנית.
דניאל כותב: אנחנו לומדים עברית.

Schreibe die Zahlen aus!

בכיתה יש ____ 6 תלמידות ו____ 8 תלמידים.
לדויד יש ____ 5 ספרים.
הספר עולה ____ 9 שקלים.
לרות יש ____ 4 מחברות.
לדניאלה יש ____ 2 חברים טובים.
בחנות יש רק עיתון ____ 1.

Ersetze Josef und Ruth durch die Begriffe in Klammern!

לרות ויוסף יש הרבה חברים.
יש להם חברים בגרמניה ויש להם גם בישראל.
עכשיו יש להם גם דירה חדשה וגדולה.
מה יש להם בדירה? בדירה יש להם הרבה ספרים.
(דויד, רחל ודניאלה, מיכאל, אין)

Setze in den Plural und ergänze durch ein Adjektiv!

משפחה	משפחות גדולות	רעיון	____
עיתון	____	פיתה	____
מלון	____	שיעור	____
משרד	____	טיול	____
ספר	____	מסיבה	____
שולחן	____	חנות	____

(גדול, קטן, יפה, חדש, טוב, נעים)

Text zu Lektion 8

המשפחה שלי

רבקה היא תלמידה חדשה בכיתה. היא יושבת על יד דויד. התלמידים בכיתה שואלים את רבקה שאלות.

יוסף : את גרה עם ההורים שלך?
רבקה : לא, אני גרה עם החבר שלי ווילי. יש לנו ילדה קטנה. שמה אנה.
דניאלה : בת כמה אנה?
רבקה : אנה בת שלוש.
איריס : ואיפה גרים ההורים שלך?
רבקה : ההורים שלי לא גרים ביחד. אבא שלי גר בגרמניה ואמא שלי גרה בישראל.
דויד : יש לך אח או אחות?
רבקה : יש לי גם אח וגם אחות.
יוסף : איפה הם גרים?
רבקה : האחות שלי מרים גרה בקיבוץ על יד הכנרת. יש לה בעל ושלושה ילדים. הבן הגדול בן שבע. הבן השני בן שש והבת הקטנה בת ארבע. האח שלי גר בתל אביב עם האישה שלו. יש להם תינוקת נחמדה. היא בת שנה ושמה נורית.
מורה : יפה מאוד, עכשיו אנחנו יודעים הכול על המשפחה שלך.

/Lektion 8

Ersetze 'ich' durch 'David hat...', 'Ruth hat...'!

יש לי משפחה גדולה. המשפחה שלי גרה בישׂראל.
ההורים שלי גרים בדירה קטנה בחיפה. יש לי גם
שלושה אחים. הם גרים בישׂראל על יד תל אביב.
האחות שלי גרה באמריקה. יש לה בעל וילד קטן.
אבל האחות שלי גרה בדירה קטנה והיא צריכה גדולה.

Ersetze nach dem Beispiel!

הספר של רות חדש.	הספר <u>שלה</u> חדש.
המשׂרד של הפקיד גדול.	המשרד שלו גדול
החבר של יוסף טוב.	החבר שלו טוב
הטיול של התלמידים יפה.	הטיול שלהם יפה
אמה של רבקה ושׂרה גרה בחיפה.	אמא שלהן גרה בחיפה

שלהם

Stelle eine Frage!

Miriam

________? מרים גרה בקיבוץ על יד הכינרת.
________? אירים בת שלוש.
________? האח של רבקה גר בתל אביב.
________? למרים יש שלושה ילדים.
________? יש לה גם אח וגם אחות.
________? אני גרה עם החבר שלי.

woher — מאיין
wohin — לאן
was — מה
wo — איפה
wann — באיזו שעה — מתי
warum — למה
wie — איך
wieviel — כמה
welcher — איזה איזו

Lektion 9

Die Vokabeln

schreiben	*lichtow/kotäw*	לכתוב/כותב
wann?	*mataj?*	מתי?
wie spät ist es?	*ma hascha'a?*	מה השעה?
Stunde/n	*scha'a/scha'ot (f.)*	שעה/שעות
und ein Viertel, Viertel nach	*war̂äwa*	ורבע
Viertel	*r̂äwa/r$_e$wa'im (m.)*	רבע/רבעים
nach	*acharej*	אחרי
Mittag	*zohor̂ajim (m.)*	צוהריים
fahren	*linso'a (nosŝä'a)*	לנסוע(נוסע)
Zeit/en	*sman/smanim (m.)*	זמן/זמנים
fotographieren, fotokopieren	*l$_e$zaläm (m$_e$zaläm)*	לצלם(מצלם)
Seite, Blatt	*daf/dapim (m.)*	דף/דפים
fertig	*muchan/muchana*	מוכן/מוכנה
	muchanim/muchanot	מוכנים/מוכנות
um welche Stunde? (wann)	*b$_e$êjso scha'a?*	באיזו שעה?
welcher/welche/s?	*êjsä/êjso?*	איזה/איזו?
anfangen	*l$_e$hatchil (matchil)*	להתחיל(מתחיל)
laufen, rennen, rasen	*laruz (raz)*	לרוץ(רץ)
beenden	*ligmor (gomär)*	לגמור(גומר)
und ein Halb	*wacĥäzi*	וחצי
elf	*achat ässrä*	אחת עשׂרה
zwölf	*schtejm ässrä*	שתים עשׂרה

Nacht/Nächte	*lajla/lejlot (m.)*	לילה/לילות
Minute/n	*daka/dakot (f.)*	דקה/דקות
Woche/n	*schawu'a/schawu'ot (m.)*	שבוע/שבועות

המורה שלנו

א. אלה התלמידים של המורה מרים בברלין. הם לומדים לדבר, לכתוב ולקרוא עברית. מתי הם לומדים? הם לומדים עברית בערב.

ב. מה השעה? השעה חמש ורבע אחרי הצוהריים. המורה נוסעת מהבית לכיתה. יש לה הרבה כיתות והרבה תלמידים.

ג. השעה רבע לחמש. מרים באה. במשרד יושב אדון גד פק. היא אומרת לו שלום.

ד. למרים אין זמן. היא צריכה לצלם את הדפים שלה. למה דפים ולא ספר? כי מרים כותבת ספר, והספר עוד לא מוכן.

ה. באיזו שעה השיעור מתחיל? השיעור מתחיל בשש. מרים רצה לכיתה כי כול התלמידים יושבים שם.

ו. השעה שמונה בערב. עכשיו יש שיעור. המורה כותבת ומדברת עברית עם התלמידים. גם התלמידים מדברים וכותבים.

ז. כמה זמן היא עובדת? היא עובדת שלוש שעות. בשעה תשע היא גומרת לעבוד. עכשיו היא מאוד עייפה.

ח. עכשיו השעה תשע וחצי. מרים נוסעת הביתה. להיתראות בשבוע הבא.

hamora schälanu — Unsere Lehrerin

1. *älä hatalmidim schäl hamora miriam $b_e$bärlin. häm lomdim $l_e$dabär, lichtow $w_e$likro iwrit. mataj häm lomdim? häm lomdim iwrit ba'äräw.*

1. Das sind die Schüler der Lehrerin Miriam in Berlin. Sie lernen Hebräisch sprechen, schreiben und lesen. Wann lernen sie? Sie lernen Hebräisch am Abend.

2. *ma hascha'a? hascha'a chamäsch waräwa acharej hazohorajim. hamora nossa'at mähaba'it lakita. jäsch la harbä kitot $w_e$harbä talmidim.*

2. Wie spät ist es? Es ist Viertel nach fünf nachmittags. Die Lehrerin fährt von zu Hause zum Unterricht (in die Klasse). Sie hat viele Klassen und viele Schüler.

3. *hascha'a räwa $l_e$schäsch. miriam ba'a. bamissrad joschäw adon gad bäck. hi omärät lo schalom.*

3. Es ist Viertel vor sechs. Miriam kommt an. Im Büro sitzt Herr Gad Beck. Sie sagt ihm "Guten Tag."

4. *$l_e$miriam ejn sman. hi zricha $l_e$zaläm ät hadapim schäla. lama dapim $w_e$lo ssäfär? ki miriam kotäwät ssäfär, $w_e$hassäfär od lo muchan.*

4. Miriam hat keine Zeit. Sie muß ihre Blätter fotokopieren. Warum Blätter und kein Buch? Weil Miriam ein Buch schreibt, und das Buch noch nicht fertig ist.

5. b$_e$ejso scha'a haschi'ur matchil? haschi'ur matchil b$_e$schäsch. miriam raza lakita, ki kol hatalmidim joschwim scham.

5. Wann beginnt der Unterricht? Der Unterricht beginnt um sechs. Miriam rennt in die Klasse, weil alle Schüler dort sitzen.

6. *hascha'a schmonä ba'äräw. achschaw jäsch schi'ur. hamora kotäwät um$_e$dabärät iwrit im hatalmidim. gam hatalmidim m$_e$dabrim w$_e$kotwim.*

6. Es ist acht Uhr abends. Nun ist Unterricht. Die Lehrerin schreibt und spricht Hebräisch mit den Schülern. Auch die Schüler sprechen und schreiben.

7. *kama sman hi owädät? hi owädät schalosch scha'ot.* b_e*scha'a täscha hi gomärät la'awod. achschaw hi* m_e*od ajäfa.*

7. Wie lange arbeitet sie? Sie arbeitet drei Stunden. Um neun hört sie auf zu arbeiten (beendet sie die Arbeit). Jetzt ist sie sehr müde.

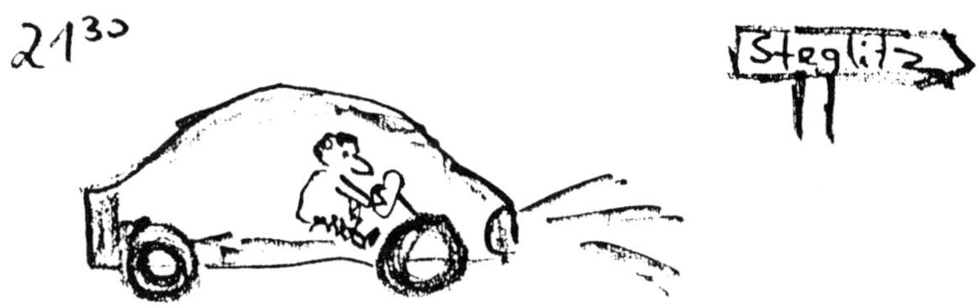

8. *achschaw hascha'a täscha wachäzi. miriam nossa'at habajta.* l_e*hitra'ot baschawu'a haba.*

8. Jetzt ist es halb zehn. Miriam fährt nach Hause. Auf Wiedersehen nächste Woche.

Zum Sprachaufbau

Die neuen Verben

לִנְסוֹעַ	נוֹסְעוֹת	נוֹסְעִים	נוֹסַעַת	נוֹסֵעַ
לְצַלֵּם	מְצַלְּמוֹת	מְצַלְּמִים	מְצַלֶּמֶת	מְצַלֵּם
לָרוּץ	רָצוֹת	רָצִים	רָצָה	רָץ
לְהַתְחִיל	מַתְחִילוֹת	מַתְחִילִים	מַתְחִילָה	מַתְחִיל
לִגְמוֹר	גּוֹמְרוֹת	גּוֹמְרִים	גּוֹמֶרֶת	גּוֹמֵר

Die Uhrzeit

Bei der Angabe der Uhrzeit werden im Hebräischen nur die Zahlen von eins bis zwölf verwendet, ergänzt durch die Bezeichnungen: am Morgen, am Mittag, am Nachmittag usw.

הַשָּׁעָה שָׁלוֹשׁ

הַשָּׁעָה רֶבַע לִשְׁתֵּים עֶשְׂרֵה

הַשָּׁעָה חָמֵשׁ וָרֶבַע

הַשָּׁעָה חָמֵשׁ וָחֵצִי

hascha'a chamäsch acharej hazohorajim	es ist fünf Uhr nachmittags
hascha'a ässär babokär	es ist zehn Uhr morgens
hascha'a schtejm ässrä balajla	es ist zwölf Uhr nachts
hascha'a schäwa ba'äräw	es ist sieben Uhr abends

waräwa, wachäzi - viertel nach, halb

Wir wissen bereits, daß die Konjunktion 'und' durch w_e... und *u*... ausgedrückt werden kann. Eine dritte Möglichkeit ist *wa*..., diese wird jedoch sehr selten angewendet. *räwa* und *chäzi* werden dagegen immer mit *wa*... statt w_e... verbunden.

Die Zeitangabe halb... *(chäzi)* steht im Hebräischen hinter der vollen Stunde. Man sagt beispielsweise nicht 'halb vier', sondern in diesem Falle 'drei und ein halb'.

z.B.	*schmonä wachäzi*	halb neun
	schtajm wachäzi	halb drei

Die ersten dreißig Minuten, die zu einer vollen Stunde kommen, werden mit w_e... bzw. *wa*... angeschlossen,

z.B.	*ässär* w_e*ässrim*	zwanzig nach zehn
	chamäsch w_e*ässär dakot*	fünf Uhr zehn (fünf Uhr und zehn Minuten)

die zweiten dreißig Minuten werden zuerst genannt; dann wird die nachfolgende Stunde mit der Präposition l_e... angeschlossen.

z.B.	*räwa* l_e*schmonä*	Viertel vor acht
	ässär dakot l_e*schalosch*	zehn Minuten vor drei, vierzehn Uhr fünfzig.

mataj? b$_e$ejso scha'a? **- wann?**

Auf die Fragen *mataj?* und *b$_e$ejso scha'a?* leiten wir die Antwort immer mit der Präposition *b*... ein.

z.B.	*mataj at ba'a lakita?*	Wann kommst du in die Klasse?
	b$_e$schäsch ba'äräw.	Um sechs Uhr abends.
	mataj häm noss'im l$_e$chejfa?	Wann fahren sie nach Haifa?
	baschawu'a haba.	In der kommenden Woche.
	b$_e$ejso scha'a at matchila la'awod?	Um wieviel Uhr beginnst du zu arbeiten?
	b$_e$scha'a arba acharej hazohorajm.	Um vier Uhr nachmittags.
	mataj haschi'ur haba?	Wann ist der nächste Unterricht?
	baschawu'a haba.	In der nächsten Woche.

ejsä, ejso? **- welcher, welche?**

Das Fragewort *ejsä/ejso* richtet sich nach dem darauffolgenden Substantiv. *ejsä* ist gleichzeitig die männliche Singular- und die männliche und weibliche Pluralform.

z.B.	*ejsä ssäfär ata korä?*	Welches Buch liest du?
	ejso mora jäsch l$_e$cha ?	Welche Lehrerin hast du?
	ejsä ssfarim ata ohäw?	Welche Bücher magst du?
	ejsä talmidot lomdot iwrit?	Welche Schülerinnen lernen Hebräisch?

haba **- der nächste**

haschi'ur haba	der nächste Unterricht (der Unterricht, der kommt)
baschana haba'a	im nächsten (kommenden) Jahr (im Jahr, das kommt)
bajamim haba'im	in den nächsten Tagen (in den Tagen, die kommen)
ham$_e$ssiba haba'a	die nächste Party (die Party, die kommt)

Die Übungen

ma hascha'a?

16:00, 18:00, 11:00, 12:00, 8:00, 10:00,
2:30, 14:30, 18:30, 20:30, 11:30, 7:30, 9:30,
4:45, 18:45, 21:45, 22:45, 5:45, 8:45,
6:15 10:15, 24:15, 11:15, 8:15, 10:15.

Antworte mit einer der Zeitangaben in der Klammer, benutze die richtige Präposition!

(*april, schmonä, äräw, bokär,* 24:00)

mataj atäm tassim l$_e$isra'äl?
b$_e$ejso scha'a at ba'a lakita?
mataj ata holäch l$_e$konzärt?
mataj häm lomdim iwrit?
b$_e$ejso scha'a anachnu noss'im habajta mäham$_e$ssiba?

Stelle eine Frage!

_______________ *ani owäd schäsch scha'ot b$_e$jom.*
_______________ *ani lomäd schalosch scha'ot.*
_______________ *hi holächät l$_e$chawärim ba'äräw.*
_______________ *hu matchil la'awod b$_e$schmonä wachäzi.*

Ersetze die unterstrichenen Wörter durch die Begriffe in den Klammern!

hi nossa'at lamissrad acharej hazohorajim. (hu, häm, atän, anachnu rozim).
hapakid gomär la'awod ba'äräw. (pkida, morim, at, ani roza)
hassärät matchil b$_e$scha'a schmonä ba'äräw. (hakonzärt, haschi'ur, ham$_e$ssiba)
hu matchil lichtow ssäfär. (hi, atäm, hän, hu zarich)
lama ata raz? (at, atän, atäm, ata rozä)
hamora m$_e$zalämät ät hadapim. (hatalmid, hapkidim, hi roza)
dawid holäch habajta acharej haschi'ur. (konzärt, zohorajim, ssärät, m$_e$ssiba)

Übersetze!

Heute ist Miriam sehr müde. Sie ist Lehrerin und hat viel Arbeit. Ihre Schüler lernen abends Hebräisch. Die Lehrerin beginnt um Viertel nach sechs und beendet den Unterricht um neun. Auch nachmittags hat Miriam keine Zeit, weil sie ihre Unterlagen für ihre Schüler kopieren muß.

Setze den Text in den Plural und/oder in die weibliche Form!

_שלום מיכאל. מה נשמע?
_טוב תודה.
_לאן אתה הולך עכשיו?
_אני הולך עכשיו לעבוד.
_בערב אתה הולך לעבוד?
_למה לא? יש לי הרבה מה לעשות. ומה אתה עושה?
_אני הולך עכשיו לסרט.
_גם רות הולכת לסרט?
_לא, רות לא יכולה ללכת, כי היא עובדת עכשיו.
_מתי היא מתחילה?
_היא מתחילה בצוהוריים וגומרת בלילה.
_להיתראות!

Antworte!

באיזו שעה נוסעת המורה לשיעור?
למה היא צריכה לצלם את הדפים?
באיזו שעה יושבים כול התלמידים בכיתה?
למה אין לתלמידים ספרים?
מתי מתחיל השיעור?
באיזו שעה התלמידים גומרים ללמוד?
מתי השיעור הבא?
באיזו שעה חוזרת המורה הביתה?

Leseübung

גברת ואדון לוי גרים בחיפה.
אדון לוי עובד במשׂרד גדול וחדש ברחוב בן יהודה.
הוא מתחיל את העבודה בשמונה וחצי בבוקר וגומר בשעה שש בערב.
גברת לוי עובדת במלון חדש ויפה על הכרמל, ברחוב הרצל מספר תשע.
היא מדברת אנגלית,צרפתית ,גרמנית ועברית.
היא מתחילה את העבודה בשבע בבוקר, אבל היום היא חוזרת בשעה שתים עשׂרה בצוהוריים הביתה.למה? כי היא רוצה לנסוע לחברה שלה בתל אביב. צִילָה כוהן גרה בדירה גדולה ויפה בבית חדש על יד הים. גברת כוהן וגברת לוי רוצות ללכת לסרט בערב. יש סרט טוב מאוד בקולנוע ברחוב וויצמן.

לאן את הולכת?
אני הולכת לביתה.
למה את הולכת לביתה?
כי אני לומדת שם צרפתית.
לאן הם נוסעים?
הם נוסעים לים כי יש להם חופש.
יוסף ושׂרה, אתם הולכים למשׂרד?
לא, היום אנחנו לא עובדים, כי אנחנו טסים לאנגליה.
מה אתה עושׂה אחרי הצוהריים?
אחרי הצוהוריים אני רוצה לצלם את רות?
מתי אתם נוסעים לים? בערב.

Lektion 10

Die Vokabeln

Tagesordnung, Tagesablauf	*sŝädär jom*	סדר יום
gestern	*ätmol*	אתמול
aufstehen	*lakum (kam)*	לקום(קם)
essen	*lä'ächol (ochäl)*	לאכול(אוכל)
Mahlzeit/en	*arucha/aruchot (f.)*	ארוחה/ארוחות
Frühstück	*aruchat bôkär (f.)*	ארוחת בוקר
Arbeit/en	*awoda/awodot (f.)*	עבודה/עבודות
sich ausruhen	*lanûach (nach)*	לנוח/נח
vor	*lifnej*	לפני
früh	*mukdam*	מוקדם
zu meinem Glück	*$l_e$masali*	למזלי
einmal/Male	*pâ'am/$p_e$amim (f.)*	פעם/פעמים
Dienstag	*jom schlischi*	יום שלישי
hören	*lischmôa (schomâ'a)*	לשמוע(שומע)
danach, später	*achar kach*	אחר כך
schlafen	*lischon (jaschän)*	לישון(ישן)
überhaupt nicht	*bichlal lo*	בכלל לא
ein wenig	*kzat*	קצת
belegtes Brot	*sŝändwitch (m.)*	סנדויץ'
Musik	*mûsika (f.)*	מוסיקה

Die Wochentage

Sonntag	*jom rischon*	יום ראשון
Montag	*jom schäni*	יום שני
Dienstag	*jom schlischi*	יום שלישי
Mittwoch	*jom* r_e*wi'i*	יום רביעי
Donnerstag	*jom chamischi*	יום חמישי
Freitag	*jom schischi*	יום שישי
Samstag	*schabat*	שבת

סדר יום

מורה : איריס, באיזו שעה קמת אתמול בבוקר?

איריס : קמתי בשבע, אכלתי ארוחת בוקר ונסעתי לעבודה. עבדתי במשרד "אל על" שמונה שעות. אחרי העבודה חזרתי הביתה ונחתי. לפני שבאתי לכיתה אכלתי ארוחת ערב.

רות : אני לא אוהבת לקום מוקדם. למזלי אני גם לא צריכה. אני עובדת רק שלוש פעמים בשבוע. אני מתחילה בעשר וגומרת בשש בערב. אבל ביום שלישי אני לא עובדת, כי יש לי בערב שיעור בעברית.

דויד : אני לא עבדתי היום בכלל. היום נחתי כול היום. קראתי הרבה ושמעתי מוסיקה.

מורה : למה לא עבדת?

דויד : כי יש לי חופש.

דניאלה : גם לי יש חופש. הלכתי לים מוקדם בשבע בבוקר. לא אכלתי ארוחת בוקר בבית. לקחתי סנדויץ'. בשעה שתים עשרה אכלתי ארוחת צוהוריים בבית. אחרי הצוהוריים ישנתי קצת. עכשיו אני פה.

GÄHN!
BRRRRRING

ssädär jom

hamora: *iris, $b_e$ejso scha'a kamt ätmol babokär?*

iris: *kamti $b_e$schäwa, achalti aruchat bokär $w_e$nassati la'awoda. awad$_e$ti $b_e$missrad 'el-al' schmonä scha'ot. acharej ha'awoda chasarti habajta $w_e$nachti. lifnej schäbati lakita achalti aruchat äräw.*

rut: *ani lo ohäwät lakum mukdam. $l_e$masali ani gam lo zricha. ani owädät rak schalosch $p_e$amim $b_e$schawu'a. ani matchila $b_e$ässär $w_e$gomärät $b_e$schäsch ba'äräw. awal $b_e$jom schlischi ani lo owädät, ki jäsch li ba'äräw schi'ur $b_e$iwrit.*

dawid: *ani lo awad$_e$ti hajom bichlal. hajom nachti kol hajom. karati harbä $w_e$schamati musika.*

mora: *lama lo awad$_e$ta?*

dawid: *ki jäsch li chofäsch.*

dani'äla: *gam li jäsch chofäsch. halachti lajam mukdam $b_e$schäwa babokär. lo achalti aruchat bokär baba'it. lakachti ssändwitsch. $b_e$scha'a schtejm ässrä achalti aruchat zohorajim baba'it. acharej hazohorajim jaschanti kzat. achschaw ani po.*

Ein Tagesablauf

Die Lehrerin:	Iris, um wieviel Uhr bist du gestern morgen aufgestanden?
Iris:	Ich bin um sieben Uhr aufgestanden, habe gefrühstückt und bin zur Arbeit gefahren. Ich habe acht Stunden im Büro der 'El Al' gearbeitet. Nach der Arbeit bin ich nach Hause zurückgefahren und habe mich ausgeruht. Bevor ich in die Klasse kam, habe ich zu Abend gegessen.
Ruth:	Ich stehe nicht gerne früh auf. Zu meinem Glück muß ich es auch nicht. Ich arbeite nur dreimal die Woche. Ich beginne um zehn und höre um sechs Uhr abends auf. Aber dienstags arbeite ich nicht, weil ich abends Hebräischunterricht habe.
David:	Ich habe heute überhaupt nicht gearbeitet. Heute habe ich mich den ganzen Tag ausgeruht. Ich habe viel gelesen und Musik gehört.
Lehrerin:	Warum hast du nicht gearbeitet?
David:	Weil ich Urlaub habe.
Daniela:	Auch ich habe Urlaub. Ich bin morgens früh um sieben ans Meer gegangen. Ich habe zu Hause nicht gefrühstückt. Ich habe ein belegtes Brot mitgenommen. Um zwölf Uhr mittags habe ich zu Hause zu Mittag gegessen. Nachmittags habe ich ein wenig geschlafen. Jetzt bin ich hier.

Zum Sprachaufbau

Die neuen Verben

לָקוּם	קָמוֹת	קָמִים	קָמָה	קָם
לֶאֱכוֹל	אוֹכְלוֹת	אוֹכְלִים	אוֹכֶלֶת	אוֹכֵל
לָנוּחַ	נָחוֹת	נָחִים	נָחָה	נָח
לִשְׁמוֹעַ	שׁוֹמְעוֹת	שׁוֹמְעִים	שׁוֹמַעַת	שׁוֹמֵעַ
לִישׁוֹן	יְשֵׁנוֹת	יְשֵׁנִים	יְשֵׁנָה	יָשֵׁן

Das Verb

Im Hebräischen werden die Verben in verschiedene Gruppen eingeteilt, die eigene Bezeichnungen haben. Die einzelnen Verbgruppen unterscheiden sich durch unterschiedliche Konjugationen. Alle Verben beinhalten drei (sehr selten vier) Konsonanten, die wir als Stammkonsonanten (oder Wurzel) bezeichnen, und die in der Regel in allen Verbformen enthalten sind.

z.B.

lilmod → *lmd* *lomäd* → *lmd*

ל.מ.ד

WURZEL: *l. m. d.*

ligmor → *gmr* *gomär* → *gmr*

ג.מ.ר

WURZEL: *g. m. r*

Nicht immer sind alle drei Konsonanten in jeder Verbform sichtbar.

z.B.

lakum → *kum* *(waw!)* *kam* → *km*

ק.ו.ם

WURZEL : *k. u. m.*
(waw!)

Die Vergangenheit

Es gibt im Hebräischen nur eine Zeit der Vergangenheit. Jede Verbgruppe wird unterschiedlich konjugiert. Die für die Bildung der Vergangenheit spezifischen Endungen sind jedoch für alle Gruppen gleich. Sie enthalten bereits (außer in der 3. Person Singular, Maskulinum) die Personalpronomen.
In der Regel werden die erwähnten Stammkonsonanten am deutlichsten sichtbar in der 3. Person Singular der Vergangenheit. Deshalb ist diese Form von besonderer Bedeutung. Beispielsweise erscheinen die Verben in hebräischen Wörterbüchern nicht unter dem Infinitiv, sondern unter dieser Verbform. Wir zeigen bei der Vorstellung der einzelnen Verbgruppen anhand von Symbolen, wie sie gebildet wird, und geben sie für jedes Verb an.

Die Endungen der Vergangenheit

(ani)	*- ti*	תִי	*(anachnu)*	*- nu*	נוּ
(ata)	*- ta*	תָ	*(atäm)*	*- täm*	תֶם
(at)	*- t*	ת	*(atän)*	*- tän*	תֶן
hu	--		*häm/hän*	*- u*	וּ
hi	*- ah*	ָה			

Merke: Nur vor der 3. Person Maskulinum und Femininum, Singular und Plural müssen die Personalpronomen stehen.

Die Gruppe *ajin/waw*

Infinitiv:	לָגוּר	לָקוּם	לָנוּחַ	לָבוֹא	לָטוּס	לָרוּץ
3. Pers. Präs.:	גָּר	קָם	נָח	בָּא	טָס	רָץ
3. Pers. Verg.:	גָּר	קָם	נָח	בָּא	טָס	רָץ

ich wohnte		*ĝar* ***ti***	גרתי	
du wohntest		*ĝar* ***ta*** *(m.)*	גרת	
du wohntest		*gar* ***t*** *(f.)*	גרת	
er wohnte	*hu*	*gar*	גר	הוא
sie wohnte	*hi*	*ĝar* ***ah***	גרה	היא
wir wohnten		*ĝar* ***nu***	גרנו	
ihr wohntet		*ĝar* ***täm*** *(m.)*	גרתם	
ihr wohntet		*ĝar* ***tän*** *(f.)*	גרתן	
sie wohnten	*häm/hän*	*ĝar* ***u*** *(m./f.)*	גרו	הם/הן

Merke: Bei dieser Gruppe ist die 3. Person Singular der Vergangenheit identisch mit der 3. Pers. Singular der Gegenwart. Die Vergangenheit erkennt man nur durch den Kontext.

Die Gruppe *pa'al*

Infinitiv:	לִנְסוֹעַ	לִכְתוֹב	לִלְמוֹד	לִקְרוֹא	לִגְמוֹר	לִשְׁמוֹעַ	לִשְׁאוֹל
3. Pers. Präs.:	נוֹסֵעַ	כּוֹתֵב	לוֹמֵד	קוֹרֵא	גּוֹמֵר	שׁוֹמֵעַ	שׁוֹאֵל
3. Person Verg.:	נָסַע	כָּתַב	לָמַד	קָרָא	גָּמַר	שָׁמַע	שָׁאַל

Infinitiv:	לַעֲבוֹד	לַחֲזוֹר	לַחְשׁוֹב	לֶאֱכוֹל	לֶאֱהוֹב	לוֹמַר
3. Pers. Präs.:	עוֹבֵד	חוֹזֵר	חוֹשֵׁב	אוֹכֵל	אוֹהֵב	אוֹמֵר
3. Pers. Verg.:	עָבַד	חָזַר	חָשַׁב	אָכַל	אָהַב	אָמַר

Infinitiv:	לִישׁוֹן	לָלֶכֶת	לָשֶׁבֶת	לָדַעַת	לָקַחַת
3. Pers. Präs.:	יָשֵׁן*	הוֹלֵךְ	יוֹשֵׁב	יוֹדֵעַ	לוֹקֵחַ
3. Pers. Verg.:	יָשַׁן	הָלַךְ	יָשַׁב	יָדַע	לָקַח

* unregelmäßig

ich schrieb		katâw **ti**	כתבתי	
du schriebst		katâw **ta** (m.)	כתבת	
du schriebst		kataw **t** (f.)	כתבת	
er schrieb	hu	kataw	כתב	הוא
sie schrieb	hi	katw **ah**	כתבה	היא
wir schrieben		katâw **nu**	כתבנו	
ihr schriebt		k$_e$taw **täm** (m.)	כתבתם	
ihr schriebt		k$_e$taw **tän** (f.)	כתבתן	
sie schrieben	häm/hän	katw **u** (m./f.)	כתבו	הם/הן

Bei Verben, die auf *-d* oder *-t* enden, wird vor der Vergangenheitsendung vor dem Buchstaben *-t* ein stummes '$_e$'ausgesprochen.

z.B. *awad$_e$ti, lamad$_e$ta, awad$_e$t*
aber: *jaschawti, lakachta, achalt*

Zusammengesetzte Substantive

Wird ein Substantiv, das auf *-ah* endet, mit einem zweiten Substantiv verknüpft, so wird das *h* zu *t*.

z.B.	*arucha(h) towa*	aber: *aruchat bokär*
	mischpacha(h) gdola	aber: *mischpachat kohän*

lifnej, acharej - vor, nach

Die Präpositionen *lifnej* und *acharej* werden örtlich und zeitlich verwendet. Sie können nur vor Substantiven stehen.

z.B. *acharej haschi'ur ani holächat habajta.*
Nach dem Unterricht gehe ich nach Hause.

lifnej schawu'a halachti $l_e$kolno'a.
Vor einer Woche ging ich ins Kino.

dawid ba lakita lifnej hamora.
David kommt vor der Lehrerin in die Klasse.

rut joschäwät acharej dawid.
Ruth sitzt hinter David.

lifnej schä..., acharej schä... **- bevor, nachdem**

z.B. *acharej schäkamti, halachti la'awoda.*
Nachdem ich aufgestanden war, ging ich zur Arbeit.

lifnej schächasarti habajta, achalti piza.
Bevor ich nach Hause zurückkam, habe ich eine Pizza gegessen.

Die Übungen

Konjugiere die in den Listen *ajin/waw* und *pa/al* aufgeführten Verben in der Vergangenheit!

Setze in die Vergangenheit!

ani gar $b_e$täl-awiw.	*garti $b_e$täl-awiw.*
dawid gar $b_e$gärmania.	______________
at tassa $l_e$isra'äl.	______________
atän ba'ot lakita.	______________
häm nachim acharej hazohorajim.	______________
rut kama $b_e$schäsch babokär.	______________

Setze in die weibliche Form!

dawid schama musika.	*rut* ______________
micha'äl achal aruchat bokär.	*ssara* ____________
dawid lo awad hajom.	*hamora* __________
jossäf gamar la'awod b$_e$schmonä.	*iris* ______________
adon läwi jaschan ba'äräw.	*g$_e$wärät kohän* _____

Ersetze die unterstrichenen Wörter durch die Begriffe in den Klammern!

hamora awda bakita.	*(ani, atäm, häm, hän)*
hapakid lo lamad iwrit.	*(hapkidim, hatalmida, anachnu)*
achalti aruchat bokär b$_e$schäwa.	*(atän, häm, hi, ata)*
lo jaschanti acharej hazohorajim.	*(hu, hi, häm, atäm)*
achalnu aruchat bokär.	*(ani, ata, at)*
schamata musika towa.	*(at, ani, anachnu, atän)*

Antworte!

ma achalta (achalt) lifnej schäbata lakita? ____________________

kama scha'ot awad$_e$ta (awad$_e$t) hajom? ____________________

mataj kamta (kamt) babokär? ____________________

b$_e$ejso scha'a halacht (halachta) lischon? ____________________

kama p$_e$amim b$_e$schawu'a ata owäd (ät)? ____________________

l$_e$an halachta lifnej hazohorajim? ____________________

Vervollständige den Satz!

lifnej schä ____________________________

acharej schä __________________________

lifnej haschi'ur ________________________

acharej hassärät _______________________

Schildere deinen Tagesablauf!

Antworte!

באיזו שעה קמה איריס אתמול?
איפה היא עבדה?
כמה שעות היא עבדה במשׂרד?
מתי היא אכלה ארוחת בוקר?
גם רות קמה מוקדם?
כמה פעמים בשבוע היא עובדת?
מתי היא מתחילה לעבוד?
מתי היא גומרת את העבודה?
למה דויד לא עבד היום בכלל?
לאן הלכה דניאלה?
באיזו שעה היא הלכה?
למה היא לא אכלה ארוחת בוקר בבית?
מה היא לקחה לאכול?
מתי היא אכלה ארוחת צוהוריים?
מתי היא ישנה קצת?

Setze in die Vergangenheit!

היום	אתמול
אני לא עובדת.	______________.
אנחנו לא אוכלים.	______________.
היא אוהבת מוסיקה.	______________.
יוסף גומר לעבוד בחמש.	______________.
הם גרים בתל אביב.	______________.
היא נחה אחרי הצוהוריים.	______________.
אתה לא קם מוקדם בבוקר.	______________.
את לא גומרת את העבודה.	______________.

Lektion 11

Die Vokabeln

Wie geht es dir?	ma schlomcha?	מה שלומך?
in Ordnung, alles klar	b$_e$ŝsädär	בסדר
ihn	oto	אותו
Geschichte/n	ssipur/ssipurim (m.)	סיפור/סיפורים
kurz	kazar/kzara	קצר/קצרה
	kzarim/kzarot	קצרים/קצרות
finden	limzo (mozä)	למצוא(מוצא)
<fand>	<maza>	<מצא>
interessant	m$_e$anjän/m$_e$anĵänät	מעניין/מעניינת
	m$_e$anj$_e$nim/m$_e$anj$_e$not	מעניינים/מעניינות
kennen, kennenlernen	l$_e$hakir (makir)	להכיר(מכיר)
Schriftsteller	ssofär/ssofrim	סופר/סופרים
Schriftstellerin/nen	ssof̂ärät/ssofrot	סופרת/סופרות
jung	za'ir/z$_e$ira	צעיר/צעירה
	z$_e$irim/z$_e$irot	צעירים/צעירות
etwas	m̂aschähu	משהו
schicken, senden	lischl̂o'ach (schol̂ä'ach)	לשלוח(שולח)
<schickte>	<schalach>	<שלח>
es lohnt sich	k$_e$daj	כדאי
er war	haja	היה
israelisch	isr$_e$äli/isr$_e$älit	ישׂראלי/ישׂראלית
	isr$_e$älijim/isr$_e$älijot	ישׂראליים/ישׂראליות
Übersetzung/en	tirgum/tirgumim (m.)	תירגום/תירגומים
zum Beispiel	l$_e$maschal	למשל
man kann	äfschar	אפשר

man kann nicht	*i äfschar*	אי אפשר
bekommen	*l$_e$kabäl (m$_e$kabäl)*	לקבל(מקבל)
einfach	*paschut/pschuta*	פשוט /פשוטה
	pschutim/pschutot	פשוטים/פשוטות
viel, sehr	*raw/raba*	רב/רבה
	rabim/rabot	רבים/רבות

אתה מכיר סופרים ישראליים?

אירים: מה שלומך, מיכאל?

מיכאל: בסדר, ומה שלומך? מה את עושה עכשיו?

איריס: גמרתי עכשיו לקרוא ספר מצויין של א.ב. יהושוע.

מיכאל: מה שם הספר?

איריס: "מולכו", קראת אותו?

מיכאל: לא, לא קראתי. אבל קראתי סיפורים קצרים מהספר החדש של אהרון אפלפלד. את מכירה אותם?

איריס: כן, קראתי ומצאתי שהם מאוד מעניינים. אתה מכיר את סביון ליברכט?

מיכאל: לא, אני לא מכיר אותה. מי היא?

איריס: היא סופרת צעירה בישראל. קראתי משהו שלה וזה היה מאוד יפה.

מיכאל: יש לי חברה בגרמניה ואני רוצה לשלוח לה ספר ישראלי. מה כדאי לשלוח?

איריס: יש עכשיו הרבה סופרים ישראליים בתירגום גרמני, למשל: עמוס עוז, דויד גרוסמן וא.ב. יהושוע.
אפשר לקבל את הספרים בכול חנויות הספרים. אתה צריך פשוט ללכת ולשאול.

מיכאל: תודה רבה!

"דַע מֵאַיִן בָּאתָ וּלְאָן אַתָּה הוֹלֵךְ"

ata makir ssofrim isr$_e$älijim

iris:	*ma schlomcha micha'äl?*
micha'äl:	*b$_e$ssädär, uma schlomäch? ma at ossa achschaw?*
iris:	*gamarti achschaw likro ssäfär m$_e$zujan schäl a. b. j$_e$hoschua.*
micha'äl:	*ma schäm hassäfär?*
iris:	*'molcho', karata oto?*
micha'äl:	*lo, lo karati. awal karati ssipurim kzarim mähassäfär hachadasch schäl aharon appälfäld. at makira otam?*
iris:	*kän, karati umazati schähäm m$_e$od m$_e$anj$_e$nim. ata makir ät savion librächt?*
micha'äl:	*lo, ani lo makir ota. mi hi?*
iris:	*hi ssofärät z$_e$ira b$_e$isra'äl. karati maschähu schäla w$_e$sä haja m$_e$od jafä.*
micha'äl:	*jäsch li chawära b$_e$gärmania w$_e$ani rozä lischlo'ach la ssäfär isr$_e$äli. ma k$_e$daj lischlo'ach?*
iris:	*jäsch achschaw harbä ssofrim isr$_e$älijim b$_e$tirgum l$_e$gärmanit. l$_e$maschal: amoss os, dawid grossman, a. b. j$_e$hoschua. äfschar l$_e$kabäl ät hassfarim b$_e$chol chanujot hassfarim. ata zarich paschut lalächät w$_e$lisch'ol.*
micha'äl:	*toda raba!*

Kennst du israelische Schriftsteller

Iris:	Wie geht es dir, Michael?
Michael:	Alles o. k., und wie geht es dir? Was machst du zur Zeit?
Iris:	Ich habe gerade ein ausgezeichnetes Buch von A. B. Jehoschua ausgelesen.
Michael:	Wie heißt das Buch?
Iris:	'Die fünf Jahreszeiten des Molcho'. Hast du es gelesen?
Michael:	Nein, ich habe es nicht gelesen. Aber ich habe Kurzgeschichten aus dem neuen Buch von Aharon Appelfeld gelesen. Kennst du sie?
Iris:	Ja, ich habe sie gelesen, und ich finde, daß sie sehr interessant sind. Kennst du Savion Liebrecht?
Michael:	Nein, ich kenne sie nicht. Wer ist sie?
Iris:	Sie ist eine junge israelische Schriftstellerin. Ich habe etwas von ihr gelesen, und das war sehr schön.
Michael:	Ich habe eine Freundin in Deutschland und möchte ihr ein israelisches Buch schicken. Was lohnt sich zu schicken?
Iris:	Es gibt zur Zeit viele israelische Schriftsteller in deutscher Übersetzung. Zum Beispiel: Amos Oz, David Grossmann und A. B. Jehoschua. Man kann die Bücher in jeder Buchhandlung bekommen. Du mußt einfach hingehen und fragen.
Michael:	Vielen Dank!

Zum Sprachaufbau

Die neuen Verben

לְמצוֹא	מוֹצאוֹת	מוֹצְאִים	מוֹצֵאת	מוֹצֵא
לְשלוֹחַ	שוֹלחוֹת	שוֹלְחִים	שוֹלַחַת	שוֹלֵחַ
לְקַבֵּל	מְקַבְּלוֹת	מְקַבְּלִים	מְקַבֶּלֶת	מְקַבֵּל
לְהַכִּיר	מַכִּירוֹת	מַכִּירִים	מַכִּירָה	מַכִּיר

scholä'ach l_e... ät ... - jemandem etwas schicken

z.B. *rut scholachat lachawärim ät hatmuna.* — Ruth schickt den Freunden das Bild.
hu scholä'ach li ät hassäfär. — Er schickt mir das Buch.
at scholachat lo gluja. — Du schickst ihm eine Karte.
dawid scholä'ach ät hassäfär $l_e$iris. — David schickt Iris das Buch.

äfschar - man kann

z.B. *äfschar $l_e$dabär im rut.* — Man kann mit Ruth sprechen.
äfschar lisch'ol ät hatalmidim? — Ist es möglich, die Schüler zu fragen?

i äfschar - man kann nicht

z.B. *i äfschar lischmo'a musika achschaw.* — Jetzt kann man keine Musik hören.
i äfschar lischon achschaw. — Jetzt kann man nicht schlafen.

Merke: *äfschar* wird nicht durch *lo*, sondern durch *i* verneint.

Das Personalpronomen im Akkusativ

Wie wir bereits gesehen haben, wird das Akkusativobjekt im Hebräischen mit der Präposition *ät* angeschlossen.
ät geht mit den Personalpronomen folgende Verbindungen ein:

mich	*oti*	אותי
dich	*otcha (m.)*	אותך
dich	*otach (f.)*	אותך
ihn	*oto*	אותו
sie	*otah*	אותה
uns	*ôtanu*	אותנו
euch	*ätchäm (m.)*	אתכם
euch	*ätchän (f.)*	אתכן
sie	*otam (m.)*	אותם
sie	*otan (f.)*	אותן

z.B. *hi ohäwät oto.* — Sie liebt ihn.
anachnu scho'alim ätchäm. — Wir fragen euch.
hamora lo schoma'at oti. — Die Lehrerin hört mich nicht.

k_e*daj* - es lohnt sich

z.B. k_e*daj* l_e*tajäl bijruschalajim.* — Es lohnt sich, in Jerusalem spazieren zu gehen.

k_e*daj likro ssfarim isr*$_e$*älijim.* — Es lohnt sich, israelische Bücher zu lesen.

lo k_e*daj lalächät lassärät hachadasch.* — Es lohnt sich nicht, in den neuen Film zu gehen.

Der bestimmte Artikel + zusammengesetzte Substantive

Bei Substantiven, die sich aus zwei Hauptwörtern zusammensetzen, steht im Hebräischen der bestimmte Artikel nur vor dem zweiten Wort. Das Adjektiv richtet sich nach dem ersten.

z.B.	*chanut ssfarim*	ein Buchladen
	chanut hassfarim	der Buchladen
	aruchat bokär	ein Frühstück
	aruchat habokär	das Frühstück
	chanut ssfarim gdola	ein großer Buchladen
	chanut hassfarim hagdola	der große Buchladen

Ist das zweite Substantiv ein Eigenname, so fällt der bestimmte Artikel ganz weg.

z.B.	*kibuz ejn gädi*	der Kibbuz Ejn Gedi
	musä'on isra'äl	das Israel-Museum
	anachnu noss'im l_e*musä'on isra'äl.*	Wir fahren zum Israel-Museum.

ma schlomcha? - Wie geht es dir?

Die Formulierung *ma schlomcha*? ist abgeleitet von dem Wort *schalom.* Wörtlich müßte man übersetzen: Was ist mit deinem Frieden?

mir geht es	*schlomi*	שלומי
dir geht es	*schlomcha (m.)*	שלומך
dir geht es	*schlomäch (f.)*	שלומך
ihm geht es	*schlomo*	שלומו
ihr geht es	*schlomah*	שלומה
uns geht es	*schlomânu*	שלומנו
euch geht es	*schlomchäm (m.)*	שלומכם
euch geht es	*schlomchän (f.)*	שלומכן
ihnen geht es	*schlomam (m.)*	שלומם
ihnen geht es	*schloman (f.)*	שלומן

z.B.	*ma schlomcha?* Wie geht es dir?	*schlomi tow.* Mir geht es gut.
	ma schlomo? Wie geht es ihm?	*b$_e$ssädär.* Alles in Ordnung.
	ma schlomchäm? Wie geht es euch?	*schlomänu m$_e$zujan.* Uns geht es ausgezeichnet.
Aber:	*ma schlom dawid?* Wie geht es David?	*schlomo tow.* Es geht ihm gut.
	ma schlom hachawärim? Wie geht es den Freunden?	*schlomam tow.* Es geht ihnen gut.
	ma schlom iris? Wie geht es Iris?	*schloma tow.* Es geht ihr gut.

Die Übungen

Antworte mit dem Personalpronomen!

karat ät hassäfär schäl a. b. j$_e$hoschua?	*kän, karati oto.*
achalta ät aruchat habokär?	*kän,* __________
dawid ohäw ät haj$_e$ladim?	*kän,* __________
ata ohäw oti?	*kän,* __________
m$_e$zatäm ät hassfarim?	*lo,* ____________
scha'alt ät hamora?	*lo,* ____________
rut scho'älät: iris w$_e$dawid, atäm schom'im ________*?*	

Erzähle!

ma k$_e$daj la'assot bachofäsch?
ma k$_e$daj lilmod ba'uniwärssita?
ma k$_e$daj lä'ächol b$_e$gärmania?

Ersetze die unterstrichenen Wörter durch die Begriffe in den Klammern!

dawid lo mozä ät hassäfär. (rut, hatalmidim, hän)
hamora lo maz'a ät hadapim schäla. (ani, hu, atän, häm)
jossäf scholä'ach l$_e$rut ssäfär. (hi, atäm, atän)
schalachti l$_e$micha'äl bulim. (ata, hu, hi, anachnu)
hi lo m$_e$kabälät ät hassäfär bachanut. (atäm, anachnu, hatalmidim)
adon läwi lo makir ät riwka. (anachnu, hi, ata, hu)

Bilde Sätze nach dem Beispiel!

hu lo mozä ät hachawärim, awal hu rozä limzo otam.

ani lo scholachat ät hagluja. ani lo j$_e$chola ____________________
at lo scho'älät ät hamora. at roza ____________________________
häm lo ochlim aruchat äräw. häm lo j$_e$cholim _________________
hi lokachat ät hassändwitsch lajam. hi zricha _________________
anachnu lo gomrim ät ha'awoda. anachnu zrichim _____________

Antworte!

ma schlom rut?	*schloma tow.*
ma schlom dawid?	___________
ma schlomcha?	___________
ma schlomi?	___________
ma schlomchäm?	___________

Verneine!

äfschar l$_e$dabär im rut?	*lo,* __________________
äfschar la'awod bam$_e$ssiba?	*lo,* __________________
äfschar lischon bakita?	*lo,* __________________
äfschar laläch ät l$_e$tajäl?	*lo,* __________________
äfschar hajom laläch ät lajam?	*lo,* __________________

Bilde Sätze nach dem Beispiel!

הוא לא קונה את הגלויה.	הוא רוצה לקנות אותה.
היא לוקחת את הסנדוויץ'.	היא רוצה__________.
הם שומעים את המוסיקה.	הם צריכים__________.
דויד אוכל את ארוחת הערב.	הוא יכול__________.
היא אוהבת את הילדים.	היא רוצה__________.

Antworte!

מה שלומך, דויד?
מה שלום הפקיד?
מה שלום הילדים?
מה שלומכם?
מה שלומך, איריס?

Verneine!

אפשר לאכול בביתה?
אפשר להכיר את הסופר?
אפשר לישון במסיבה?
אפשר למצוא את הספר?
אפשר ללכת הביתה?

Antworte!

מה אפשר לעשות בערב?
מה כדאי לעשות בגרמניה?
יש בגרמניה ספרים בתירגום גרמני?
איפה אפשר לקבל את הספרים?
אתה מכיר סופרים ישראליים?
קראת כבר ספר ישראלי?

עוֹשֶׂה שָׁלוֹם בִּמְרוֹמָיו

"עוֹשֶׂה שָׁלוֹם בִּמְרוֹמָיו

הוּא יַעֲשֶׂה שָׁלוֹם עָלֵינוּ

וְעַל כּוֹל יִשְׂרָאֵל

וְאִמְרוּ אָמֵן"

Musik: Nurith Hirsch

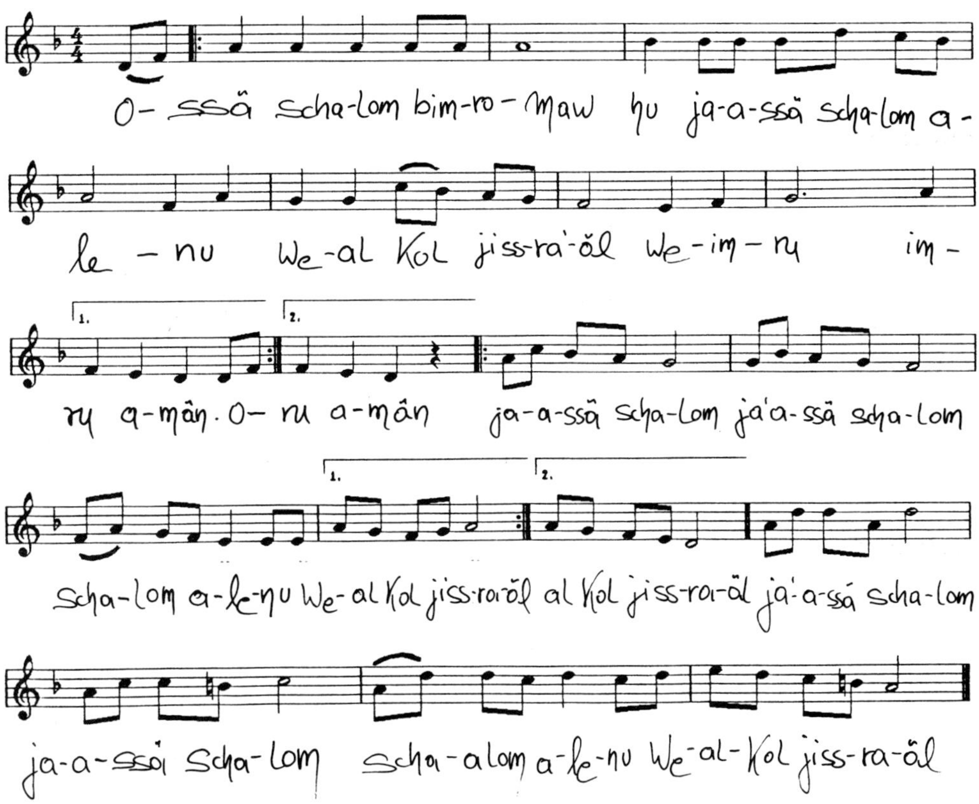

Das hebräische Alphabet

Die Schreibschrift

Nachdem wir nun die hebräische Druckschrift beherrschen, beginnen wir mit der Schreibschrift.
Das Charakteristische an der Schreibschrift ist, daß jeder Buchstabe separat geschrieben wird, daß also kein durchgängiger Schriftzug existiert. Im Gegensatz zur Druckschrift sind bei der Schreibschrift die Buchstaben rund. Einige ähneln den entsprechenden Druckbuchstaben sehr.

Übe und vervollständige die Zeilen! (Die Pfeile geben die Schreibrichtung an!)

ה ה ה

ו ו ו

ת ת ת

כ כ כ

ק ק ק

ל ל ל

ש ש ש

כיתה,

הלק,

היה,

של,

Lektion 12

Die Vokabeln

sie war	*hajta*	היתה
toll, irre	*näh$_e$dar/näh$_e$dârät*	נהדר/נהדרת
	näh$_e$darim/näh$_e$darot	נהדרים/נהדרות
Mann/Männer, Menschen, Leute	*isch/anaschim*	איש/אנשים
trinken	*lischtot (schotäh)*	לשתות(שותה)
ohne	*bli*	בלי
Ende	*ssof (m.)*	סוף
Wein/e	*ĵajin/jänot (m.)*	יין/יינות
Bier/e	*b̂ira/birot (f.)*	בירה/בירות
Saft/Säfte	*miz/mizim (m.)*	מיץ/מיצים
Essen	*ôchäl m.*	אוכל
lecker	*ta'im/t$_e$ima*	טעים/טעימה
	t$_e$imim/t$_e$imot	טעימים/טעימות
Salat/e	*ssalat/ssalâtim (m.)*	סלט/סלטים
Käse	*gwina/gwinot (f.)*	גבינה/גבינות
Chumus (oriental. Gericht aus Kichererbsen)	*ĉhumus*	חומוס
Falafel (oriental. Gericht, ebenfalls aus Kichererbsen)	*falâfäl*	פלפל
Aubergine/n	*chazil/chazilim (m.)*	חציל/חצילים
sicher, klar	*b̂ätach*	בטח
so sehr	*kol kach*	כול כך
schade	*chawal*	חבל

das macht nichts	*ejn dawar*	אין דבר
morgen	*machar*	מחר
sein	*lihiot*	להיות
setzen, stellen, legen	*lassim (ssam)*	לשׂים (שׂם)
<stellte>	*<ssam>*	<שׂם>

האוכל במסיבה

דויד : איך היתה המסיבה אתמול?

איריס: נהדר! היה יופי.

דויד : היו הרבה אנשים?

איריס: כן, שמואל ושרה היו. גם דניאלה היתה, והחברים שלנו מהקיבוץ גם היו.

דויד : היה גם משהו טוב לשתות?

איריס: בלי סוף! היה יין, בירה, מיץ וקולה.

דויד : איך היה האוכל?

איריס: טעים, היו סלטים, גבינות, חומוס ופלפל.

דויד : היה סלט חצילים?

איריס: בטח!

דויד : אני כול כך אוהב סלט חצילים. חבל שלא הייתי.

איריס: לא באת כי היית עייף. אין דבר, מחר אני עושה לך סלט חצילים.

ha'ochäl bam$_e$ssiba

dawid:	*ejch hajta ham$_e$ssiba ätmol?*
iris:	*näh$_e$dar! haja jofi.*
dawid:	*haju harbä anaschim?*
iris:	*kän, schmu'äl w$_e$ssara haju. gam dani'äla hajta, w$_e$hachawärim schälanu m$_e$hakibuz gam haju.*
dawid:	*haja maschähu tow lischtot?*
iris:	*bli ssof! haja jajin, bira, miz w$_e$kola.*
dawid:	*ejch haja ha'ochäl?*
iris:	*ta'im, haju ssalatim, gwinot, chumus w$_e$falafäl.*
dawid:	*haja ssalat chazilim?*
iris:	*bätach!*
dawid:	*ani kol kach ohäw ssalat chazilim. chawal schälo hajiti.*
iris:	*lo bata, ki hajita ajäf. ejn dawar! machar ani ossa l$_e$cha ssalat chazilim.*

Das Essen auf der Party

David:	Wie war die Party gestern?
Iris:	Toll! Es war sehr schön.
David:	Waren viele Leute da?
Iris:	Ja, Schmuel und Sarah waren da. Auch Daniela war da, und unsere Freunde aus dem Kibbuz waren auch da.
David:	Gab es etwas Gutes zu trinken?
Iris:	Unendlich viel! Es gab Wein, Bier, Saft und Cola.
David:	Wie war das Essen?
Iris:	Lecker, es gab Salate, Käse, Chumus und Falafel.
David:	Gab es Auberginensalat?
Iris:	Klar!
David:	Ich mag Auberginensalat so sehr. Schade, daß ich nicht da war.
Iris:	Du bist nicht mitgekommen, weil du müde warst. Das macht nichts! Morgen mache ich dir Auberginensalat.

ejch ossim ssalat chazilim

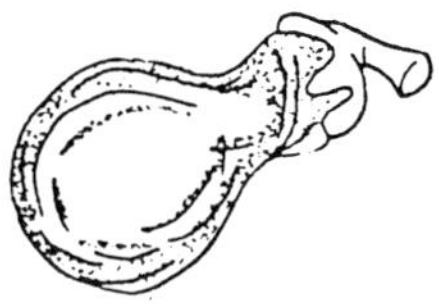

chazil
חָצִיל

m̂älach
מֶלַח

p̂ilpäl
פִּלְפֵּל

ŝchämän ŝa'it
שֶׁמֶן זַיִת

limon
לִימוֹן

schum
שׁוּם

majonit
מָיוֹנִית

tanur
תַּנּוּר

m$_e$karär
מְקָרֵר

איך עושים סלט חצילים

לוקחים חציל גדול ושמים בתנור.
אחרי חצי שעה החציל מוכן.
מקלפים, מועכים ומתבלים במלח, פלפל, שמן זית, לימון,
שום וקצת מיונית. שמים במקרר. הסלט מוכן.

ejch ossim ssalat chazilim

lokchim chazil gadol w$_e$ssamim batanur.
acharej chazi scha'a hachazil muchan.
m$_e$kalfim, moachim um$_e$tablim b$_e$mälach, pilpäl, schämän sa'it, limon, schum ukzat majonit, w$_e$ssamim bam$_e$karär. hassalat muchan.

man schäle	*m$_e$kalfim*	מקלפים
man püriere	*mo'achim*	מועכים
man würze	*m$_e$tablim*	מתבלים

(diese Verben werden im Grammatikteil nicht konjugiert, da sie in der Regel nur für Rezepte verwendet werden)

Wie macht man Auberginensalat

Man nehme eine große Aubergine und lege sie in den Backofen.
Nach einer halben Stunde ist die Aubergine gar.
Man schäle sie, püriere sie und würze sie mit Salz, Pfeffer, Olivenöl, Zitrone, Knoblauch und etwas Mayonnaise und stelle sie in den Kühlschrank. Der Salat ist fertig.

Zum Sprachaufbau

Die neuen Verben

לָשִׂים	שָׂמוֹת	שָׂמִים	שָׂמָה	שָׂם
לִשְׁתּוֹת	שׁוֹתוֹת	שׁוֹתִים	שׁוֹתָה	שׁוֹתֶה

Das Verb *lihiot* (sein) in der Vergangenheit

Das Hilfszeitwort 'sein' hat zwar keine eigenen Gegenwartsformen, jedoch einen Infinitiv, Formen der Vergangenheit und der Zukunft.

ich war		*haĵi* ***ti***	הייתי	
du warst		*haĵi* ***ta*** *(m.)*	היית	
du warst		*haji* ***t*** *(f.)*	היית	
er war	*hu*	*hajah*	היה	הוא
sie war	*hi*	*haj* ***tah***	היתה	היא
wir waren		*haĵi* ***nu***	היינו	
ihr wart		*haĵi* ***täm*** *(m.)*	הייתם	
ihr wart		*haĵi* ***tän*** *(f.)*	הייתן	
sie waren	*häm/hän*	*haj* ***u*** *(m./f.)*	היו	הם/הן

z.B. *ani rozä lihiot baba'it.* — Ich möchte gerne zu Hause sein.
sä lo jachol lihiot. — Das kann nicht sein.
dawid lo haja bam$_e$ssiba. — David war nicht auf der Party.
ham$_e$ssiba hajta jafa. — Die Party war schön.

haja, hajta, haju - es gab

jäsch bzw. *ejn* in der Bedeutung von 'es gibt (nicht)' wird in der Vergangenheit ersetzt durch die Vergangenheitsformen von *lihiot (haja, hajta, haju)*, in Geschlecht und Zahl abhängig vom Objekt, verneint durch Voranstellung von *lo.*

z.B.	*bam*$_{e}$*ssiba jäsch harbä ochäl.*	Auf der Party gibt es viel zu essen.
	bam$_{e}$*ssiba haja harbä ochäl.*	Auf der Party gab es viel zu essen.
	bam$_{e}$*ssiba hajta bira.*	Auf der Party gab es Bier.
	bakita ejn ssfarim.	In der Klasse gibt es keine Bücher.
	bakita lo haju ssfarim.	In der Klasse gab es keine Bücher.

chawal schä... - schade, daß

z.B.	*chawal schälo achalti ssalat.*	Schade, daß ich keinen Salat gegessen habe.
	chawal schälo kamti mukdam.	Schade, daß ich nicht früh aufgestanden bin.

omrim - man sagt

Dem unbestimmten Fürwort 'man' + Verb im Deutschen entspricht im Hebräischen die Verwendung der 3. Person Plural, Maskulinum eines Verbes ohne Personalpronomen.

z.B.	*ma lomdim baschi'ur?*	Was lernt man im Unterricht?
	ejch ossim ssalat chazilim?	Wie macht man Auberginensalat?
	l$_{e}$*an holchim acharej hassärät?*	Wohin geht man nach dem Film?

Die Übungen

Setze in die Vergangenheit!

dawid ajäf.	*dawid haja ajäf.*
hakita gdola.	________________
hamusika towa.	________________

hu b$_e$gärmania. ____________

anachnu bassärät. ____________

häm bam$_e$ssiba. ____________

hadira chadascha. ____________

atäm chawärim towim. ____________

Antworte!

ma ochlim b$_e$isra'äl? — *b$_e$isra'äl ochlim falafäl.*

ma schotim b$_e$gärmania? ____________

ma ochlim b$_e$italia? ____________

ma ossim ba'äräw? ____________

ma ossim baschi'ur? ____________

ejch ossim ssalat chazilim? ____________

____

____

Setze in den Infinitiv! (Wiederholung)

hu tass l$_e$isra'äl.	*hu rozä latuss l$_e$isra'äl.*
hi raza lamissrad.	*hi zricha* ____________
hu m$_e$zaläm ät hassäfär.	*hu zarich* ____________
häm noss'im habajta.	*häm rozim* ____________
ani owäd babank.	*ani jachol* ____________
ata ochäl ssalat.	*ata rozä* ____________
anachnu gomrim la'awod.	*anachnu rozim* ____________
hi chosärät habajta.	*hi zricha* ____________

Antworte nach dem Beispielsatz!

ani kam mukdam. — *chawal schäkamti mukdam.*

ani ajäfa. — *chawal schä*____________

ani ochäl gwina. ____________

anachnu lo holchim l$_e$ssärät. ____________

atäm lo lomdim anglit. ____________

hi kotäwät ssäfär. ____________

at chosärät mähajam. ____________

Übersetze!

Gestern war Iris auf einer tollen Party. Ihr Freund ging nach Hause, weil er sehr müde war. Auf der Party waren viele Leute.
Es gab einen guten Auberginensalat und viele Getränke. Schade, daß David nicht da war, weil er Auberginensalat so gerne ißt. Weil Iris David so gerne mag, macht sie ihm zu Hause einen großen Auberginensalat.

Setze in die Vergangenheit!

המורה מאוד עייפה.
המסיבה גדולה.
הוא בבית.
אנחנו בדואר.
אתם בחנות.

במסיבה יש הרבה אוכל.
בחנות יש הרבה אנשים.
בדואר יש גלויות.
במשׂרד אין מורים.
בכיתה אין היום תלמידים.
בחנות אין עיתונים.

דויד גומר את העבודה.
רות לוקחת עיתון מהחנות.
אני שומע מוסיקה.
את לא אומרת לי שלום.
הם גרים בתל אביב.
אנחנו שׂמים את הסלט במקרר.
היא לא אוהבת סלט חצילים.
אתה לא אוכל ארוחת בוקר.
מתי אתה קם?
אנחנו לא ישנים אחרי הצוהריים.

שִׁיר לֶאֱלִישֶׁבַע

הַבּוּבָּה שֶׁלִּי גְּדוֹלָה,
שֵׁם יָפֶה קָרָאתִי לָהּ,
לָהּ קָרָאתִי אֱלִישֶׁבַע.

בּוּבָּתִי צְרִיכָה לִישׁוֹן,
כָּךְ אָמַר לִי הַשָּׁעוֹן.
הוּא אָמַר לִי: כְּבָר וָרֶבַע!

נוּמִי, נוּמִי, בּוּבָּתִי,
אֱלִישֶׁבַע, אַתְּ בִּתִּי,
נוּמִי, נוּמִי, נוּמִי...

גַּם אֲנִי אֶשְׁכַּב לִישׁוֹן...
טִיק טִיק טַק אוֹמֵר שָׁעוֹן...
וּמָחָר תָּקוּמִי!

מִרְיָם יָלָן שְׁטֶקְלִיס

Übe weiter!

ח ______________________________ חח

ב ______________________________ בב

מ ______________________________ ממ

ם ______________________________ םם

ו ______________________________ וו

ר ______________________________ רר

______________________________ חברים,

______________________________ מורות,

______________________________ חם,

______________________________ למה,

______________________________ רות,

Lektion 13

Die Vokabeln

Sommer	*k̂ajiz (m.)*	קייץ
Monat/e	*ĉhodäsch/chodaschim (m.)*	חודש/חודשים
Flughafen	*$n_e$mal-$t_e$ufa (m.)*	נמל תעופה
besuchen	*$l_e$wakär ($m_e$wakär)*	לבקר(מבקר)
besichtigen	*$l_e$wakär b_e...*	לבקר בְּ...
sich befinden	*$l_e$himazä (nimza)*	להימצא(נמצא)
Galiläa	*(ha)galil*	(ה)גליל
Stadt/Städte	*ir/arim (f.)*	עיר/ערים
antik, uralt	*atik/atika*	עתיק/עתיקה
	atikim/atikot	עתיקים/עתיקות
Künstler	*oman/omanim (m.)*	אומן/אומנים
Austellung/en	*ta'arucha/ta'aruchot (f.)*	תערוכה/תערוכות
kaufen	*liknot (konäh)*	לקנות(קונה)
<kaufte>	*<kanah>*	<קנה>
Bild/er	*tmuna/tmunot (f.)*	תמונה/תמונות
deshalb	*lachän*	לכן
teuer	*jakar/$j_e$kara*	יקר/יקרה
	$j_e$karim/$j_e$karot	יקרים/יקרות
sehen	*lir'ot (ro'äh)*	לראות(רואה)
<sah>	*<ra'ah>*	<ראה>
Synagoge	*bejt-kn̂ässät (m.)*	בית כנסת
heilig	*kadosch/kdoscha*	קדוש/קדושה
	kdoschim/kdoschot	קדושים/קדושות
nennen, rufen	*likro l_e...*	לקרוא ל...
Wort/Wörter	*mila/milim (f.)*	מילה/מילים

Rabbiner	*raw, r̂abi*	רב,רבי
so	*kach*	כך
hundert/e, Jahrhundert/e	*mä'a/mä'ot (f.)*	מאה/מאות
Zentrum/Zentren	*märkas/märkasim (m.)*	מרכז/מרכזים
Kabbala (mystische, jüdische Geheimlehre)	*kabala*	קבלה
Aschkenasim (Bezeichnung für europäische Juden)	*aschk$_e$nasim*	אשכנזים
Sephardim (Bezeichnung für orientalische Juden)	*ssfaradim*	ספרדים

רות : רבקה, מה עשית בקייץ?

רבקה: בחודש יולי היינו בישראל. טסנו מפרנקפורט לנמל התעופה בלוד ומשם נסענו לבקר את אמא שלי בצפת.

רות : איפה נמצאת צפת?

רבקה: צפת נמצאת בגליל.

רות : צפת היא עיר יפה?

רבקה: צפת היא עיר עתיקה.

רות : כמה ימים הייתם בצפת?

רבקה: היינו שם שישה עשר ימים, כי שם מאוד נעים ולא כול כך חם. בצפת גרים הרבה אומנים. היינו בתערוכה ורצינו לקנות תמונה, אבל היא היתה יקרה ולכן לא קנינו. ראינו שם גם את בית הכנסת של "הארי הקדוש".

רות : מי זה "הארי הקדוש"?

רבקה: זה היה הרב יצחק לוריא. התלמידים שלו קראו לו כך. השם בא מהמילים: אשכנזי, רבי, יצחק. לתלמידים שלו קוראים מקובלים, כי הם למדו את הקבלה. צפת היתה במאה השש עשרה מרכז הקבלה.

"אִם אֵין אֲנִי לִי מִי לִי וְאִם לֹא עַכְשָׁיו אֵימָתַי"

ha'ir zfat

rut: *riwka, ma assit bakajiz?*

riwka: *b$_e$chodäsch juli hajinu b$_e$isra'äl. tassnu mifrankfurt lin$_e$mal hat$_e$ufa b$_e$lod umischam nassanu l$_e$wakär ät ima schäli bizfat.*

rut: *ejfo nimzät zfat?*

riwka: *zfat nimzät bagalil.*

rut: *zfat hi ir jafa?*

riwka: *zfat hi ir atika.*

rut: *kama jamim hajitäm bizfat?*

riwka: *hajinu scham schischa assar (16) jamim, ki scham m$_e$od na'im w$_e$lo kol kach cham. bizfat garim harbä omanim. hajinu b$_e$ta'arucha w$_e$razinu liknot tmuna, awal hi hajta j$_e$kara w$_e$lachän lo kaninu. ra'inu scham gam ät bejt-haknässät schäl 'ha'ari hakadosch'.*

rut: *mi sä 'ha'ari hakadosch'?*

riwka: *sä haja haraw jizchak luria. hatalmidim schälo kar'u lo kach. haschäm ba mähamilim* ***a****schk$_e$nasi,* ***r****abi* ***j****izchak. latalmidim schälo kor'im '****m$_e$kubalim****', ki häm lamdu ät hakabala. zfat hajta bamä'a haschäsch ässrä märkas hakabala.*

Die Stadt Safed

Ruth:	Riwka, was hast du im Sommer gemacht?
Riwka:	Im Monat Juli waren wir in Israel. Wir sind von Frankfurt zum Flughafen in Lod geflogen und sind von dort meine Mutter in Safed besuchen gefahren.
Ruth:	Wo liegt (befindet sich) Safed?
Riwka:	Safed liegt in Galiläa.
Ruth:	Ist Safed eine schöne Stadt?
Riwka:	Safed ist eine uralte Stadt.
Ruth:	Wieviele Tage wart ihr in Safed?
Riwka:	Wir waren sechzehn Tage dort, weil es dort sehr angenehm und nicht so heiß ist. In Safed wohnen viele Künstler. Wir waren in einer Ausstellung und wollten ein Bild kaufen, aber es war teuer, und deshalb haben wir es nicht gekauft. Wir haben dort auch die Synagoge von 'Ha'ari Hakadosch' gesehen.
Ruth:	Wer ist 'Ha'ari Hakadosch'?
Riwka:	Er war der Rabbiner Jizchak Luria. Seine Schüler nannten ihn so. Der Name kommt von den Wörtern: **A**schkenasi, **R**abbi, **J**izchak. Seine Schüler nennt man die 'Mekubbalim', weil sie die Kabbala studierten. Safed war im sechzehnten Jahrhundert das Zentrum der Kabbala.

Zum Sprachaufbau

Die neuen Verben

לְבַקֵּר	מְבַקְּרוֹת	מְבַקְּרִים	מְבַקֶּרֶת	מְבַקֵּר
לִרְאוֹת	רוֹאוֹת	רוֹאִים	רוֹאָה	רוֹאֶה
לִקְנוֹת	קוֹנוֹת	קוֹנִים	קוֹנָה	קוֹנֶה
לְהִימָּצֵא	נִמְצָאוֹת	נִמְצָאִים	נִמְצֵאת	נִמְצָא

Die Gruppe *lamäd/hä*

Bei den Verben der Gruppe *lamäd/hä* ist der dritte Stammkonsonant der Buchstabe *hä.* Er wird nur in der dritten Person Singular sichtbar. Bei den Infinitiven wird das *hä* **ה** zu *t* **ת** (z.B. *konäh, liknot),* bei den Vergangenheitsformen (mit Ausnahme der dritten Person Singular und Plural, Maskulinum und Femininum) wird es zu *i (kaniti).*

Infinitiv:	לַעֲלוֹת	לַעֲשׂוֹת	לִרְצוֹת	לִהְיוֹת	לִשְׁתּוֹת	לִרְאוֹת	לִקְנוֹת
3. Pers. Präs.:	עוֹלֶה	עוֹשֶׂה	רוֹצֶה	-----	שׁוֹתֶה	רוֹאֶה	קוֹנֶה
3. Pers. Verg.:	עָלָה	עָשָׂה	רָצָה	הָיָה	שָׁתָה	רָאָה	קָנָה

ich kaufte		*kan̂i* ***ti***	קניתי	
du kauftest		*kan̂i* ***ta*** *(m.)*	קנית	
du kauftest		*kani* ***t*** *(f.)*	קנית	
er kaufte	*hu*	*kanah*	קנה	הוא
sie kaufte	*hi*	*kan* ***tah***	קנתה	היא
wir kauften		*kan̂i* ***nu***	קנינו	
ihr kauftet		*kni* ***täm*** *(m.)*	קניתם	
ihr kauftet		*kni* ***tän*** *(f.)*	קניתן	
sie kauften	*häm/hän*	*kan* ***u*** *(m./f.)*	קנו	הם/הן

Die Monate

Januar	ינואר	Juli	יולי
Februar	פברואר	August	אוגוסט
März	מרץ	September	ספטמבר
April	אפריל	Oktober	אוקטובר
Mai	מאי	November	נובמבר
Juni	יוני	Dezember	דצמבר

Die Monate werden immer mit der Präposition *b_e...* angeschlossen

z.B. *tassti $b_e$april $l_e$italia.* Ich bin im April nach Italien geflogen.
hajiti $b_e$januar $b_e$isra'äl. Ich war im Januar in Israel.

Die Zahlen von elf bis neunzehn

männlich			weiblich		
achad -	*assar*	אחד עשׂר	*achat* -	*ässrä*	אחת עשׂרה
schnejm -	*assar*	שנים עשׂר	*schtejm* -	*ässrä*	שתים עשׂרה
schloscha -	*assar*	שלושה עשׂר	*schlosch* -	*ässrä*	שלוש עשׂרה
arba'a -	*assar*	ארבעה עשׂר	*arba* -	*ässrä*	ארבע עשׂרה
chamischa -	*assar*	חמישה עשׂר	*chamäsch* -	*ässrä*	חמש עשׂרה
schischa -	*assar*	שישה עשׂר	*schäsch* -	*ässrä*	שש עשׂרה
schiw'a -	*assar*	שיבעה עשׂר	*schwa* -	*ässrä*	שבע עשׂרה
schmona -	*assar*	שמונה עשׂר	*schmonä* -	*ässrä*	שמונה עשׂרה
tisch'a -	*assar*	תישעה עשׂר	*tscha* -	*ässrä*	תשע עשׂרה

z.B. *arba'a assar ssfarim* — 14 Bücher
arba ässrä tmunot — 14 Bilder

lachän - deshalb

z.B. *ätmol hajiti chola, w$_e$lachän lo bati lakita.*
Gestern war ich krank, und deshalb kam ich nicht zur Schule.

hatmuna hajta j$_e$kara, lachän lo kaninu ota.
Das Bild war teuer, deshalb haben wir es nicht gekauft.

hu nimza - er befindet sich

z.B. *zfat nimzät bagalil.* — Safed liegt in Galiläa.
ha'uniwärssita nimzät b$_e$märkas ha'ir. — Die Universität befindet sich im Stadtzentrum.

ejfo nimza dawid? — Wo ist David?
hu nimza bajam. — Er ist am Meer.

habatim nimza'im al-jad hajam. — Die Häuser liegen am Meer.

likro l_e... - jemanden rufen

Das Verb *likro*, das wir in der Bedeutung von 'lesen' bereits kennen, nimmt in Verbindung mit der Präposition *l_e...* die Bedeutung von 'jemanden rufen, jemanden nennen, heißen' an.

z.B.	*jäläd, ejch kor'im $l_e$cha?*	Junge, wie heißt du? (wie nennt man dich?)
	karati labat schäli nina.	Ich nannte meine Tochter Nina.
	ima korät $l_e$jossäf.	Mutter ruft Josef.

Die Übungen

Setze in die Vergangenheit!

hu konä tmuna jafa.	______________________
ani ro'a ät hata'arucha.	______________________
häm rozim lischlo'ach gluja.	______________________
hän ro'ot ät hassärät.	______________________
ma hu ossä acharej hazohorajim?	______________________
ata rozä liknot tmuna?	______________________
ma hi roza?	______________________
achschaw hu baba'it.	______________________

Ersetze die unterstrichenen Wörter durch die Begriffe in den Klammern!

dawid nimza bamissrad.	*(rut, hachawärim, hamorot)*
hu konä tmuna jafa.	*(anachnu, hi roza, ata, at)*
anachnu ro'im ta'arucha.	*(hi, ata, ani, häm)*
hi $m_e$wakärät ät ima schäla.	*(hu, anachnu, atäm, ani)*

Fahre fort nach dem Beispiel!

z.B. *nassati l$_e$isra'äl, ki raziti l$_e$wakär ät ima schäli.*
raziti l$_e$wakär ät ima schäli, w$_e$lachän nassati l$_e$isra'äl.

lo bati lakita, ki hajiti ajäf.

____

hajiti b$_e$ta'arucha, ki raziti liknot tmuna.

____

ani lomäd iwrit, ki ani rozä latuss l$_e$isra'äl.

____

bizfat jäsch harbä ta'aruchot, ki garim scham harbä omanim.

____

Übersetze schriftlich!

zwölf Schülerinnen	____________________________
fünfzehn Bücher	____________________________
sechzehn Tage	____________________________
neunzehn Lehrerinnen	____________________________
achtzehn Frauen	____________________________
dreizehn Männer	____________________________

Übersetze!

Safed ist eine schöne alte Stadt und liegt in Galiläa. Es lohnt sich, die Stadt anzusehen. Dort leben viele Künstler, deshalb gibt es im Sommer viele Ausstellungen. Safed war im 16. Jahrhundert das Zentrum der Kabbala. Noch heute kann man die antike Synagoge besichtigen (besuchen).
Meine Freundin war im Sommer in Galiläa und besuchte ihre Mutter. Sie hat sich in Safed ein teures Bild gekauft.

Beantworte folgende Fragen zum Text!

איפה נמצאת צפת?

למה צפת היא עיר יפה?

מי גר בצפת?

מי זה "הארי הקדוש"?

מי היו המקובלים?

מה היתה צפת במאה השש עשׂרה?

מתי טסה רבקה לישׂראל?

כמה ימים היא היתה בצפת?

למה היא לא קנתה תמונה?

Schreibe folgende Zahlen aus!

13 תמונות ______________

16 תערוכות ______________

10 ערים ______________

18 מילים ______________

14 מרכזים ______________

11 אומנים ______________

19 סלטים ______________

17 אנשים ______________

Ersetze *ki* durch *lachän* und beachte dabei die Satzstellung!

א. נסעתי לצפת, כי רציתי לראות את אמא שלי.

ב. רציתי לראות את אמא שלי, לכן נסעתי לצפת.

א. לא קניתי את התמונה, כי היא היתה יקרה.

ב. ______________________________.

Das hebräische Alphabet

Übe weiter!

א — א א

פ — פ פ

ף — ף ף

ס — ס ס

ד — ד ד

ג — ג ג

ע — ע ע

ספר,

איפה,

גדול,

עיברית,

עיף,

גלויה,

Lektion 14

Die Vokabeln

(es steht) geschrieben	*katuw*	כּתוב
Gott	*älohim*	אלוהים
der, die, das siebte	*schwi'i*	שביעי
streiken, nichts tun	*lischbot (schowät)*	לשבות(שובת)
<streikte>	*<schawat>*	<שבת>
gemäß, nach	*$l_e$fi*	לפי
Religion/en	*dat/datot (f.)*	דת/דתות
Jude/Jüdin/Juden	*$j_e$hudi/$j_e$hudija*	יהודי/יהודיה
	$j_e$hudim/$j_e$hudijot	יהודים/יהודיות
jüdisch	*$j_e$hudi/$j_e$hudit*	יהודי/יהודית
	$j_e$hudijim/$j_e$hudijot	יהודיים/יהודיות
es ist verboten	*assur*	אסור
jeder, jede, jedes	*kol*	כּול
es ist erlaubt	*mutar*	מותר
bezahlen	*$l_e$schaläm ($m_e$schaläm)*	לשלם(משלם)
anzünden, anmachen	*$l_e$hadlik (madlik)*	להדליק(מדליק)
Kerze/n	*när/närot (m.)*	נר/נרות
einladen, bestellen	*$l_e$hasmin (masmin)*	להזמין(מזמין)
Gast	*ôrä'ach/ôrachat*	אורח/אורחת
Gäste	*orchim/orchot*	אורחים/אורחות
vorbereiten, zubereiten	*$l_e$hachin (mächin)*	להכין(מכין)
statt	*bimkom*	במקום
Märchen	*agada/agadot (f.)*	אגדה/אגדות
Engel	*mal'ach/mal'achim (m.)*	מלאך/מלאכים
er ist nicht	*ejno*	איננו

wenn, ob	*im*	אם
gedeckt	*aruch*	ערוך
sie brennen	*dolkim*	דולקים
einverstanden sein	*l$_e$hasskim (masskim)*	להסכים (מסכים)
er wird sein	*jhjä*	יהיה

שבת

בתורה כתוב שאלוהים עשה את העולם בשישה ימים וביום השביעי שבת ונח.
מכאן בא השם **ש ב ת**.
לפי הדת היהודית אסור לעשות כול עבודה בשבת.
אסור לקנות, אסור לשלם כסף, אסור לנסוע ואסור להדליק אור,
אבל מותר ללכת לטייל וצריך לנוח.
יום שישי בערב הוא ערב שבת, כי לפי הדת היהודית היום מתחיל בערב.
כתוב בתורה: "ויהי ערב ויהי בוקר יום אחד".
לפני ערב שבת מכינה האישה ארוחת ערב, מזמינה אורחים ומדליקה נרות של שבת. בשבת אומרים במקום "שלום" "שבת שלום".

אגדה לשבת

בכול ערב שבת באים שני מלאכים עם כול יהודי מבית הכנסת הביתה.
אחד מלאך טוב והשני מלאך רע.
אם בבית השולחן ערוך והנרות דולקים, אומר המלאך הטוב: "גם בשבת הבאה יהיה כך". והמלאך הרע, גם אם אינו מסכים, צריך לומר "אמן".
אבל אם בבית השולחן אינו ערוך והנרות אינם דולקים, אומר המלאך הרע: "גם בשבת הבאה יהיה כך". והמלאך הטוב, גם אם אינו רוצה, צריך לומר "אמן".

schabat

batora katuw schä'älohim assa ät ha'olam b$_e$schischa jamim ubajom haschwi'i schawat w$_e$nach. mikan ba haschäm schabat. l$_e$fi hadat haj$_e$hudit assur la'assot kol awoda b$_e$schabat. assur liknot, assur l$_e$schaläm kässäf, assur linso'a w$_e$assur l$_e$hadlik or. awal mutar lalächät l$_e$tajäl w$_e$zarich lanuach. jom schischi ba'äräw hu äräw schabat, ki l$_e$fi hadat haj$_e$hudit hajom matchil ba'äräw. katuw batora: "waj$_e$hi äräw waj$_e$hi bokär, jom ächad." lifnej äräw schabat m$_e$china ha'ischa aruchat äräw, masmina orchim umadlika närot schäl schabat. b$_e$schabat omrim bimkom 'schalom' 'schabat schalom'.

agada l$_e$schabat

b$_e$chol äräw schabat ba'im schnej mal'achim im kol j$_e$hudi mibejt haknässät habajta. ächad mal'ach tow w$_e$haschäni mal'ach ra. im baba'it haschulchan aruch w$_e$hanärot dolkim, omär hamal'ach hatow: "gam baschabat haba'a jhjä kach."w$_e$hamal'ach hara, gam im ejno maskim, zarich lomar "amän". awal im baba'it haschulchan ejno aruch w$_e$hanärot ejnam dolkim, omär hamal'ach hara: "gam baschabat haba'a jhjä kach." w$_e$hamal'ach hatow, gam im ejno rozä, zarich lomar "amän".

Sabbat

In der Tora steht geschrieben, daß Gott die Welt in sechs Tagen erschaffen (gemacht) hat. Und am siebten Tage legte er die Arbeit nieder und ruhte. Daher kommt der Name Sabbat*. Nach der jüdischen Religion ist es am Sabbat verboten, jegliche Arbeit zu verrichten. Es ist verboten, einzukaufen, es ist verboten, Geld zu bezahlen, es ist verboten, ein Fahrzeug zu benutzen, und es ist verboten, Licht anzuzünden. Es ist aber erlaubt, spazieren zu gehen, und man soll sich ausruhen. Der Freitagabend ist der Sabbatabend, weil nach der jüdischen Religion der Tag am Abend beginnt. In der Tora steht geschrieben: "Es wurde Abend und wieder Morgen: der erste Tag." Vor dem Sabbatabend bereitet die Hausfrau Abendessen vor, lädt Gäste ein und zündet die Sabbatkerzen an. Am Sabbat sagt man statt "Schalom", "Schabat Schalom."

Eine Sabbatlegende

An jedem Sabbatabend gehen mit jedem Juden zwei Engel von der Synagoge nach Hause. Ein Engel ist gut, und der zweite Engel ist böse. Wenn zu Hause der Tisch gedeckt ist und die Kerzen brennen, sagt der gute Engel: "Auch am kommenden Sabbat wird es so sein." Und der böse Engel, selbst wenn er nicht einverstanden ist, muß dazu "Amen" sagen. Aber wenn der Tisch nicht gedeckt ist und die Kerzen nicht brennen, sagt der böse Engel: "Auch am kommenden Sabbat wird es so sein." Und der gute Engel, auch wenn er es nicht will, muß dazu "Amen" sagen.

* Das Wort *lischbot, bzw. schawat,* hat Ähnlichkeit mit dem Verb *laschäwät* in der Bedeutung von sitzen und nichts tun. Im modernen Hebräisch hat *lischbot* die Bedeutung von streiken angenommen.

Zum Sprachaufbau

Die neuen Verben

לְהַדְלִיק	מַדְלִיקוֹת	מַדְלִיקִים	מַדְלִיקָה	מַדְלִיק
לְהַזְמִין	מַזְמִינוֹת	מַזְמִינִים	מַזְמִינָה	מַזְמִין
לְהָכִין	מְכִינוֹת	מְכִינִים	מְכִינָה	מֵכִין
לְשַׁלֵּם	מְשַׁלְּמוֹת	מְשַׁלְּמִים	מְשַׁלֶּמֶת	מְשַׁלֵּם
לִשְׁבּוֹת	שׁוֹבְתוֹת	שׁוֹבְתִים	שׁוֹבֶתֶת	שׁוֹבֵת
לְהַסְכִּים	מַסְכִּימוֹת	מַסְכִּימִים	מַסְכִּימָה	מַסְכִּים

Die Ordnungszahlen

der, die, das:	männl.		weibl.	
erste	*rischon*	ראשון	*rischona*	ראשונה
zweite	*schäni*	שני	*schnija*	שנייה
dritte	*schlischi*	שלישי	*schlischit*	שלישית
vierte	r_e*wi'i*	רביעי	r_e*wi'it*	רביעית
fünfte	*chamischi*	חמישי	*chamischit*	חמישית
sechste	*schischi*	שישי	*schischit*	שישית
siebte	*schwi'i*	שביעי	*schwi'it*	שביעית
achte	*schmini*	שמיני	*schminit*	שמינית
neunte	*tschi'i*	תשיעי	*tschi'it*	תשיעית
zehnte	*assiri*	עשׂירי	*assirit*	עשׂירית

Die Wochentage, die wir aus Lektion 10 bereits kennen, setzen sich zusammen aus dem Wort *jom* und den Ordnungszahlen.

Für die Ordnungszahlen größer als zehn werden die Grundzahlen unter Voranstellung des bestimmten Artikels verwendet.

z.B.	*hajalda haschtejm ässrä*	das zwölfte Mädchen
	hakita ha'ässrim w_e*achat*	die einundzwanzigste Klasse

Die Verneinung mit *ejn*

Bisher haben wir alle Verben mit *lo* verneint. Es gibt darüber hinaus die Möglichkeit der Verneinung mit *ejn*, wobei die entsprechenden Personalpronomen als Suffixe erscheinen.

ich ... nicht		*ejni (ejn̂äni)*	איני (אינני)
du ... nicht		*ejncha (m.)*	אינך
du ... nicht		*ejnäch (f.)*	אינך
er ... nicht	*hu*	*ejno (ejn̂änu)*	הוא אינו (איננו)
sie ... nicht	*hi*	*ejna (ejn̂äna)*	היא אינה (איננה)
wir ... nicht		*ejn̂änu*	איננו
ihr ... nicht		*ejnchäm (m.)*	אינכם
ihr ... nicht		*ejnchän (f.)*	אינכן
sie ... nicht	*häm*	*ejnam (m.)*	הם אינם
sie ... nicht	*hän*	*ejnan (f.)*	הן אינן

z.B. *hajäläd ejno ochäl.* — Der Junge ißt nicht.
ha'ochäl ejno muchan. — Das Essen ist nicht fertig.

Die in Klammern angegebenen Formen sowie die 3. Person Plural werden in der Umgangssprache in der Bedeutung von 'nicht anwesend sein' benutzt.

z.B. *hatalmidim ejnam bakita.* — Die Schüler sind nicht in der Klasse.
rut ejnäna bamissrad. — Ruth ist nicht im Büro.
dawid ejnänu. — David ist nicht da.

zarich - man soll, man muß

Wird *zarich* unpersönlich gebraucht, so verwendet man nicht, wie bei den übrigen Verben, die 3. Person, Maskulinum, Plural, sondern die 3. Person, Maskulinum, Singular.

z.B. *zarich lä'ächol lifnej schäholchim la'awoda.*
Man soll essen, bevor man zur Arbeit geht.

zarich lanu'ach acharej ha'awoda.
Nach der Arbeit soll man sich ausruhen.

kol - jeder, jede, jedes

Wir kennen *kol + ha...* in der Bedeutung von 'alle, ganz' (*kol ha'olam*, die ganze Welt). Ohne bestimmten Artikel ist es mit 'jeder, jede, jedes' zu übersetzen.

z.B.	*kol äräw*	jeden Abend
	kol ächad	jeder, jedermann

Merke: ***kol ha****talmidim ba'im* ***kol*** *jom lakita.*
Alle Schüler kommen jeden Tag zur Schule.

Merke: *b$_e$chol = b$_e$kol*

im **עִם**

dawid holäch im rut.
David geht mit Ruth.

im **אִם**

im ani ajäfa, ani holächät lischon.
Wenn ich müde bin, gehe ich schlafen.

Die Übungen

Verneine mit *ejn*!

dawid lo baba'it. ____________________
hachawärim lo bassärät. ____________________
hapkidim lo bamissrad. ____________________
anachnu lo lomdim. ____________________
at lo holächät. ____________________

Ersetze die unterstrichenen Wörter durch die Begriffe in Klammern!

<u>ima</u> madlika ät hanärot. (hu, häm, atän)
<u>dawid</u> mächin ochäl. (rut, anachnu, atäm)
<u>anachnu</u> masminim orchim. (hi, ata, hän)
<u>ani</u> lo masskima la'awod. (ata, häm, atän)

Bilde Sätze mit *im* (wenn)!

z.B. *ata lomäd, ata jodä'a.* *im ata lomäd, ata jodä'a.*

ata holäch $l_e$tajäl, ata ajäf. __________________
jäsch awoda, jäsch kässäf. __________________
jäsch talmidim, jäsch schi'ur. __________________

Setze Ordnungszahlen ein!

z.B. *hajom harischon.*

haschawu'a (3.) __________
haschana (5.) __________
hassärät (4.) __________
hatalmida (1.) __________
hagluja (8.) __________

Antworte!

ma assur la'assot $b_e$schabat?
ma mutar la'assot $b_e$schabat?
mataj matchila haschabat?
ma omrim $b_e$schabat?

Übersetze!

Am Sabbat ruhe ich mich aus. Ich gehe gerne am Meer spazieren. Am Abend lade ich meine Freunde zum Essen ein. Wir zünden Kerzen an, sitzen zusammen und sprechen über neue Bücher oder neue Filme. Wenn meine Freundin Ruth Zeit hat, kommt sie aus Jerusalem zu Besuch. Diese Abende sind sehr schön.

Verneine mit !

האיש לא מכין את האוכל לשבּת.
המלאך הרע לא רוצה לומר "אמן".
אני לא גומר את העבודה.
התלמידים לא לומדים צרפתית.
הילדות לא אוכלות את הסלט.

Antworte!

מאיין בּא השם שבּת?
מה אסור לעשׂות בּשבּת?
מה מותר לעשׂות בּשבּת?
מתי מתחילה השבּת?
מה עושׂה האישה לפני ערב שבּת?
מה אומרים בּשבּת בּמקום שלום?

Setze Ordnungszahlen ein!

היום השביעי
הילדה ____________ (10)
הכּיתה ____________ (6)
הספר ____________ (5)
השבוע ____________ (4)
השבּת ____________ (2)

Ersetze die unterstrichenen Wörter durch die Begriffe in Klammern!

רות לא מדליקה נרות של שבּת. (הם, יוסף, אנחנו, אתן)
מיכאל מזמין אורחים בּערב. (היא, אנחנו, הם, אתן)
הם לא מספּימים לעבוד היום. (היא, הוא, הילדים, הפּקידות)
המורים שובתים היום. (הפּקידה, הדואר, המורות)

שָלוֹם עֲלֵיכֶם (שִיר לְשַבָּת)

שָלוֹם עֲלֵיכֶם מַלְאֲכֵי הַשָּרֵת מַלְאֲכֵי עֶלְיוֹן
מִמֶּלֶךְ מַלְכֵי הַמְּלָכִים הַקָּדוֹש בָּרוּךְ הוּא.

בּוֹאֲכֶם לְשָלוֹם מַלְאֲכֵי הַשָּלוֹם מַלְאֲכֵי עֶלְיוֹן
מִמֶּלֶךְ מַלְכֵי הַמְּלָכִים הַקָּדוֹש בָּרוּךְ הוּא.

בָּרְכוּנִי לְשָלוֹם מַלְאֲכֵי הַשָּלוֹם מַלְאֲכֵי עֶלְיוֹן
מִמֶּלֶךְ מַלְכֵי הַמְּלָכִים הַקָּדוֹש בָּרוּךְ הוּא.

צֵאתְכֶם לְשָלוֹם מַלְאֲכֵי הַשָּלוֹם מַלְאֲכֵי עֶלְיוֹן
מִמֶּלֶךְ מַלְכֵי הַמְּלָכִים הַקָּדוֹש בָּרוּךְ הוּא.

Das hebräische Alphabet

Übe weiter!

צ צ צ

ץ ץ ץ

ק ק ק

ט ט ט

נ נ נ

ן ן ן

ז ז ז

קטנה,

זה,

קיבוץ,

צריך,

טובה,

אין,

א ב ג ד ה ו ז ח ט י כ ך ל מ ם נ ן ס ע פ ף
צ ץ ק ר ש ת

Lektion 15

Die Vokabeln

Licht/er	*or/orot (m.)*	אור/אורות
Himmel	*schamajim (pl.m.)*	שמיים
Farbe/n	*zäwa/zwa'im (m.)*	צבע/צבעים
besonderer, besondere/s	*m$_e$juchad/m$_e$juchädät*	מיוחד/מיוחדת
	m$_e$juchadim/m$_e$juchadot	מיוחדים/מיוחדות
hell	*bahir/b$_e$hira*	בהיר/בהירה
	b$_e$hirim/b$_e$hirot	בהירים/בהירות
hoch	*gawo'a/gwoha*	גבוה/גבוהה
	gwohim/gwohot	גבוהים/גבוהות
Berg/e	*har/harim (m.)*	הר/הרים
die judäischen Berge	*harej-j$_e$huda (pl.m.)*	הרי יהודה
Stein/e	*äwän/awanim (f.)*	אבן/אבנים
weiß	*lawan/l$_e$wana*	לבן/לבנה
	l$_e$wanim/l$_e$wanot	לבנים/לבנות
verrückt	*m$_e$schuga/m$_e$schuga'at*	משוגע/משוגעת
	m$_e$schuga'im/m$_e$schuga'ot	משוגעים/משוגעות
religiös	*dati/datit*	דתי/דתית
Christ/en	*nozri/nozrim*	נוצרי/נוצרים
Moslem/Mohamedaner	*musl$_e$mi/musl$_e$mim*	מוסלמי/מוסלמים
telefonieren	*l$_e$talfän (m$_e$talfän)*	לטלפן (מטלפן)
<telefonierte>	*<tilfän>*	<טילפן>
sich verabreden	*l$_e$hidawär (nidbar)*	להידבר (נדבר)
<verabredete sich>	*<nidbar>*	<נדבר>
mit ihr	*ita*	איתה
sich treffen	*l$_e$hipagäsch (nifgasch)*	להיפגש (נפגש)

<traf sich>	*<nifgasch>*	<נפגש>
Kaffee(haus), Café	*bejt-kafä (m.)*	בית קפה
schon	*kwar*	כבר
Fußgängerzone	*midr$_e$chow*	מדרחוב
erzählen	*l$_e$ssapär (m$_e$ssapär)*	לספר (מספר)
<erzählte>	*<ssipär>*	<סיפר>
Leben	*chajim (pl.m.)*	חיים
Gebäude	*binjan/binjanim (m.)*	בניין/בניינים
eintreten	*l$_e$hikanäss (nichnass)*	להיכנס (נכנס)
<trat ein>	*<nichnass>*	<נכנס>
Holocaust-Gedenkstätte	*jad waschäm*	יד ושם
Moschee/n	*missgad/missgadim (m.)*	מיסגד/מיסגדים
Felsendom	*missgad omar*	מיסגד עומר
Kirche/n	*knässija/knässijot (f.)*	כנסיה/כנסיות
Grabeskirche	*knässijat hak̂äwär*	כנסיית הקבר

ירושלים

ירושלים היא עיר יפה מאוד. בירושלים יש הרבה אור ולשמיים יש צבע מיוחד בהיר מאוד.ירושלים יושבת גבוה על הרי יהודה. על הרים יש הרבה אבנים ולכן בירושלים יש הרבה אבנים גדולות ולבנות. גם הבתים בעיר הזאת הם מאבנים לבנות. אומרים: "בירושלים אתה מוצא אבנים או משוגעים".

טיול בירושלים

יש לי חברה בירושלים. שמה טליה והיא גרה בעיר החדשה. רציתי לעשׂות עם טליה טיולים בעיר. טלפנתי ושאלתי אותה, מתי אני יכולה לבוא. נדברתי איתה ליום חמישי, וטליה לקחה יום חופש.
נפגשנו בבית קפה "עטרה" במדרחוב בן יהודה. את טליה לא ראיתי כבר הרבה זמן ולכן ישבנו קצת בקפה ודיברנו ואני סיפרתי לה על החיים שלי בגרמניה. אחר כך טיילתי איתה להר הרצל, נכנסנו לבניין הכנסת, למוזיאון ישׂראל וביקרנו ב"יד ושם". ראינו גם את מסגד עומר ואת כנסיית הקבר בעיר העתיקה. זה היה טיול מעניין מאוד.

"שֶׁלִּי שֶׁלִּי וְשֶׁלְּךָ שֶׁלָּךְ
שֶׁלִּי שֶׁלָּךְ וְשֶׁלְּךָ שֶׁלִּי
שֶׁלִּי שֶׁלָּךְ וְשֶׁלְּךָ שֶׁלָּךְ
שֶׁלְּךָ שֶׁלִּי וְשֶׁלִּי שֶׁלִּי"

j$_e$ruschalajim

j$_e$ruschalajim hi ir jafa m$_e$od. bijruschalajim jäsch harbä or w$_e$laschamajim jäsch zäwa m$_e$juchad bahir m$_e$od. j$_e$ruschalajim joschäwät gawo'a al harej-j$_e$huda. al harim jäsch harbä awanim w$_e$lachän bijruschalajim jäsch harbä awanim gdolot ul$_e$wanot. gam habatim ba'ir hasot häm mä'awanim l$_e$wanot. omrim: "bijruschalajim ata mozä awanim o m$_e$schuga'im."

tijul bijruschalajim

jäsch li chawära bijruschalajim. schma talja, w$_e$hi gara ba'ir hachadascha. raziti la'assot im talja tijul ba'ir. tilfanti w$_e$scha'alti ota, mataj ani j$_e$chola lawo. nidbarti ita l$_e$jom chamischi w$_e$talja lakcha jom chofäsch. nifgaschnu b$_e$bejt-kafä 'atara' b$_e$midr$_e$chow bän j$_e$huda. ät talja lo ra'iti kwar harbä sman, w$_e$lachän jaschawnu kzat bakafä w$_e$dibarnu, w$_e$ani ssiparti la al hachajim schäli b$_e$gärmania. achar kach tijalti ita l$_e$har härzl, nichnassnu l$_e$binjan haknässät, l$_e$musä'on isra'äl, w$_e$bikarnu b$_e$'jad waschäm'. ra'inu gam ät missgad omar w$_e$ät knässijat hakäwär ba'ir ha'atika. sä haja tijul m$_e$anjän m$_e$od.

Jerusalem

Jerusalem ist eine sehr schöne Stadt. Jersualem ist lichtdurchflutet (in Jerusalem gibt es viel Licht), und der Himmel hat eine besondere helle Farbe. Jerusalem liegt hoch in den judäischen Bergen. Im Gebirge ist es sehr steinig, und deshalb gibt es in Jerusalem viele große, weiße Steine. Auch die Häuser in dieser Stadt sind aus weißem Stein. Man sagt: "In Jerusalem findest du Steine oder Verrückte."

Ein Spaziergang durch Jerusalem

Ich habe eine Freundin in Jerusalem. Sie heißt Talja, und sie wohnt in der Neustadt. Ich wollte mit Talja einen Spaziergang durch die Stadt machen. Ich rief an und fragte sie, wann ich kommen könnte. Ich verabredete mich mit ihr für Donnerstag, und Talja nahm einen freien Tag. Wir trafen uns im Café 'Atara' in der Fußgängerzone Ben Jehuda. Ich hatte Talja schon lange nicht mehr gesehen, und deshalb saßen wir ein wenig in dem Café und unterhielten uns, und ich erzählte ihr von meinem Leben in Deutschland. Dann spazierte ich mit ihr auf den Herzl-Berg, wir gingen in das Knessetgebäude, in das Israelmuseum und wir besichtigten Jad-Vaschem. Wir sahen auch den Felsendom und die Grabeskirche in der Altstadt. Das war ein sehr interessanter Spaziergang.

Zum Sprachaufbau

Die neuen Verben

לְטַלְפֵן	מְטַלְפְנוֹת	מְטַלְפְנִים	מְטַלְפֶנֶת	מְטַלְפֵן
לְסַפֵּר	מְסַפְּרוֹת	מְסַפְּרִים	מְסַפֶּרֶת	מְסַפֵּר
לְהִיפָּגֵש	נִפְגָשוֹת	נִפְגָשִים	נִפְגֶשֶת	נִפְגָש
לְהִידָּבֵר	נִדְבָּרוֹת	נִדְבָּרִים	נִדְבֶּרֶת	נִדְבָּר
לְהִיכָּנֵס	נִכְנָסוֹת	נִכְנָסִים	נִכְנֶסֶת	נִכְנָס

Die Gruppe *pi'äl* in der Vergangenheit

Infinitiv:	לְשַלֵּם	לְטַיֵּיל	לְבַקֵּר	לְצַלֵּם	לְטַלְפֵן	לְסַפֵּר	לְדַבֵּר
3. Pers. Präs.:	מְשַלֵּם	מְטַיֵּיל	מְבַקֵּר	מְצַלֵּם	מְטַלְפֵן	מְסַפֵּר	מְדַבֵּר
3. Pers. Verg.:	שִילֵּם	טִיֵּיל	בִּיקֵּר	צִילֵּם	טִילְפֵן	סִיפֵּר	דִיבֵּר

ich sagte		*dibar* ***ti***	דיברתי	
du sagtest		*dibar* ***ta*** *(m.)*	דיברת	
du sagtest		*dibar* ***t*** *(f.)*	דיברת	
er sagte	*hu*	*dibär*	דיבר	הוא
sie sagte	*hi*	*dibr* ***ah***	דיברה	היא
wir sagten		*dibar* ***nu***	דיברנו	
ihr sagtet		*dibar* ***täm*** *(m.)*	דיברתם	
ihr sagtet		*dibar* ***tän*** *(f.)*	דיברתן	
sie sagten	*häm/hän*	*dibr* ***u*** *(m./f.)*	דיברו	הם/הן

Die Gruppe *nif'al* in der Vergangenheit

Infinitiv:	לְהִימָּצֵא	לְהִידָּבֵר	לְהִיפָּגֵשׁ	לְהִיכָּנֵס
3. Pers. Präs.:	נִמְצָא	נִדְבָּר	נִפְגָּשׁ	נִכְנָס
3. Pers. Verg.:	נִמְצָא	נִדְבַּר	נִפְגַּשׁ	נִכְנַס

ich trat ein		*nichn̂ass*	***ti***	נכנסתי	
du tratest ein		*nichn̂ass*	***ta*** *(m.)*	נכנסת	
du tratest ein		*nichnass*	***t*** *(f.)*	נכנסת	
er trat ein	*hu*	*nichnass*		נכנס	הוא
sie trat ein	*hi*	*nichn$_e$ss*	***ah***	נכנסה	היא
wir traten ein		*nichn̂ass*	***nu***	נכנסנו	
ihr tratet ein		*nichn̂ass*	***täm*** *(m.)*	נכנסתם	
ihr tratet ein		*nichn̂ass*	***tän*** *(f.)*	נכנסתן	
sie traten ein	*häm/hän*	*nichn$_e$ss*	***u*** *(m./f.)*	נכנסו	הם/הן

Das Verb *l$_e$himazä* gehört zur Gruppe *nif'al*, wird jedoch anders konjugiert als die restlichen Verben dieser Gruppe.

הם/ן	אתם/ן	אנחנו	היא	הוא	את	אתה	אני
נִמְצְאוּ	נִמְצֵאתֶם/ן	נִמְצֵאנוּ	נִמְצְאָה	נִמְצָא	נִמְצֵאת	נִמְצֵאתָ	נִמְצֵאתִי

Die Präposition *im* (mit) + Personalpronomen

Steht die Präposition *im* in Verbindung mit Personalpronomen, so erhält sie die bereits bekannten Suffixe. Der Buchstabe *ajn* verwandelt sich in diesem Fall in *aläf*

mit mir	*iti*	איתי
mit dir	*itcha (m.)*	איתך
mit dir	*itach (f.)*	איתך
mit ihm	*ito*	איתו
mit ihr	*itah*	איתה
mit uns	*it̂anu*	איתנו
mit euch	*itchäm (m.)*	איתכם
mit euch	*itchän (f.)*	איתכן
mit ihnen	*itam (m.)*	איתם
mit ihnen	*itan (f.)*	איתן

Zusammengesetzte Substantive

Das Substantiv *ba'it* wird in zusammengesetzten Substantiven zu *bejt.*

z.B.	*bejt-kafä*	ein Kaffeehaus
	bejt-knässät	eine Synagoge
	bejt-cholim	ein Krankenhaus
	bejt-ssäfär	eine Schule

Merke:

bejt hakafä	das Kaffeehaus
bejt haknässät	die Synagoge
bejt hacholim	das Krankenhaus
bejt hassäfär	die Schule

Die Übungen

Ersetze die unterstrichenen Wörter durch die Begriffe in den Klammern!

häm nidbarim im hamora l$_e$machar. (ani, atän, hi)
hi nifgäschät im rut b$_e$kafä 'atara'. (hän, häm, hu)
hu m$_e$talfän l$_e$dani'äla. (hi, häm, hän)
at nichnässät lamusä'on. (ata, atäm, atän)

Setze in die Vergangenheit!

hu nichnass l$_e$binjan haknässät.	______________________
ani nifgasch im jossäf bachanut.	______________________
ata m$_e$ssapär al ha'ir zfat.	______________________
hachanut nimzät birchow disängof.	______________________
ani m$_e$tajälät al-jad ha'uniwärssita.	______________________
ata m$_e$dabär im hachawärim.	______________________
at m$_e$ssapärät al hachajim schälach.	______________________
hi m$_e$wakärät ät ima schäla.	______________________
atän m$_e$talf$_e$not l$_e$rut.	______________________
anachnu m$_e$tajlim birchow weizman.	______________________

Ersetze durch das Personalpronomen!

hu m$_e$dabär im rut.	*hu m$_e$dabär ita.*
anachnu owdim im dawid.	__________
hän ochlot im haj$_e$ladim.	__________
hi nifgäschät im hachawärot.	__________
rut holächät im jossäf l$_e$ssärät.	__________

Übersetze!

Ich liebe Jerusalem sehr. Meine Freundin wohnt in der Altstadt in einem Haus aus weißen Steinen. Gestern ging ich mit ihr in der Fußgängerzone spazieren. Wir kauften interessante Bücher und Ansichtskarten. Wir gingen zur Post, um Briefmarken zu kaufen und setzten uns dann in ein Café.

Setze in die Vergangenheit!

אני נכנסת למשׂרד.
אתם נדברים עם המורה למחר.
אנחנו נפגשים בחנות הספרים.
את מטלפנת לחברים.
אתה מטייל בעיר העתיקה.
הוא מספר לי על העבודה שלו.
היא מבקרת את האחות שלה.

Ersetze את oder עם durch das Personalpronomen!

הוא מדבר <u>עם</u> דויד.	הוא מדבר <u>איתו</u>.
אני קונה <u>את</u> הספר.	אני קונה <u>אותו</u>.
רות נפגשת <u>עם</u> יוסף.	___________
מיכאל נדבר <u>עם</u> רבקה.	___________
דויד לומד <u>עם</u> איריס ושׂרה.	___________
ראינו <u>את</u> הסרט של פליני.	___________
יוסף אוהב <u>את</u> רות.	___________
הוא לא שותה <u>את</u> הבירה.	

Übersetze!

נסעתי עם טליה לגליל ושם ביקרנו את בית הכנסת של "הארי הקדוש".אחר כך חזרנו לירושלים. בערב הלכנו לראות סרט מעניין בקולנוע "צפון". לפני שחזרתי לחיפה להורים שלי, טילפנתי ושאלתי מתי הם נמצאים בבית. הם אמרו לי, שאחרי הצוהוריים הם חוזרים מהעבודה ולכן כדאי לי לבוא בערב.

Lektion 16

Die Vokabeln

hungrig	*ra'äw/r$_e$äwa*	רעב/רעבה
	r$_e$äwim/r$_e$äwot	רעבים/רעבות
ich möchte	*haĵiti rozä (roza)*	הייתי רוצה
Restaurant/s	*miss'ada/miss'adot (f.)*	מסעדה/מסעדות
Kellner	*mälzar/mälzarim (m.)*	מלצר/מלצרים
bedauern	*l$_e$hizta'är (mizta'är)*	להצטער (מצטער)
schließen	*lissgor (ssogär)*	לסגור (סוגר)
<schloß>	*<ssagar>*	<סגר>
öffnen	*liftô'ach (pôtä'ach)*	לפתוח (פותח)
<öffnete>	*<patach>*	<פתח>
anderer, e, s	*achär/acĥärät*	אחר/אחרת
	achärim/achärot	אחרים/אחרות
Problem/e	*b$_e$aja/b$_e$ajot (f.)*	בעיה/בעיות
außen, draußen	*bachuz*	בחוץ
innen, drinnen	*bifnim*	בפנים
für	*bischwil*	בשביל
(ein)Fisch/e	*dag/dagim (m.)*	דג/דגים
gebraten	*m$_e$tugan*	מטוגן
frisch	*tari/trija*	טרי/טריה
	trijim/trijot	טריים/טריות
immer	*tamid*	תמיד
direkt, gerade	*jaschar*	ישר
also, dann	*as*	אז
Reis	*ôräs (m.)*	אורז
Gemüse	*j$_e$rakot (m./pl.)*	ירקות

Apfelsine/n	*tapus/tapusim (m.).*	תפוז/תפוזים
ein gegrilltes Hähnchen	*of bigril*	עוף בגריל
Kartoffel/n	*tap̂u'ach adama/*	תפוח אדמה
	tapuchej adama (m.)	תפוחי אדמה
warten	*l$_e$chakot (m$_e$chakäh)*	לחכות(מחכה)
<wartete>	*<chikah>*	<חיכה>
(an)kommen, eintreffen	*l$_e$haĝi'a (maĝi'a)*	להגיע(מגיע)
endlich!	*ssof ssof!*	סוף סוף
Guten Appetit!	*b$_e$tä'awon!*	בתיאבון

במסעדה

רות : יוסף, אני רעבה. הייתי רוצה לאכול משהו. אתה יודע איפה יש פה מסעדה טובה?

יוסף: יש פה הרבה. הינה למשל אחת לא יקרה.
שלום, אפשר עכשיו לאכול ארוחת צוהוריים?

מלצר: אני מצטער, אנחנו סוגרים עכשיו. אבל אנחנו פותחים עוד פעם בשעה שש בערב.

רות : מה עושים עכשיו?

יוסף: אנחנו יכולים לשאול במסעדה אחרת.
שלום, אפשר לאכול אצלכם עכשיו משהו חם?

מלצר: כן, אין בעיות. אתם יכולים לשבת בחוץ או בפנים. איך שאתם רוצים.

רות : אני רוצה לשבת בחוץ. זה מאוד נעים.

מלצר: מה אני יכול לעשות בשבילכם?

רות : אני רוצה דג מטוגן. הדגים טריים כאן?

מלצר: אצלנו הדגים תמיד מאוד טריים, ישר מהים.

רות : טוב, אז דג עם אורז וירקות.

מלצר: מה את רוצה לשתות?

רות : מיץ תפוזים טרי.

מלצר: בסדר. ואתה?

יוסף: בשבילי עוף בגריל עם תפוחי אדמה וקולה.

מלצר: בסדר.
(אחרי חצי שעה)

רות : אנחנו יושבים ומחכים לאוכל כול כך הרבה זמן!

יוסף: אולי הדגים שובתים היום?

רות : הינה האוכל מגיע סוף סוף.

מלצר: בבקשה, בתיאבון.

״אולי הדגים שובתים היום״

b$_e$miss'ada

rut: *jossäf, ani r$_e$äwa. hajiti roza lä'ächol maschähu. ata jodä'a ejfo jäsch po miss'ada?*

jossäf: *jäsch po harbä. hinä l$_e$maschal achat lo j$_e$kara. schalom, äfschar achschaw lä'ächol aruchat zohorajim?*

mälzar: *ani mizta'är, anachnu ssogrim achschaw. awal anachnu potchim od pa'am b$_e$schäsch ba'äräw.*

rut: *ma ossim achschaw?*

jossäf: *anachnu j$_e$cholim lisch'ol b$_e$miss'ada achärät. schalom, äfschar lä'ächol äzl$_e$chäm achschaw maschähu cham?*

mälzar: *kän, ejn b$_e$'ajot. atäm j$_e$cholim laschäwät bachuz o bifnim. ejch schä'atäm rozim.*

rut: *ani roza laschäwät bachuz. sä m$_e$od na'im.*

mälzar: *ma ani jachol la'assot bischwilchäm?*

rut: *ani roza dag m$_e$tugan. hadagim trijim kan?*

mälzar: *äzlänu hadagim tamid m$_e$od trijim, jaschar mähajam.*

rut: *tow, as dag im oräs w$_e$j$_e$rakot.*

mälzar: *ma at roza lischtot?*

rut: *miz tapusim tari.*

mälzar: *b$_e$ssädär. w$_e$ata?*

jossäf: *bischwili of bigril im tapuchej adama w$_e$kola.*

mälzar: *b$_e$ssädär!*

(acharej chazi scha'a)

rut: *anachnu joschwim um$_e$chakim la'ochäl kol kach harbä sman!*

jossäf: *ulaj hadagim schowtim hajom.*

rut: *hinä ha'ochäl magi'a. ssof ssof!*

mälzar: *b$_e$wakascha, b$_e$tä'awon.*

In einem Restaurant

Ruth:	Josef, ich bin hungrig. Ich möchte gerne etwas essen. Weißt du, wo es hier ein Restaurant gibt?
Josef:	Hier gibt es viele. Da ist beispielsweise eins, das nicht teuer ist. Guten Tag, ist es möglich, um diese Zeit zu Mittag zu essen?
Kellner:	Ich bedaure, wir schließen gerade. Aber wir öffnen wieder um achtzehn Uhr.
Ruth:	Was machen wir nun?
Josef:	Wir können in einem anderen Restaurant nachfragen. Guten Tag, kann man bei Ihnen um diese Zeit etwas Warmes essen?
Kellner:	Ja, kein Problem. Sie können draußen oder drinnen Platz nehmen. Wie Sie wünschen.
Ruth:	Ich möchte draußen sitzen. Das ist sehr angenehm.
Kellner:	Was kann ich für Sie tun?
Ruth:	Ich möchte gebratenen Fisch. Sind die Fische hier frisch?
Kellner:	Bei uns sind die Fische immer sehr frisch, direkt aus dem Meer.
Ruth:	Gut, dann Fisch mit Reis und Gemüse.
Kellner:	Was möchten Sie trinken?
Ruth:	Frisch gepreßten Orangensaft.
Kellner:	In Ordnung. Und Sie?
Josef:	Für mich gegrilltes Hähnchen mit Kartoffeln und eine Cola.
Kellner:	In Ordnung!

(Nach einer halben Stunde)

Ruth:	Wir sitzen hier und warten so lange auf das Essen!
Josef:	Vielleicht streiken die Fische heute.
Ruth:	Hier kommt das Essen. Endlich!
Kellner:	Bitte schön, guten Appetit!

Zum Sprachaufbau

Die neuen Verben

לְהִצְטַעֵר	מְצַטַעֲרוֹת	מְצַטַעֲרִים	מְצַטַעֶרֶת	מְצַטַעֵר
לְהַגִּיעַ	מַגִּיעוֹת	מַגִּיעִים	מַגִּיעָה	מַגִּיעַ
לְחַכּוֹת	מְחַכּוֹת	מְחַכִּים	מְחַכָּה	מְחַכֶּה
לִסְגוֹר	סוֹגרוֹת	סוֹגְרִים	סוֹגֶרֶת	סוֹגֵר
לִפְתוֹחַ	פוֹתחוֹת	פוֹתְחִים	פוֹתַחַת	פוֹתֵחַ

bischwil (für) + die Personalpronomen

für mich	*bischwili*	בשבילי
für dich	*bischwilcha (m.)*	בשבילך
für dich	*bischwiläch (f.)*	בשבילך
für ihn	*bischwilo*	בשבילו
für sie	*bischwilah*	בשבילה
für uns	*bischwil̂änu*	בשבילנו
für euch	*bischwilchäm (m.)*	בשבילכם
für euch	*bischwilchän (f.)*	בשבילכן
für sie	*bischwilam (m.)*	בשבילם
für sie	*bischwilan (f.)*	בשבילן

äzäl (bei) + die Personalpronomen

bei mir	*äzli*	אצלי
bei dir	*äzl$_e$cha (m.)*	אצלך
bei dir	*äzläch (f.)*	אצלך
bei ihm	*äzlo*	אצלו
bei ihr	*äzlah*	אצלה
bei uns	*äzl̂änu*	אצלנו
bei euch	*äzl$_e$chäm (m.)*	אצלכם
bei euch	*äzl$_e$chän (f.)*	אצלכן
bei ihnen	*äzlam (m.)*	אצלם
bei ihnen	*äzlan (f.)*	אצלן

Das Verb l_e*chakot* (warten) in der Vergangenheit

ich wartete		*chik̂i* ***ti***	חיכיתי	
du wartetest		*chik̂i* ***ta*** *(m.)*	חיכית	
du wartetest		*chiki* ***t*** *(f.)*	חיכית	
er wartete	*hu*	*chikah*	חיכה	הוא
sie wartete	*hi*	*chik* ***tah***	חיכתה	היא
wir warteten		*chik̂i* ***nu***	חיכינו	
ihr wartetet		*chik̂i* ***täm*** *(m.)*	חיכיתם	
ihr wartetet		*chik̂i* ***tän*** *(f.)*	חיכיתן	
sie warteten	*häm/hän*	*chik* ***u*** *(m./f.)*	חיכו	הם/הן

Das Verb l_e*chakot* zieht die Präposition l_e..., also den Dativ, nach sich.

z.B.	*ani* m_e*chaka* l_e*orchim.*	Ich warte auf Gäste.
	anachnu m_e*chakim lamora.*	Wir warten auf die Lehrerin.
	häm m_e*chakim la'ochäl.*	Sie warten auf das Essen.

lähagi'a – ankommen, eintreffen

Im Hebräischen wird sehr genau zwischen 'kommen' und 'ankommen' unterschieden.

z.B. *dawid* w_e*rut holchim umagi'im lamiss'ada.*
David und Ruth gehen und kommen am Restaurant an.

hinä ha'orchim magi'im.
Hier kommen die Gäste.

hapakid magi'a lamissrad.
Der Beamte kommt ins Büro.

hassfarim hachadaschim magi'im lachanut.
Die neuen Bücher treffen im Laden ein.

hajiti rozä - ich möchte

z.B.	*hajiti roza lalächät l$_e$ssärät.*	Ich möchte in einen Film gehen.
	hajiti rozä lischmo'a musika.	Ich möchte Musik hören.
	hajinu rozim lilmod iwrit.	Wir möchten Hebräisch lernen.

Die Übungen

Ersetze die unterstrichenen Wörter durch die Begriffe in den Klammern!

hi potachat ät hachanut. (hu, häm, atäm)
hu ssogär ät hassäfär. (hi roza, anachnu, atän)
hachawär magi'a habajta acharej haschi'ur. (hachawära, häm, hän)

Setze in die Vergangenheit!

ani m$_e$chaka lachawärim.	______________________
ata m$_e$chakä lahorim schälcha.	______________________
hu m$_e$chakä ligluja.	______________________
anachnu m$_e$chakim la'ochäl.	______________________

Benutze die Personalpronomen nach dem Beispiel!

hassäfär hasä bischwil rut?	*kän, sä bischwila.*
ata gar äzäl dawid?	____________
sä ssäfär schäl iris?	____________
sot tmuna bischwil rut w$_e$ssara?	____________
sä bischwilcha?	____________
micha'äl owäd äzäl adon läwi?	____________
dawid hu hachawär schäl iris?	____________

Übersetze!

Gestern abend traf ich mich mit meinem Freund in einem kleinen Restaurant in der Altstadt. Ich mag dieses Restaurant sehr, weil man dort draußen sitzen kann. Ich wartete sehr lange auf meinen Freund. Endlich kam er (an) und sagte, daß es ihm sehr leid tue, daß ich so lange auf ihn gewartet habe. Wir aßen eine leckere Pizza und tranken einen guten Wein. Wir gingen sehr spät nach Hause.

Ersetze nach dem Beispiel!

זאת תמונה בּשביל אדון לוי.	זאת תמונה בּשבילו.
זה ספר בּשביל רות.	____________
הדגים הם בּשביל יוסף ורות.	____________
אני גרה אצל האחות שלי.	____________
הוא אוכל אצל חברים.	____________
עוף מטוגן, בּשבילך?	כּן, ____________
רות, המסיבּה אצלך?	כּן, ____________

Setze in die Vergangenheit!

יוסף ורות מחכּים לאוכל.
היא אוכלת את הדג.
אנחנו קונים את היין.
אתה שותה בּירה.
אתם בּאים למסעדה הערב.
אני יושבת ומחכּה.

Setze in die Vergangenheit!

מיכאל קם מוקדם בּבּוקר, הוא אוכל ארוחת בּוקר ושותה קפה. אחרי שהוא גומר לאכול הוא קורא את עיתון הבּוקר. בּעיתון כותבים, שהיום סוגרים את כּל החנויות. מיכאל לא יודע מה לעשׂות, כּי אין לו אוכל בּבּית, והוא מחכּה לאורחים בּערב. הוא הולך לגברת כּוהן ושואל אותה, אם היא קונה משהו. אצל גברת כּוהן יש הרבּה יין ויש הרבּה בּירה. מיכאל לוקח קצת, אומר תודה וחוזר לדירה שלו.

תפריט

סלט חצילים.............	6	שקלים
חומוס................	5	שקלים
סלט ירקות...........	6	שקלים
דג בגריל............	12	שקלים
דג מטוגן............	12	שקלים
עוף בגריל...........	15	שקלים
תפוחי אדמה............	5	שקלים
אורז................	4	שקלים
ירקות..............	4	שקלים
קוקה קולה............	2	שקלים
בירה................	3	שקלים
יין..................	5	שקלים
מיץ תפוזים טרי.........	4	שקלים

Lektion 17

Die Vokabeln

Brief/e	*michtaw/michtawim (m.)*	מכתב/מכתבים
letzte Woche	*baschaŵu'a schä'awar*	בשבוע שעבר
(sich) fühlen	*$l_e$hargisch (margisch)*	להרגיש(מרגיש)
<fühlte sich>	*<hirgisch>*	<הרגיש>
Ohr/en	*ôsän/osn̂ajim (f.)*	אוזן/אוזניים
Kopf/Köpfe	*rosch/raschim (m.)*	ראש/ראשים
Gurgel/Hals	*garon (m.)*	גרון
Bauch	*b̂ätän (f.)*	בטן
wehtun, schmerzen	*lich'ow (ko'äw)*	לכאוב(כואב)
<schmerzte>	*<ka'aw>*	<כאב>
Arzt/Ärzte	*rofä/rof'im*	רופא/רופאים
Ärztin/nen	*rof'a/rof'ot*	רופאה/רופאות
einen Termin vereinbaren	*$l_e$hasmin tor*	להזמין תור
Warteschlange/n	*tor/torim (m.)*	תור/תורים
sich anstellen, warten bis man an der Reihe ist	*$l_e$chakot bator*	לחכות בתור
Arztpraxis/-praxen	*mirpa'a/mirpa'ot (f.)*	מירפאה/מירפאות
fast	*kim'at*	כמעט
als, wenn	*kschä...*	כש...
untersuchen	*liwdok (bodäk)*	לבדוק(בודק)
<untersuchte>	*<badak>*	<בדק>
Fieber	*chom (f.)*	חום
Grippe	*schap̂a'at (f.)*	שפעת
liegen	*lischkaw (schochäw)*	לשכב(שוכב)
<lag>	*<schachaw>*	<שכב>

Bett/en	*mita/mitot (f.)*	מיטה/מיטות
einige Tage	*k̂ama jamim*	כמה ימים
Medikament/e	*trufa/trufot (f.)*	תרופה/תרופות
wirklich, tatsächlich	*mamasch*	ממש
schrecklich	*nora/nora'a*	נורא/נוראה
	nora'im/nora'ot	נוראים/נוראות
ausgehen	*lazät (jozä)*	לצאת(יוצא)
<ging aus>	*<jaza>*	<יצא>
was soll's!	*m̂ejla!*	מילא
wiederholen	*lachsor al*	לחזור על
Stoff/e	*ĉhomär/chomarim (m.)*	חומר/חומרים
Grüße	*drischat schalom*	דרישת שלום
Körper	*guf/gufim (m.)*	גוף/גופים
Auge/n	*âjin/ejn̂ajim (f.)*	עיין/עיניים
Mund	*pä (m.)*	פה
Hand/Hände	*jad/jad̂ajim (f.)*	יד/ידיים
Fuß/Füße	*r̂ägäl/ragl̂ajim (f.)*	רגל/רגליים
Nase	*af (m.)*	אף
Herz	*läw (m.)*	לב

22.10.90

מכתב

מרים יקרה שלום.
אני מצטערת שלא באתי לשיעור בשבוע שעבר.
אבל לא הרגשתי טוב. לא יכולתי לישון
כל הלילה. האוזניים כאבו לי, הראש
כאב לי, הגרון כאב לי וגם הבטן
כאבה לי.
בבוקר טלפנתי לרופא והזמנתי תור.
במרפאה חכיתי בתור כמעט שעה.
כשנכנסתי סוף סוף לרופא הוא בדק
אותי ושאל אם יש לי חום. אחר כך
הוא אמר שיש לי שפעת ואני צריכה
לשכב במיטה כמה ימים, לקחת
תרופות ולנוח.
אני מוצאת שזה ממש נורא שאני צריכה
לשכב במיטה ולא יכולה לצאת
בערב לדיסקוטק. מילא! אבל עכשיו
יש לי הרבה זמן לחזור על החומר
שלמדנו!

דרישת שלום לכל התלמידים
דניאלה.

michtaw

miriam j$_e$kara schalom,
ani mizta'ärät schälo bati laschi'ur baschawu'a schä'awar. awal lo hirgaschti tow. lo jacholti lischon kol halajla. ha'osnajim ka'awu li, harosch ka'aw li, hagaron ka'aw li, w$_e$gam habätän ka'awa li. babokär tilfanti larofä, w$_e$hismanti tor. bamirpa'a chikiti bator kim'at scha'a. kschänichnassti ssof ssof larofä, hu badak oti w$_e$scha'al im jäsch li chom. achar kach hu amar, schäjäsch li schapa'at w$_e$ani zricha lischkaw bamita kama jamim, lakachat trufot w$_e$lanuach. ani mozät schäsä mamasch nora, schä'ani zricha lischkaw bamita w$_e$lo j$_e$chola lazät ba'äräw l$_e$diskotäk. mejla! awal achschaw jäsch li harbä sman lachsor al hachomär schälamadnu.

drischat schalom l$_e$kol hatalmidim.
dani'äla

Ein Brief

Liebe Miriam,
es tut mir leid, daß ich letzte Woche nicht in den Unterricht kam. Aber ich fühlte mich nicht gut. Ich konnte die ganze Nacht nicht schlafen. Die Ohren taten mir weh, der Kopf tat mir weh, der Hals schmerzte, und auch der Bauch tat mir weh. Morgens rief ich den Arzt an und vereinbarte einen Termin. In der Praxis wartete ich fast eine Stunde (bis ich an der Reihe war). Als ich endlich zum Arzt hineinging, untersuchte er mich und fragte, ob ich Fieber hätte. Dann sagte er, daß ich Grippe habe, und daß ich ein paar Tage im Bett liegen müsse, Medikamente einnehmen und mich ausruhen müsse. Ich finde, daß es wirklich schrecklich ist, daß ich im Bett bleiben muß und abends nicht in die Disko kann. Was soll's! Aber jetzt habe ich viel Zeit, den Stoff, den wir gelernt haben, zu wiederholen.

Grüße an alle Schüler.
Daniela

Zum Sprachaufbau

Die neuen Verben

לְהַרגִּיש	מַרגִּישׁוֹת	מַרגִּישִׁים	מַרגִּישָׁה	מַרגִּיש
לִכאוֹב	כּוֹאֲבוֹת	כּוֹאֲבִים	כּוֹאֶבֶת	כּוֹאֵב
לִבדוֹק	בּוֹדקוֹת	בּוֹדקִים	בּוֹדֶקֶת	בּוֹדֵק
לִשכַּב	שׁוֹכבוֹת	שׁוֹכבִים	שׁוֹכֶבֶת	שׁוֹכֵב
לָצֵאת	יוֹצאוֹת	יוֹצאִים	יוֹצֵאת	יוֹצֵא

Die Gruppe *hif'il* in der Vergangenheit

Infinitiv:	לְהַגִּיעַ	לְהַסכִּים	לְהַכִּיר	לְהַרגִּיש	לְהַזמִין	לְהַדלִיק	לְהַתחִיל
3. Pers. Präs.:	מַגִּיעַ	מַסכִּים	מַכִּיר	מַרגִּיש	מַזמִין	מַדלִיק	מַתחִיל
3. Pers. Verg.:	הִגִּיעַ	הִסכִּים	הִכִּיר	הִרגִּיש	הִזמִין	הִדלִיק	הִתחִיל

ich bestellte		*hism̂an* ***ti***	הזמנתי	
du bestelltest		*hism̂an* ***ta*** *(m.)*	הזמנת	
du bestelltest		*hism̂an* ***t*** *(f.)*	הזמנת	
er bestellte	*hu*	*hismin*	הזמין	הוא
sie bestellte	*hi*	*hism̂in* ***ah***	הזמינה	היא
wir bestellten		*hism̂a* ***nu***	הזמנו	
ihr bestelltet		*hism̂an* ***täm*** *(m.*	הזמנתם	
ihr bestelltet		*hism̂an* ***tän*** *(f.)*	הזמנתן	
sie bestellten	*häm/hän*	*hismin* ***u*** *(m./f.)*	הזמינו	הם/הן

Das Modalverb *jachol* (können) in der Vergangenheit

ich konnte		*jaĉhol* **ti**	יכולתי	
du konntest		*jaĉhol* **ta** *(m.)*	יכולת	
du konntest		*jachol* **t** *(f.)*	יכולת	
er konnte	*hu*	*haja jachol*	היה יכול	הוא
sie konnte	*hi*	*jachl* **ah**	יכלה	היא
wir konnten		*jaĉhol* **nu**	יכולנו	
ihr konntet		*j$_e$chol* **täm** *(m.)*	יכולתם	
ihr konntet		*j$_e$chol* **tän** *(f.)*	יכולתן	
sie konnten	*häm/hän*	*jachl* **u** *(m./f.)*	יכלו	הם/הן

Merke: er konnte - *hu haja jachol*

hagaron ko'äw li - der Hals tut mir weh

z.B.	*harosch ka'aw li.*	Der Kopf tat mir weh.
	habätän ko'äwät li.	Der Bauch tut mir weh.
	ha'osnajim koawot li.	Die Ohren tun mir weh.

Die Dualform

Im Hebräischen haben die Substantive, die immer paarweise vorkommende Gegenstände bezeichnen (Hände, Beine usw.), die Pluralendung *-ajim.* Alle Körperteile, die diese Dualendung haben, sind weiblich.

z.B.	*jad gdola*	eine große Hand,	*jadajim gdolot*	große Hände
	osän ktana	ein kleines Ohr,	*osnajim ktanot*	kleine Ohren
	schän jafa	ein schöner Zahn,	*schinajim jafot*	schöne Zähne

(die Pluralform von *schän* ist die Dualform, obwohl der Mensch mehr als zwei Zähne hat)

kschä... - wenn, als

Die Präposition *kschä...* ist die abgekürzte Form von *ka'aschär* (ebenfalls: wenn, als). Beide Formen werden gleichberechtigt verwendet. Im Gegensatz zu *ka'aschär* kann *kschä...* nicht allein stehen.

z.B. *kschä'hajiti bachanut, kaniti ssäfär chadasch.*
Als ich in dem Laden war, kaufte ich ein neues Buch.

kschä'anachnu noss'im l_e*isra'äl, anachnu* m_e*wakrim ät hachawärim.*
Wenn wir nach Israel fahren, besuchen wir die Freunde.

ka'aschär hamora nichn$_e$*ssa lakita, hatalmidim kwar jaschwu.*
Als die Lehrerin die Klasse betrat, saßen die Schüler schon.

Die Übungen

Setze die entsprechende Verbform ein, und setze dann den Satz in die Vergangenheit!

ko'äw li *harosch.*
___________ *ha'osnajim.*
___________ *haraglajim.*
___________ *haläw.*
___________ *habätän.*

Ersetze die unterstrichenen Wörter durch die Begriffe in den Klammern!

dani'äla lo margischa tow hajom. (jossäf, häm, atän)
harofä bodäk ät dani'äla. (hu, häm, hän,)
dani'äla lo jozät ba'äräw. (häm, anachnu, hu)

Verknüpfe die Ausgangssätze durch *kschä...* und setze den neuen Satz in die Vergangenheit!

z.B. *ani ba lakita. ani ro'ä ät hamora.*
kschäbati lakita, ra'iti ät hamora.

hu ochäl aruchat bokär. hu schomä'a musika.

____

harosch ko'äw lach. at holächät larofä.

____

atäm noss'im $l_e$täl-awiw. atäm konim glujot.

____

anachnu joschwim bamiss'ada. anachnu $m_e$chakim la'ochäl.

____

Antworte!

lama dani'äla lo jachla lischon kol halajla?
ma ka'aw la?
äzäl mi hi hismina tor?
kama sman hi chikta bator?
ma harofä assa?
ma jäsch $l_e$dani'äla?

Übersetze!

Liebe Miriam!
Heute habe ich endlich Zeit, Dir einen Brief zu schreiben. Ich kann heute nicht zur Uni gehen, denn ich bin krank und liege im Bett. Als ich gestern morgen aufstand, fühlte ich mich sehr schlecht. Der Hals und der Kopf taten mir weh. Ich ging zum Arzt. Nachdem er mich untersucht hatte, sagte er, daß ich Grippe hätte, und daß ich Medikamente nehmen solle. Ich habe den ganzen Tag geschlafen. Nun sitze ich hier zu Hause und schreibe Dir einen Brief. Wie geht es Dir? Arbeitest Du noch so viel?
Viele Grüße
Deine Iris.

"אֶחָד בַּפֶּה וְאֶחָד בַּלֵּב"

Ersetze nach dem Beispiel!

הראש כואב לי.

הבטן__________

הרגליים_________

האוזניים________

השיניים_________

הגוף__________

Ersetze Daniela durch Josef und setze den Text in die Vergangenheit!

דניאלה לא מרגישה טוב היום. היא מטלפנת לרופא ומזמינה תור. היא מחכה בתור הרבה זמן ואחר כך היא נכנסת לרופא. הרופא אומר שיש לה שפעת. היא לוקחת תרופות ושוכבת כמה ימים במיטה.

יוסף לא...

דוד ואיריס לא...

הן...

Verknüpfe die Ausgangssätze durch ...כְּשֶׁ und setze den neuen Satz in die Gegenwart und in die Vergangenheit!

א. אני מרגישה לא טוב. ב. אני הולכת לרופא

1.כשאני לא מרגישה טוב, אני הולכת לרופא.

2.כשהרגשתי לא טוב, הלכתי לרופא.

א. היא נכנסת לרופא. ב. הוא בודק אותה.

1. ____________________________

2. ____________________________

א. הם לוקחים תרופות. ב. הם שוכבים במיטה.

1. ____________________________

2. ____________________________

א. אתה קונה ספר חדש. ב. אתה קורא אותו.

1. ____________________________

2. ____________________________

Lektion 18

Die Vokabeln

der zweite Tempel	*b̂a'it schäni*	בית שני
leben	*lichjot (chaj)*	לחיות(חי)
<lebte>	*<chaj>*	<חי>
Land/Länder	*ä̂räz/arazot (f.)*	ארץ/ארצות
klug, weise	*chacham/chachama*	חכם/חכמה
	chachamim/chachamot	חכמים/חכמות
stehen	*la'amod (omäd)*	לעמוד(עומד)
<stand>	*<amad>*	<עמד>
Synedrion (Jüd. Gerichtshof zur Zt. des 2. Tempels)	*ssanhädrin (f.)*	סנהדרין
alt	*sakän/skäna*	זקן/זקנה
	skänim/skänot	זקנים/זקנות
gemäßigt	*matun/m$_{e}$tuna*	מתון/מתונה
	m$_{e}$tunim/m$_{e}$tunot	מתונים/מתונות
entgegen	*likrat*	לקראת
Volk/Völker	*am/amim (m.)*	עם/עמים
helfen	*la'asor (osär)*	לעזור(עוזר)
<half>	*<asar>*	<עזר>
lösen	*liftor (potär)*	לפתור(פותר)
<löste>	*<patar>*	<פתר>
Geduld	*ssawlanut (f.)*	סבלנות
zu, nach	*äl (l$_{e}$...)*	אל (ל...)
sein Haus	*bejto*	ביתו
um zu	*k$_{e}$dej l...*	כדי ל...
Schwierigkeiten	*zarot (f.)*	צרות

Mitte	*âmza (m.)*	אמצע
nach draußen, raus	*hacĥuza*	החוצה
lehren	*$l_e$lamäd ($m_e$lamäd)*	ללמד (מלמד)
<lehrte>	*<limäd>*	<לימד>
antworten	*la'anot (onäh)*	לענות (עונה)
<antwortete>	*<anah>*	<ענה>
bejahend, positiv	*$b_e$chijuw*	בחיוב
verhaßt	*ssanu*	שׂנוא
du wirst machen	*ta'assäh*	תעשׂה
Rest	*sch'ar (m.)*	שאר

הילל הזקן

לפני שנים רבות מאוד, בזמן בית שני, חי בישראל חכם גדול. קראו לו הילל הזקן. הוא עמד בראש הסנהדרין הגדולה בירושליים. הילל היה מתון מאוד ואמר, שצריך ללכת לקראת העם ולעזור לו לפתור את הבעיות שלו. להילל היתה הרבה סבלנות והרבה אנשים באו לביתו כדי לספר לו על הצרות שלהם. הוא שמע הכול ועזר להם.

האגדה מספרת, שפעם אחת באמצע הלילה בא איש אחד אל הילל וקרא:"מי כאן הילל?" "מי כאן הילל?" הילל קם מהמיטה, יצא החוצה ושאל את האיש, מה הוא רוצה. האיש אמר: "אתה יכול ללמד אותי את כול התורה כשאני עומד על רגל אחת?" הילל ענה בחיוב ואמר:

"מה ששנוא עליך לא תעשה לחברך, זאת כול התורה. את השאר אתה צריך ללמוד".

hiläl hasakän

lifn$_e$j schanim rabot m$_e$od, bisman ba'it schäni, chaj b$_e$äräz isra'äl chacham gadol. kar'u lo hiläl hasakän. hu amad b$_e$rosch hassanhädrin hagdola bijruschalajim. hiläl haja matun m$_e$od w$_e$amar, schäzarich lalächät likrat ha'am w$_e$la'asor lo liftor ät hab$_e$ajot schälo. l$_e$hiläl hajta harbä ssawlanut w$_e$harbä anaschim ba'u äl bejto k$_e$dej l$_e$ssapär lo al hazarot schälahäm. hu schama hakol w$_e$asar lahäm. ha'agada m$_e$ssapärät schäpa'am achat, b$_e$ämza halajla, ba isch äl hiläl w$_e$kara: "mi kan hiläl? mi kan hiläl?" hiläl kam mähamita, jaza hachuza w$_e$scha'al ät ha'isch, ma hu rozä. ha'isch amar: "ata jachol l$_e$lamäd oti ät kol hatora kschä'ani omäd al rägäl achat?" hiläl ana b$_e$chijuw. hu amar: "ma schässanu alächa, lo ta'assä l$_e$chawärcha, sot kol hatora. ät hasch'ar ata zarich lilmod."

Der alte Hilel

Vor sehr vielen Jahren, zur Zeit des zweiten Tempels, lebte im Lande Israel ein großer Gelehrter. Man nannte ihn den alten Hilel. Er stand an der Spitze des obersten Gerichtes von Jerusalem. Hilel war sehr gemäßigt und sagte, daß man dem Volk entgegengehen und ihm helfen müsse, seine Probleme zu lösen. Hilel hatte viel Geduld, und viele Leute kamen in sein Haus, um ihm von ihren Schwierigkeiten zu erzählen. Er hörte sich alles an und half ihnen. Die Überlieferung erzählt, daß einmal um Mitternacht ein Mann zu Hilel kam und rief: "Wer ist hier Hilel? Wer ist hier Hilel?" Hilel stand aus dem Bett auf, ging nach draußen und fragte den Mann, was er wünsche. Der Mann sagte: "Kannst du mich die ganze Tora lehren, während (wenn) ich auf einem Bein stehe?" Hilel antwortete bejahend. Er sagte: "Was dir verhaßt ist, das tue deinem Freund nicht an, das ist die ganze Tora. Den Rest mußt du lernen."

Zum Sprachaufbau

Die neuen Verben

לִחְיוֹת	חַיוֹת	חַיִים	חַיָה	חַי
לַעֲמוֹד	עוֹמְדוֹת	עוֹמְדִים	עוֹמֶדֶת	עוֹמֵד
לַעֲזוֹר	עוֹזְרוֹת	עוֹזְרִים	עוֹזֶרֶת	עוֹזֵר
לִפְתוֹר	פּוֹתְרוֹת	פּוֹתְרִים	פּוֹתֶרֶת	פּוֹתֵר
לַעֲנוֹת	עוֹנוֹת	עוֹנִים	עוֹנָה	עוֹנֶה
לְלַמֵּד	מְלַמְדוֹת	מְלַמְדִים	מְלַמֶּדֶת	מְלַמֵּד

Das Verb 'haben' in der Vergangenheit

Wie wir bereits wissen, gibt es kein eigenes hebräisches Verb, das dem deutschen Verb 'haben' entspricht. In der Gegenwart wird 'haben' durch *jäsch* + Dativ ausgedrückt. Die Vergangenheit wird gebildet durch die 3. Person Vergangenheit von *lihiot* + Dativ.
Ob *haja, hajta* oder *haju* benutzt wird, hängt von Geschlecht und Zahl des Gegenstandes ab.

z.B.	*haja li ssäfär.*	Ich hatte ein Buch.
	hajta lo ssawlanut.	Er hatte Geduld.
	haju lanu b_e*ajot.*	Wir hatten Probleme.
	lo haja li kässäf.	Ich hatte kein Geld.

Substantive mit Possessivpronomen (Singular)

Bisher haben wir die Possessivpronomen (mein, dein, sein,...) durch *schäl* + Pronominalsuffixe (*schäli, schälcha, schälach,...)* übersetzt. Es gibt auch die Möglichkeit, auf das Wort *schäl* zu verzichten und die Pronomen gleich an die Substantive zu hängen.

mein Freund	*chawäri*	חברי
dein Freund	*chawärcha (m.)*	חברך
dein Freund	*chawäräch (f.)*	חברך
sein Freund	*chawäro*	חברו
ihr Freund	*chawärah*	חברה
unser Freund	*chawär̂änu*	חברנו
euer Freund	*chawärchäm (m.)*	חברכם
euer Freund	*chawärchän (f.)*	חברכן
ihr Freund	*chawäram (m.)*	חברם
ihr Freund	*chawäran (f.)*	חברן

Bei weiblichen Substantiven, die auf *-ah* enden, wird das *h* zu *t*.

z.B. *talmidati, chawärti, morati* תלמידתי, חברתי, מורתי

Bestimmte Begriffe werden im Sprachgebrauch besonders häufig benutzt:

meine Frau	*ischti*	אשתי
mein Mann	*ba'ali*	בעלי
mein Bruder	*achi*	אחי
meine Schwester	*achoti*	אחותי

Einige Substantive verändern sich, wie beispielsweise *bejto* - sein Haus.

k_e*dej l...* - um zu

z.B. *ani lomäd iwrit* k_e*dej linso'a* l_e*isra'äl.*
Ich lerne Hebräisch, um nach Israel zu fahren.

hu holäch l_e*kolno'a* k_e*dej lir'ot ät hassärät hachadasch.*
Er geht ins Kino, um den neuen Film zu sehen.

ma schä... - das, was

Leiten die Fragewörter keinen Fragesatz und keinen Ausrufesatz ein, so erhalten sie den Zusatz *schä....*

z.B.	*ma schähäm omrim,...*	Das, was sie sagen,...
	"mi schäba, baruch haba."	Wer kommt, ist herzlich willkommen.
	ani nossä'a l_e*an schä'at roza.*	Ich fahre, wohin du willst.

äl - zu, nach

Die Präposition l_e... in der Bedeutung von 'nach, zu' ist die abgekürzte Präposition *äl. äl ha...* entspricht *la...* und wird gleichberechtigt verwendet.

z.B.	*hu holäch äl hakita.*	Er geht in die Klasse.
	hu holäch lakita.	Er geht in die Klasse.
	hi nossa'at l_e*täl-awiw.*	Sie fährt nach Tel-Aviv.
	hi ba'a äl haba'it schäli.	Sie kommt in mein Haus.
	hi ba'a äl bejti.	Sie kommt in mein Haus.
	iris ba'a äl dawid.	Iris kommt zu David.

Die Übungen

Setze die richtigen Verben ein!

(l_e*ssapär, likro l... , lawo, lä'ähow, liftor, lichjot)*
lifnej harbä schanim ________ b_e*isra'äl isch ächad* ______________
lo hiläl hasakän.
ha'ananschim __________ *oto* m_e*od, ki hu asar lahäm* __________ *ät hab*$_e$*ajot schälahäm.*
häm ____________ *laba'it schälo* k_e*dej* _________ *lo al hazarot schälahäm.*

Setze in die Vergangenheit!

hamora $m_e$lamädät ät hatalmidim.
lama ata lo osär li ?
hu lo potär ät hab$_e$aja.
anachnu lo omdim bator.
lama at lo ona kschä'ani scho'älät otach?

Antworte mit der Präposition $k_e$dej!

lama ata lomäd iwrit?	________________	*(linso'a)*
lama ata holäch $l_e$miss'ada?	________________	*(lä'ächol)*
lama ata nichnass lamita?	________________	*(lischon)*
lama ata lokä'ach ät hajajin?	________________	*(lischtot)*

Setze in die Vergangenheit!

jäsch li ssfarim, awal ejn li machbarot.
jäsch lachän chawärot, awal ejn lachän chawärim.
jäsch lo jajin, awal ejn lo bira.
jäsch $l_e$cha chom, awal ejn $l_e$cha schapa'at.

Ersetze nach dem Beispiel!

hachawär schälcha	-	*chawärcha*
hatalmid schälo	-	__________
hamissrad schäli	-	__________
hamischpacha schäla	-	__________

Übersetze!

Vor vielen Jahren lebte in Israel ein alter, weiser Mann. Jeden Tag kamen viele Leute mit ihren Problemen in sein Haus. Er hörte allen zu und half ihnen, wenn er konnte. Er hieß Hilel, und es ist heute noch interessant zu lesen, was er vor so langer Zeit sagte und machte.
Wir kennen bereits : "אִם אֵין אֲנִי לִי מִי לִי, וְאִם לֹא עַכְשָׁיו (אֵי)מָתַי?"

Setze in die Vergangenheit!

לדויד יש דירה גדולה. בדירה יש לו שלושה חדרים. בחדר הגדול יש מיטה. על יד המיטה יש שולחן וכסאות. אבל אין לדוד טלפון בדירה ואין לו גם טלויזיה.

Ersetze nach dem Beispiel!

החבר שלי חברי
המורה שלו ________
האישה שלך ________
הבעל שלה ________
האח שלי ________
האחות שלנו ________

Setze das richtige Verb ein!

כדי ____________ צריך ללכת למסעדה.
כדי ____________ צריך לקנות בולים.
כדי ____________ צריך ללמוד.
כדי ____________ צריך לאכול.
(לשלוח מכתב, לחיות, לאכול, לדבר עברית)

Antworte!

מתי חי הילל הזקן?
למה האנשים אהבו אותו?
מי בא בלילה אל ביתו?
מה הוא רצה?
מה הילל ענה לו?

לְשָׁנָה הַבָּאָה

לְשָׁנָה הַבָּאָה בִּירוּשָׁלַיִם הַבְּנוּיָה

Lektion 19

Die Vokabeln

im Jahre ...	*bischnat...*	בשנת
Sprache/n	*ssafa/ssafot (f.)*	שׂפה/שׂפות
damals	*as*	אז
Land	*âräz, âräz (f.)*	אֶרֶץ, אָרֶץ
beten	*$l_e$hitpaläl (mitpaläl)*	להתפלל(מתפלל)
<betete>	*<hitpaläl>*	<התפלל>
diskutieren	*$l_e$hitwak̂ä'ach (mitwak̂ä'ach)*	להתווכח(מתווכח)
<diskutierte>	*<hitwäk̂ä'ach>*	<התווכח>
Einwohner	*toschaw/toschawim (m.)*	תושב/תושבים
erklären	*$l_e$hassbir (massbir)*	להסביר/מסביר
<erklärte>	*<hissbir>*	<הסביר>
(unbedingt) etwas	*muchrach/muchracha*	מוכרח/מוכרחה
tun müssen	*muchrachim/muchrachot*	מוכרחים/מוכרחות
sich erregen, aufregen	*$l_e$hitragäsch (mitragäsch)*	להתרגש(מתרגש)
<regte sich auf>	*<hitragäsch>*	<התרגש>
selbstverständlich	*kamuwan*	כמובן
inzwischen	*bejnt̂ajim*	בינתיים
sich gewöhnen	*$l_e$hitragäl (mitragäl)*	להתרגל(מתרגל)
<gewöhnte sich>	*<hitragäl>*	<התרגל>
lebendig	*chaj/ĉhaja*	חי/חיה
	chajim/chajot	חיים/חיות
spritzig, sprudelnd	*tossäss/tosŝässät*	תוסס/תוססת
Wörterbuch/bücher	*milon/milonim (m.)*	מילון/מילונים

erfinden	*$l_e$hamzi (mamzi)*	להמציא (ממציא)
<erfand>	*<himzi>*	<המציא>
Uhr/Uhren	*scha'on/sch$_e$onim (m.)*	שעון/שעונים

אליעזר בן יהודה

כשאליעזר בן יהודה בא בשנת 1881 (אלף שמונה מאות שמונים ואחת) מרוסיה לירושליים, הוא הצטער מאוד, שהיהודים שגרו אז בארץ לא דיברו עברית. הספרדים דיברו ערבית והאשכנזים יידיש או רוסית. האנשים אמרו שאסור לדבר עברית ברחוב, כי זאת שׂפה קדושה. מותר רק להתפלל בשׂפה הזאת. אבל בן יהודה, שהתווכח עם התושבים, הסביר להם, שהם מוכרחים לדבר עברית כדי להיות עם אחד.

בן יהודה התרגש מאוד כשהבן שלו התחיל לדבר, והמילה הראשונה שאמר היתה 'אבא', בעברית כמובן.

בינתיים התרגלו האנשים לדבר עברית, והיום זאת שׂפה חיה ותוססת. בן יהודה כתב את המילון העברי הראשון והמציא הרבה מילים חדשות, למשל: עיתון, מילון, שעון.

äli'äsär bän j$_e$huda

kschä'äli'äsär bän j$_e$huda ba bischnat 1881 (äläf schmonä mä'ot schmonim w$_e$achat) märussia lijruschalajim, hu hizta'är m$_e$od, schähaj$_e$hudim schägaru as ba'aräz lo dibru iwrit. hassfaradim dibru arawit w$_e$ha'aschk$_e$nasim idisch o russit. ha'anaschim amru schä'assur l$_e$dabär iwrit barchow, ki sot ssafa kdoscha. mutar rak l$_e$hitpaläl bassafa hasot. awal bän j$_e$huda, schähitwakä'ach im hatoschawim, hisbir lahäm, schähäm muchrachim l$_e$dabär iwrit k$_e$dej lihiot am ächad. bän j$_e$huda hitragäsch m$_e$od, kschähabän schälo hitchil l$_e$dabär, w$_e$hamila harischona schä'amar hajta 'aba', b$_e$iwrit kamuwan. bejntajim hitraglu ha'anaschim l$_e$dabär iwrit, w$_e$hajom sot ssafa chaja w$_e$tossässät. bän j$_e$huda kataw ät hamilon ha'iwri harischon w$_e$himzi harbä milim chadaschot, l$_e$maschal: iton, milon, scha'on.

Elieser Ben Jehuda

Als Elieser Ben Jehuda im Jahre 1881 aus Rußland nach Jerusalem kam, bedauerte er sehr, daß die Juden, die damals im Lande lebten, nicht hebräisch sprachen. Die Sephardim sprachen arabisch und die Aschkenasim jiddisch oder russisch. Die Leute sagten, daß es verboten sei, hebräisch auf der Straße zu sprechen, da es eine heilige Sprache sei. Es sei nur erlaubt, in dieser Sprache zu beten. Aber Ben Jehuda, der mit den Einwohnern diskutierte, erklärte ihnen, daß sie unbedingt hebräisch sprechen müßten, um ein Volk zu sein. Ben Jehuda war sehr erregt, als sein Sohn zu sprechen begann, und das erste Wort, das er sagte, "Vater" war, wie selbstverständlich auf hebräisch. In der Zwischenzeit gewöhnten sich die Menschen daran, hebräisch zu sprechen, und heute ist es eine lebendige und spritzige Sprache. Ben Jehuda schrieb das erste hebräische Wörterbuch und erfand viele neue Wörter, z.B. *iton* (Zeitung), *milon* (Wörterbuch) und *scha'on* (Uhr).

Zum Sprachaufbau

Die neuen Verben

לְהַסְבִּיר	מַסְבִּירוֹת	מַסְבִּירִים	מַסְבִּירָה	מַסְבִּיר
לְהִתְוַכֵּחַ	מִתְוַכְּחוֹת	מִתְוַכְּחִים	מִתְוַכַּחַת	מִתְוַכֵּחַ
לְהִתְרַגֵּשׁ	מִתְרַגְּשׁוֹת	מִתְרַגְּשִׁים	מִתְרַגֶּשֶׁת	מִתְרַגֵּשׁ
לְהִתְרַגֵּל	מִתְרַגְּלוֹת	מִתְרַגְּלִים	מִתְרַגֶּלֶת	מִתְרַגֵּל
לְהִתְפַּלֵּל	מִתְפַּלְּלוֹת	מִתְפַּלְּלִים	מִתְפַּלֶּלֶת	מִתְפַּלֵּל
לְהַמְצִיא	מַמְצִיאוֹת	מַמְצִיאִים	מַמְצִיאָה	מַמְצִיא

Die Gruppe *hitpa'äl* in der Vergangenheit

Infinitiv:	לְהִצְטַעֵר	לְהִתְוַכֵּחַ	לְהִתְפַּלֵּל	לְהִתְרַגֵּשׁ	לְהִתְרַגֵּל
3. Pers. Präs.:	מִצְטַעֵר	מִתְוַכֵּחַ	מִתְפַּלֵּל	מִתְרַגֵּשׁ	מִתְרַגֵּל
3. Pers. Verg.:	הִצְטַעֵר	הִתְוַכֵּחַ	הִתְפַּלֵּל	הִתְרַגֵּשׁ	הִתְרַגֵּל

ich gewöhnte mich		*hitraĝal* ***ti***	התרגלתי	
du gewöhntest dich		*hitraĝal* ***ta*** *(m.)*	התרגלת	
du gewöhntest dich		*hitragal* ***t*** *(f.)*	התרגלת	
er gewöhnte sich	*hu*	*hitragäl*	התרגל	הוא
sie gewöhnte sich	*hi*	*hitragl* ***ah***	התרגלה	היא
wir gewöhnten uns		*hitraĝal* ***nu***	התרגלנו	
ihr gewöhntet euch		*hitraĝal* ***täm*** *(m.)*	התרגלתם	
ihr gewöhntet euch		*hitraĝal* ***tän*** *(f.)*	התרגלתן	
sie gewöhnten sich	*häm/hän*	*hitragl* ***u*** *(m./f.)*	התרגלו	הם/הן

hitpa'äl ist die Gruppe der reflexiven Verben, wenn auch nicht alle Verben mit der Vorsilbe *hit*, die zu dieser Gruppe gehören, reflexiv sind.

Merke: *l$_e$hizta'är, mizta'är, hizta'är, hizta'arti.*

Der Relativsatz

Der Relativsatz wird im Hebräischen für alle Geschlechter mit *schä...* eingeleitet.

z.B. *haj$_e$hudim, schägaru b$_e$isra'äl, lo dibru iwrit.*
Die Juden, die in Israel wohnten, sprachen nicht hebräisch.

ha'isch, schäraza lilmod ät hatora, halach äl hiläl.
Der Mann, der die Tora lernen wollte, ging zu Hilel.

Merke: *hassofär, schä'ät hassäfär schälo karati, chaj b$_e$isra'äl.*
Der Autor, dessen Buch ich gelesen habe, lebt in Israel.

z.B. *hatalmid, schä'hisbarti lo ät haschi'ur, haja ätmol cholä.*
Der Schüler, dem ich den Unterricht erklärte, war gestern krank.

hakafä, schä'oto kaniti, ta'im m$_e$od.
Der Kaffee, den ich gekauft habe, schmeckt gut.

Merke: Der Relativsatz im Akkusativ kann auch ohne die Präposition *ät* gebildet werden.

z.B. *hatmuna, schä'kaniti bata'arucha, jafa.*
Das Bild, das ich auf der Ausstellung gekauft habe, ist schön.

ha'anaschim, schä'äzlam garti b$_e$bärlin, häm chawärim towim.
Die Leute, bei denen ich in Berlin wohnte, sind gute Freunde.

dawid, schä'ito halachti lifnej chodäsch l$_e$ssärät, lo gar kan.
David, mit dem ich vor einem Monat ins Kino ging, wohnt nicht hier.

Die Modalverben *zarich* und *muchrach* (müssen) in der Vergangenheit

Die Vergangenheit von *muchrach* wird gebildet mit den Vergangenheitsformen des Hilfszeitworts 'sein'.

ich mußte (unbedingt)		*haĵiti muchrach/ah*	הייתי מוכרח (ה)
du mußtest		*haĵita muchrach*	היית מוכרח
du mußtest		*hajit muchrachah*	היית מוכרחה
er mußte	*hu*	*hajah muchrach*	היה מוכרח
sie mußte	*hi*	*hajtah muchrachah*	היתה מוכרחה
wir mußten		*haĵinu muchrachim/ot*	היינו מוכרחים (ות)
ihr mußtet		*haĵitäm muchrachim*	הייתם מוכרחים
ihr mußtet		*haĵitän muchrachot*	הייתן מוכרחות
sie mußten	*häm/hän*	*haju muchrachim/ot*	היו מוכרחים (ות)

zarich und *jachol* können ebenso konjugiert werden, haben darüber hinaus aber eigene Vergangenheitsformen (siehe Lektion 17). Wie wir bereits wissen haben *jachol* und *muchrach* keinen eigenen Infinitiv. Der Infinitiv von *zarich* lautet *$l_e$hiztaräch*.

ich mußte	*hiztar̂ach **ti***	הצטרכתי	
du mußtest	*hiztar̂ach **ta** (m.)*	הצטרכת	
du mußtest	*hiztarach **t** (f.)*	הצטרכת	
er mußte *hu*	*hiztaräch*	הצטרך	הוא
sie mußte *hi*	*hiztarch **ah***	הצטרכה	היא
wir mußten	*hiztar̂ach **nu***	הצטרכנו	
ihr mußtet	*hiztar̂ach **täm** (m.)*	הצטרכתם	
ihr mußtet	*hiztar̂ach **tän** (f.)*	הצטרכתן	
sie mußten *häm/hän*	*hiztarch **u** (m./f.)*	הצטרכו	הם/הן

Die Hunderter

100	*mä'a*	מאה
200	*mat̂ajim*	מאתיים
300	*schlosch mä'ot*	שלוש מאות
400	*arba mä'ot*	ארבע מאות
500	*chamäsch mä'ot*	חמש מאות
600	*schäsch mä'ot*	שש מאות
700	*schwa mä'ot*	שבע מאות
800	*schm̂onä mä'ot*	שמונה מאות
900	*tscha mä'ot*	תשע מאות

Die Tausender

1000	*äläf*	אלף
2000	*alp̂ajim*	אלפיים
3000	*schl̂oschät alafim*	שלושת אלפים
4000	*arb̂a'at alafim*	ארבעת אלפים
5000	*cham̂äschät alafim*	חמשת אלפים
6000	*sĉhäschät alafim*	ששת אלפים
7000	*schiw'at alafim*	שבעת אלפים
8000	*schmonat alafim*	שמונת אלפים
9000	*tisch'at alafim*	תשעת אלפים
10000	*asŝärät alafim*	עשׂרת אלפים

z.B.	*äläf tscha mä'ot tisch'im*	1990
	alpajim schiw'im w_e*chamäsch*	2075
	äläf matajim schmonim w_e*schäsch*	1286

Wortschöpfungen Ben Jehudas

Es ist vor allem Elieser Ben Jehuda zu verdanken, daß die hebräische Sprache heute die offizielle Landessprache Israels ist. 1889 gründete er in Jerusalem den "Rat der hebräischen Sprache" mit dem Ziel, die seit etwa 1700 Jahren kaum mehr gesprochene Sprache der Bibel wiederzubeleben. Eine große Schwierigkeit bestand in der Anpassung des Vokabulars an die Anforderungen der modernen Zeit, denen der etwa 8000 Worte umfassende Wortschatz der Bibel natürlich nicht genügte. Ben Jehuda suchte zunächst in den historischen Vorlagen nach Begriffen, die man auf die neuen Bedürfnisse übertragen konnte, oder an die er sich bei seinen Wortschöpfungen anlehnen konnte. Ferner analysierte er die ihm bekannten Sprachen, zerlegte Worte und überprüfte ihre Wurzeln auf Verwendbarkeit. Das Wort *iton* entstand beispielsweise in Anlehnung an das deutsche Wort 'Zeitung', wobei 'Zeit' durch den biblischen Begriff *ät* עת bzw. `it` übersetzt wurde und die Nachsilbe *-on* erhielt. עִתוֹן
Heute führt die "Akademie der hebräischen Sprache" die Arbeit des "Sprachenrats" fort. Auch heute dient die Bibel als wichtigste Grundlage bei der Schöpfung neuer Wörter.

Die Übungen

Ersetze die unterstrichenen Wörter durch die Begriffe in den Klammern!

hamorä massbir ät haschi'ur. (hamora, hachawärim, haj$_e$ladot)
ani mitwakä'ach im hachawär schäli. (hu, atäm, anachnu, ata, hi)
lama ata mitragäsch kol kach? (at, atäm, atän)
häm lo mitpal$_e$lim. (hu, ata, atän, hi, ani rozä)
hi mitragälät lachom ba'aräz. (hu, häm, atän, anachnu rozim)

Setze in die Vergangenheit!

hu m$_e$dabär im hachawärim.
anachnu lokchim ät hamilon.
hi mitragälät lakajiz b$_e$isra'äl.
at schoma'at ät hamusika.
häm mamzi'im milim chadaschot.
at mizta'ärät schädawid cholä.

Bilde Sätze nach dem Beispiel!

z.B. *bijruschalajim nimza ba'it. haba'it lo kol kach gadol.*
haba'it, schänimza bijruschalajim, lo kol kach gadol.

ha'anaschim garu ba'aräz. *häm lo dibru iwrit.*

ha'isch konä ssäfär isr$_e$äli. *hu jodä'a likro iwrit.*

ra'inu ätmol ssärät. *hassärät haja m$_e$anjän.*

kaninu tmuna bata'arucha. *hatmuna m$_e$od j$_e$kara.*

Bilde Sätze nach dem Beispiel!

z.B. *sä ssäfär m$_e$zujan.* *hassäfär hasä m$_e$zujan.*
sot awoda pschuta.
sä isch chacham.
sot dira chadascha.
älä milonim towim.
älä machbarot jafot.

Übersetze!

Er trinkt das, was er möchte.
Ich sage, was ich denke.
Sie ißt, soviel sie kann.
Ich kann gehen, wohin du mich schickst.
Er kommt, wann er will.
Wer kommt, der kommt.

Schreibe aus!

1984__________________

2857__________________

1543__________________

7777__________________

4949__________________

3219__________________

9001__________________

Antworte!

באיזו שנה בא אליעזר בן יהודה לירושליים?

באיזה שׂפות דיברו התושבים?

למה הם לא רצו לדבר עברית?

מה בן יהודה עשׂה?

מה הוא כתב?

מה היתה המילה הראשונה של הבן שלו?

באיזו שפה מדברים היום בישׂראל?

איזה מילים המציא בן יהודה?

איזה ספר הוא כתב?

Bilde Sätze nach dem Beispiel!

אנחנו אוכלים כדי לחיות.

____

____

____

Erzähle die Geschichte nach und benutze folgende Formen!

באתי לירושליים בשנת... היא באה... אתם באתם... הם באו...

Setze in die Vergangenheit!

הוא לא מדבר עברית.

היא יושבת כול היום במשרד.

אתן קמות מוקדם בבוקר.

המורה שואל והתלמידים עונים.

הם מזמינים אורחים לשבת.

כמה עולה הגלויה?

אתן נפגשות על יד בניין הכנסת.

אני מצטער.

היהודים מתפללים בבית הכנסת.

היא משלמת בעד האוכל במסעדה.

אני לא רוצה לראות אותך יותר.

למה את מתווכחת איתי כול היום?

הוא חושב, שדויד חוזר הביתה מוקדם.

אנחנו רואים תערוכה מעניינת.

אתה קונה דירה חדשה.

Ersetze!

בן יהודה דיבר ___ האנשים.

אנחנו מספרים ___ החברים בקיבוץ.

היא הולכת __רופא.

את באה __גרמניה.

הם גרים ___ החברים.

קניתי את התמונה ___ רות.

זאת דירה ___ יוסף? כן, היא שלו.

הוא לא אוהב ___ האוכל במסעדה.

(את, עם, על, ב, מ, של, ל, בשביל, אצל)

Lektion 20

Die Vokabeln

es gefällt mir	*mozä chän $b_e$ejnaj*	מוצא חן בעיני
meine Augen	*ejnaj*	עיני
tatsächlich	*$b_e$ämät*	באמת
verstehen	*$l_e$hawin (mäwin)*	להבין (מבין)
<verstand>	*<häwin>*	<הבין>
Gesellschaft/en	*chäwra/chäwrot (f.)*	חברה/חברות
gleichberechtigte Gesellschaft	*chäwra schiwjonit*	חברה שיוויונית
sich sorgen, sorgen	*lid'og l_e... (do'äg)*	לדאוג ל... (דואג)
<sorgte>	*<da'ag>*	<דאג>
Zukunft	*atid (m.)*	עתיד
Arbeitslosigkeit	*awtala (f.)*	אבטלה
Kuhstall	*r̂äfät (f.)*	רפת
Plantage/n	*mata/mata'im (m.)*	מטע/מטעים
manchmal	*lif'amim*	לפעמים
Gästehaus	*bejt ha'aracha (f.)*	בית הארחה
Meinung/en	*dä'a/dä'ot (f.)*	דעה/דעות
Recht/e	*s'chut/s'chujot (f.)*	זכות/זכויות
der-, die-, dasselbe	*oto/ota*	אותו/אותה
	otam/otan	אותם/אותן
wie	*kmo*	כמו
Mann/Männer	*ĝäwär/gwarim (m.)*	גבר/גברים
Speisesaal, Eßzimmer	*chadar ôchäl*	חדר אוכל
Wäsche	*kwissa (f.)*	כביסה
Wäscherei/en	*machbässa/machbässot (f.)*	מכבסה/מכבסות
pflegen, versorgen	*$l_e$tapäl b_e... ($m_e$tapäl)*	לטפל ב... (מטפל)

<pflegte>	*<tipäl>*	<טיפל>
Küche/n	*mitbach/mitbachim (m.)*	מטבח/מטבחים
Sekretär/e	*maskir/maskirim*	מזכיר/מזכירים
Sekretärin/nen	*maskira/maskirot*	מזכירה/מזכירות
außerdem	*chuz misä*	חוץ מזה
Klatsch	*$r_e$chilut (f.)*	רכילות
etwas vorziehen	*$l_e$ha'adif (ma'adif)*	להעדיף(מעדיף)
<zog vor>	*<hä'ädif>*	<העדיף>
Orchester	*tism̂orät (f.)*	תזמורת
privat	*prati/pratit*	פרטי/פרטית
	pratijim/pratijot	פרטיים/פרטיות

קיבוץ, כן או לא

דויד : איריס, החיים בקיבוץ מאוד מוצאים חן בעיני.

איריס: הם באמת מוצאים חן בעיניך? בעיני לא.

דויד : אני באמת לא מבין אותך. קיבוץ הוא חברה שיוויונית. האנשים לא צריכים לדאוג לעתידם. בקיבוץ אין אבטלה, כול אחד עובד כמה שהוא יכול ומקבל מה שהוא צריך. אידיאלי, לא?

איריס: אבל איזה עבודות יש כבר בקיבוץ? אתה יכול לעבוד ברפת או במטע ולפעמים (אם יש) בבית הארחה. לפי דעתי זה לא מעניין.

דויד : אבל לנשים בקיבוץ יש אותן הזכויות כמו לגברים. הן לא צריכות להכין אוכל, כי יש חדר אוכל. הן לא צריכות לעשות כביסה, כי יש מכבסה. הן לא צריכות לטפל בילדים שלהן, כי הילדים נמצאים כול היום בבית הילדים. הם לומדים, אוכלים וגרים ביחד, ורק אחרי הצוהוריים הם באים לבקר את ההורים.

איריס: לנשים יש אותן הזכויות רק בתיאוריה. אבל איפה הן עובדות בקיבוץ? במטבח, במכבסה או בבית ילדים. ומי הוא מזכיר הקיבוץ? גבר כמובן! לא, לא! חוץ מזה החברה היא קטנה בקיבוץ, וכול אחד יודע מה שהשני עושה. ויש רכילות בלי סוף. אני מעדיפה לחיות בתל אביב: עיר עם מוזיאונים, עם תיאטרון, עם תזמורת ועם חיים פרטיים. אתה יודע מה? אתה תגור בקיבוץ ואני אגור בתל אביב, ואבוא לבקר אותך שם.

kibuz, kän o lo

dawid: *iris, hachajim bakibuz m$_e$od moz'im chän b$_e$ejnaj.*

iris: *häm b$_e$ämät moz'im chän b$_e$ejnächa? b$_e$ejnaj lo.*

dawid: *ani b$_e$ämät lo mäwin otach. kibuz hu chäwra schiwjonit. ha'anaschim lo zrichim lid'og l$_e$atidam. bakibuz ejn awtala, kol ächad owäd kama schähu jachol um$_e$kabäl ma schähu zarich. idä'ali, lo?*

iris: *awal ejsä awodot jäsch kwar bakibuz? ata jachol la'awod baräfät o bamata w$_e$lif'amim (im jäsch) b$_e$bejt ha'aracha. l$_e$fi da'ati sä lo m$_e$anjän.*

dawid: *awal lanaschim bakibuz jäsch otan has'chujot kmo lagwarim. hän lo zrichot l$_e$hachin ochäl, ki jäsch chadar ochäl. hän lo zrichot la'assot kwissa, ki jäsch machbässa. hän lo zrichot l$_e$tapäl baj$_e$ladim schälahän, ki haj$_e$ladim nimza'im kol hajom b$_e$bejt haj$_e$ladim. häm lomdim, ochlim w$_e$garim b$_e$jachad, w$_e$rak acharej hazohorajim häm ba'im l$_e$wakär ät hahorim.*

iris: *lanaschim jäsch otan has'chujot rak b$_e$tä'oria. awal ejfo hän owdot bakibuz? bamitbach, bamachb$_e$ssa o b$_e$bejt j$_e$ladim. umi hu maskir hakibuz? gäwär kamuwan! lo, lo! chuz misä hachäwra hi ktana bakibuz, w$_e$kol ächad jodä'a ma schähaschäni ossä. w$_e$jäsch r$_e$chilut bli ssof. ani ma'adifa lichjot b$_e$täl-awiw, ir im musä'onim, im tä'atron, im tismorät w$_e$im chajim pratijim. ata jodä'a ma? ata tagur bakibuz w$_e$ani agur b$_e$täl-awiw, w$_e$awo l$_e$wakär otcha scham.*

Kibbuz, ja oder nein

David: Iris, das Leben im Kibbuz gefällt mir sehr.

Iris: Es gefällt dir tatsächlich? Mir nicht.

David: Ich verstehe dich wirklich nicht. Ein Kibbuz ist eine gleichberechtigte Gesellschaft. Die Menschen brauchen sich nicht um ihre Zukunft sorgen. Im Kibbuz gibt es keine Arbeitslosigkeit, jeder arbeitet, soviel er kann und bekommt, was er braucht. Ideal, nicht wahr?

Iris: Aber welche Arbeiten gibt es schon im Kibbuz? Du kannst im Kuhstall oder in der Plantage arbeiten und manchmal, (falls es eins gibt) im Gästehaus. Meiner Meinung nach ist das nicht interessant.

David: Aber die Frauen im Kibbuz haben die gleichen Rechte wie die Männer. Sie müssen kein Essen zubereiten, denn es gibt einen Speisesaal. Sie müssen nicht waschen, da es eine Wäscherei gibt. Sie müssen ihre Kinder nicht versorgen, weil die Kinder den ganzen Tag im Kinderhaus sind. Sie lernen, essen und wohnen zusammen und kommen ihre Eltern nur nachmittags besuchen.

Iris: Die Frauen haben nur in der Theorie die gleichen Rechte. Aber wo arbeiten sie im Kibbuz? In der Küche, in der Waschküche oder im Kinderhaus. Und wer leitet den Kibbuz? Selbstverständlich ein Mann! Nein, nein! Außerdem ist die Gesellschaft im Kibbuz klein, und jeder weiß, was der andere tut. Und es gibt unendlich viel Klatsch. Ich ziehe es vor, in Tel-Aviv zu leben, einer Stadt mit Museen, mit einem Theater, mit einem Orchester und mit Privatleben. Weißt du was? Du wirst im Kibbuz wohnen und ich in Tel-Aviv, und ich werde dich dort besuchen kommen.

Zum Sprachaufbau

Die neuen Verben

לְהָבִין	מְבִינוֹת	מְבִינִים	מְבִינָה	מֵבִין
לִדְאוֹג	דוֹאֲגוֹת	דוֹאֲגִים	דוֹאֶגֶת	דוֹאֵג
לְטַפֵּל	מְטַפְּלוֹת	מְטַפְּלִים	מְטַפֶּלֶת	מְטַפֵּל
לְהַעֲדִיף	מַעֲדִיפוֹת	מַעֲדִיפִים	מַעֲדִיפָה	מַעֲדִיף

Substantive + Possessivpronomen (Plural)

Wie in Lektion 18 bereits gesehen, können die Possessivpronomen in Form von Suffixen an die Substantive angeschlossen werden. Stehen die Substantive im Plural, so gibt es eigene Suffixformen.

z.B.	*hachawär**im** schäli*	=	*chawär**aj***	חברי
	*hassfar**im** schäli*	=	*ssfar**aj***	ספרי
	*haj$_e$lad**im** schäli*	=	*j$_e$lad**aj***	ילדי

Merke: Die Pluralendung ***-im*** fällt weg,
-ot bleibt erhalten.

z.B.	*hachawärot schäli*	=	*chawrot**aj***	חברותי
	habanot schäli	=	*bnot**aj***	בנותי
	hakiss'ot schäli	=	*kiss'ot**aj***	כיסאותי

Wir zeigen die Suffixe anhand des Substantives *ejnajim* (Augen).

meine Augen	*ejnaj*	עיני
deine Augen	*ejn̂ächa (m.)*	עיניך
deine Augen	*ejn̂ajich (f.)*	עיניך
seine Augen	*ejnaw*	עיניו
ihre Augen	*ejn̂äha*	עיניה
unsere Augen	*ejn̂ejnu*	עינינו
eure Augen	*ejnejchäm (m.)*	עיניכם
eure Augen	*ejnejchän (f.)*	עיניכן
ihre Augen	*ejnejhäm (m.)*	עיניהם
ihre Augen	*ejnejhän (f.)*	עיניהן

Das Leben im Kibbuz gefällt mir (findet Gefallen in meinen Augen)

z.B. *hassäfär hachadasch $m_e$od mozä chän $b_e$ejnaj.*
Das neue Buch gefällt mir sehr.

hata'arucha lo mozät chän $b_e$ejnaw.
Die Ausstellung gefällt ihm nicht.

hachajim bakibuz lo maz'u chän $b_e$ejnejhäm.
Das Leben im Kibbuz gefiel ihnen nicht.

hassärät lo maza chän $b_e$ejnejchäm?
Hat der Film euch nicht gefallen?

ani roza limzo chän $b_e$ejnajich.
Ich will dir gefallen.

Aber: *hachawärim schäli lo moz'im chän $b_e$ejnej horaj.*
Meine Freunde gefallen meinen Eltern nicht.

hi roza limzo chän $b_e$ejnej dawid.
Sie will David gefallen.

da'ati, da'atcha - meine Meinung, deine Meinung

meine Meinung	*da'ati*	דעתי
deine Meinung	*da'atcha (m.)*	דעתך
deine Meinung	*da'atäch (f.)*	דעתך
seine Meinung	*da'ato*	דעתו
ihre Meinung	*da'atah*	דעתה
unsere Meinung	*da'âtänu*	דעתנו
eure Meinung	*da'atchäm (m.)*	דעתכם
eure Meinung	*da'atchän (f.)*	דעתכן
ihre Meinung	*da'atam (m.)*	דעתם
ihre Meinung	*da'atan (f.)*	דעתן

der-, die-, dasselbe

z.B. *ra'iti ät oto ha'isch schä'at ra'it ätmol.*
Ich habe denselben Mann gesehen, den du gestern gesehen hast.

kaniti ät hassäfär b$_e$ota chanut.
Ich habe das Buch im selben Geschäft gekauft.

anachnu ba'im mä'ota ir.
Wir kommen aus derselben Stadt.

Das Futur

Im Hebräischen wird sehr genau zwischen Präsens und Futur unterschieden. Jede Handlung, die in der (auch nahen) Zukunft liegt, muß durch das Futur ausgedrückt werden. Die einzelnen Verbgruppen werden unterschiedlich konjugiert. Bei der Konjugation geht man in der Regel vom Infinitiv aus. Die Formen werden gebildet durch Präfixe, die die Personalpronomen bereits enthalten (diese werden nur in der 3. Person Singular und Plural vorangestellt). Einige Formen haben zusätzlich bestimmte Endungen.

Die Prä-/Suffixe des Futurs:

a, ä, o		א
t	*(m.)*	ת
t i	*(f.)*	ת. . . . .י
j		י
t		ת
n		נ
t . . . . u	*(m./f.)*	ת. . . . .ו
j . . . . u	*(m./f.)*	י. . . . .ו

Die Gruppe *ajin/waw* im Futur

	Infinitiv	1. Person	3. Person
fliegen	לָטוּס	אָטוּס	יָטוּס
wohnen	לָגוּר	אָגוּר	יָגוּר
kommen	לָבוֹא	אָבוֹא	יָבוֹא
rennen	לָרוּץ	אָרוּץ	יָרוּץ
aufstehen	לָקוּם	אָקוּם	יָקוּם
ausruhen	לָנוּחַ	אָנוּחַ	יָנוּחַ
legen	לָשִׂים	אָשִׂים	יָשִׂים

ich werde wohnen		***a*** *gur*	אגור	
du wirst wohnen		***t*** *agur (m.)*	תגור	
du wirst wohnen		***t*** *agur* ***i*** *(f.)*	תגורי	
er wird wohnen	*hu*	***j*** *agur*	יגור	הוא
sie wird wohnen	*hi*	***t*** *agur*	תגור	היא
wir werden wohnen		***n*** *agur*	נגור	
ihr werdet wohnen		***t*** *agur* ***u*** *(m./f.)*	תגורו	
sie werden wohnen	*häm/hän*	***j*** *agur* ***u*** *(m./f.)*	יגורו	הם/הן

Merke:	Die 2. Person Singular, Maskulinum ist identisch mit der 3. Person Femininum. Für die 2. Person Plural gibt es nur eine Form für Maskulinum und Femininum.

z.B. *baschana haba'a hi tagur bijruschalajim.*
Nächstes Jahr wird sie in Jerusalem wohnen.

baschawu'a haba tatuss l$_e$italia.
Nächste Woche wirst du nach Italien fliegen.

Die Übungen

Bilde Sätze nach dem Beispiel!

z.B. *rut amra, schähassäfär mozä chän b$_e$ejnäha.*

dawid amar, schähassäfär lo mozä chän ______________.
hachajim ba'ir lo moz'im chän ______________ *dawid.*
rut w$_e$iris, ma da'atchän al riwka? hi mozät chän __________?
ani ohäwät m$_e$od ät hachajim bakibuz. häm moz'im chän __________.
hadira hachadascha lo mozät chän __________________.

ma da'atcha (da'atäch) al hakibuz?

l$_e$fi da'ati ... ...

Setze in die Vergangenheit!

ma atäm ossim ba'äräw?
sslicha, ma ata omär?
micha'äl jozä la'awoda b$_e$täscha w$_e$chosär habajta b$_e$arba.
ha'anaschim bakibuz lo do'agim l$_e$atidam.
ha'ima m$_e$tapälät baj$_e$ladim schäla.
ani holäch l$_e$miss'ada w$_e$schotä kafä.

Stelle Fragen nach dem Beispiel!

z.B. *äl mi häm holchim?* — *häm holchim äl hachawärim.*

____________?	*haj$_e$ladim garim im hahorim.*
____________?	*ani kotäwät michtaw al hachawärim bakibuz.*
____________?	*hadira schäli nimzät al-jad harofä.*
____________?	*ha'awoda schäl dawid lo m$_e$anjänät.*
____________?	*hi gara äzäl hachawär schäla.*

Setze nach dem Beispiel ins Futur!

z.B. *hu rozä larutz.* — *hu jarutz.*

hi j$_e$chola lanu'ach.	*hi* ____________
anachnu zrichim lagur b$_e$kibuz.	*anachnu* ____________
häm rozim lassim ät hamichtaw al haschulchan.	*häm* ____________
at j$_e$chola lawo ba'äräw.	*at* ____________
atän j$_e$cholot latuss l$_e$isra'äl.	*atän* ____________
ata muchrach lakum mukdam babokär.	*ata* ____________

Übersetze!

Meine Freundin lebt in einem Kibbuz. Das Leben im Kibbuz gefällt ihr sehr. Nach ihrer Meinung haben alle Menschen im Kibbuz die gleichen Rechte, und jeder kann das tun, was er will. Sie sagt, daß es nicht stimmt, daß die Frauen in der Küche arbeiten müssen und die Männer nicht. Außerdem findet sie, daß das Leben in einer kleinen Gesellschaft angenehm ist. Ich ziehe das Leben in einer großen Stadt vor, weil ich gerne ins Theater gehe, Ausstellungen sehe und in Cafés sitze.

Setze in das Futur!

אנחנו גרים בקיבוץ.
הם שׂמים את האוכל על השולחן.
את באה למשׂרד בשעה חמש אחרי הצוהריים.
אתה נח אחרי העבודה.
הוא קם מהמיטה כדי לאכול.
אתם טסים בחופש לישׂראל.

Ersetze nach dem Beispiel!

החברים שלו	חבריו
הזמן שלו	____________
העתיד שלו	____________
הבעיות שלי	____________
הדירה שלנו	____________
השאלה שלי	____________
העבודה שלו	____________
המשפחה שלו	____________

Ergänze nach dem Beispiel!

(לאותו... מאותו... באותו... אצל אותו... אותו...)
אנחנו באים מאותו קיבוץ.
הם גרים ______ עיר.
אנחנו הולכים ______ מקום.
הם ישנים ______מיטה.
הן טסות ______ ארץ.
הם למדו ______ מורה.
לנשים בקיבוץ יש ______ הזכויות כמו לגברים.

Lektion 21

Die Vokabeln

geben, lassen	*latät (notän)*	לתת(נותן)
<gab>	*<natan>*	<נתן>
Ratschlag/Ratschläge	*äza/äzot (f.)*	עצה/עצות
Weg/e	*d̂äräch/drachim (f.)*	דרך/דרכים
Esel	*chamor/chamorim (m.)*	חמור/חמורים
vorübergehen	*la'awor (owär)*	לעבור(עובר)
<ging vorüber>	*<awar>*	<עבר>
zu Fuß	*bar̂ägäl*	ברגל
hinter/nach ihm	*acharaw*	אחריו
du wirst gehen	*täläch (m.)*	תלך
er wird sitzen	*jäschäw*	ישב
stark	*chasak/chasaka*	חזק/חזקה
	chasakim/chasakot	חזקים/חזקות
aufsteigen	*la'alot (olä)*	לעלות(עולה)
<stieg auf>	*<ala>*	<עלה>
vor ihm	*$l_e$fanaw*	לפניו
Kraft/Kräfte	*k̂o'ach/kochot (m.)*	כוח/כוחות
zu sich	*älaw*	אליו
treffen	*lifgosch (pogäsch)*	לפגוש(פוגש)
<traf>	*<pagasch>*	<פגש>
elend, armselig	*misskän/misskäna*	מיסכן/מיסכנה
	misskänim/misskänot	מיסכנים/מיסכנות
sich entscheiden	*$l_e$hachlit (machlit)*	להחליט(מחליט)
<entschied sich>	*<hächlit>*	<החליט>

ab-, herabsteigen	*lar̂ädät (jorädj)*	לרדת(יורד)
<stieg ab>	*<jarad>*	‹ירד›
von, aus	*min*	מן
nach-, hintereinander	*sä acharej sä*	זה אחרי זה
diesmal	*hap̂a'am*	הפעם
lachen	*lizchok (zochäk)*	לצחוק(צוחק)
<lachte>	*<zachak>*	‹צחק›
Stimme/n	*kol/kolot (m.)*	קול/קולות
mit lauter Stimme, lauthals	b_e*kol ram*	בקול רם
Straße/n, Fahrbahn/en	*kwisch/kwischim (m.)*	כביש/כבישים

כול אחד נותן עצות

פעם אחת יצאו לדרך אבא, בן וחמור. הבן ישב על החמור והאבא הלך ברגל אחריו. עבר איש אחד בדרך ואמר לבן: "למה שאתה לא תלך ברגל והאבא שלך ישב על החמור? הוא זקן ואתה צעיר וחזק".

שמע הבן וירד מן החמור. במקומו עלה האבא והבן הלך ברגל לפניו. עבר בדרך איש אחר, שאמר לאבא: "למה אתה לא נותן לבן שלך לשבת על החמור? הוא עוד קטן ואין לו כוח". לקח האבא את הבן אליו ושניהם ישבו על החמור הקטן.

אחרי כמה זמן פגשו איש אחר, שאמר: "איך אתם יכולים לשבת שניכם על חמור קטן ומיסכן"?

האבא והבן החליטו לרדת מן החמור וללכת ברגל. וכך הלכו שלושתם זה אחרי זה. הפעם ראה אותם איש אחר וצחק בקול רם: "הינה שלושה חמורים הולכים בכביש"!

מה אפשר לעשות, כשכול אחד נותן עצות?

"לֹא מָצָא יָדָיו וְרַגְלָיו"

kol ächad notän äzot

pa'am achat jaz'u ladäräch aba, bän w$_e$chamor. habän jaschaw al hachamor w$_e$ha'aba halach barägäl acharaw. awar isch ächad badäräch w$_e$amar labän: "lama schä'ata lo täläch barägäl w$_e$ha'aba schälcha jäschäw al hachamor? hu sakän w$_e$ata za'ir w$_e$chasak." schama habän w$_e$jarad min hachamor. bimkomo ala ha'aba, w$_e$habän halach barägäl l$_e$fanaw. awar badäräch isch achär, schä'amar la'aba: "lama ata lo notän labän schälcha laschäwät al hachamor? hu od katan w$_e$ejn lo ko'ach." lakach ha'aba ät habän älaw uschnejhäm jaschwu al hachamor hakatan. acharej kama sman pagschu isch achär schä'amar: "ejch atäm j$_e$cholim laschäwät schnejchäm al chamor katan umisskän?" ha'aba w$_e$habän hächlitu larädät min hachamor w$_e$lalächät barägäl. w$_e$kach halchu schloschtam sä acharej sä. hapa'am ra'a otam isch achär w$_e$zachak b$_e$kol ram:
"hinä schloscha chamorim holchim bakwisch!"
ma äfschar la'assot, kschäkol ächad notän äzot?

Jeder gibt Ratschläge

Eines Tages gingen Vater und Sohn, und ein Esel des Wegs. Der Sohn saß auf dem Esel, und der Vater ging zu Fuß hinter ihm her. Da kam ein Mann vorüber und sagte zu dem Sohn: "Solltest du nicht zu Fuß gehen und dein Vater sich auf den Esel setzen? Er ist alt, und du bist jung und kräftig." Das hörte der Sohn und stieg von dem Esel. An seiner Stelle stieg der Vater auf, und der Sohn ging zu Fuß vor ihm her. Da kam ein anderer Mann des Wegs, der zum Vater sagte: "Warum läßt du deinen Sohn nicht auf dem Esel sitzen? Er ist noch klein und kraftlos." Da nahm der Vater den Sohn zu sich hinauf, und beide saßen auf dem kleinen Esel. Nach einer Weile trafen sie einen weiteren Mann, der sprach: "Wie könnt ihr zu zweit auf dem kleinen, armseligen Esel sitzen?" Der Vater und der Sohn stiegen von dem Esel herab und gingen zu Fuß. Und so gingen alle drei hintereinander her. Diesmal sah sie ein anderer Mann und lachte lauthals:
"Da gehen drei Esel die Straße entlang!"
Was soll man tun, wenn jeder Ratschläge gibt?

Zum Sprachaufbau

Die neuen Verben

לַעֲבוֹר	עוֹברוֹת	עוֹבְרִים	עוֹבֶרֶת	עוֹבֵר
לָתֵת	נוֹתנוֹת	נוֹתְנִים	נוֹתֶנֶת	נוֹתֵן
לְהַחְלִיט	מַחְלִיטוֹת	מַחְלִיטִים	מַחְלִיטָה	מַחְלִיט
לָרֶדֶת	יוֹרדוֹת	יוֹרְדִים	יוֹרֶדֶת	יוֹרֵד
לצחוֹק	צוֹחֲקוֹת	צוֹחֲקִים	צוֹחֶקֶת	צוֹחֵק
לִפגוֹש	פּוֹגשׁוֹת	פּוֹגשִׁים	פּוֹגֶשֶׁת	פּוֹגֵשׁ

Die Gruppe *pä/jod* im Futur

	Infinitiv	1. Person	3. Person
sitzen	לָשֶׁבֶת	אֵשֵׁב	יֵשֵׁב
gehen	לָלֶכֶת	אֵלֵךְ	יֵלֵךְ
absteigen	לָרֶדֶת	אֵרֵד	יֵרֵד
ausgehen	לָצֵאת	אֵצֵא	יֵצֵא
wissen	לָדַעַת	אֵדַע	יֵדַע

ich werde sitzen		**ä**schäw	אשב	
du wirst sitzen		**t**äschäw (m.)	תשב	
du wirst sitzen		**t**äschw**i** (f.)	תשבי	
er wird sitzen	*hu*	**j**äschäw	ישב	הוא
sie wird sitzen	*hi*	**t**äschäw	תשב	היא
wir werden sitzen		**n**äschäw	נשב	
ihr werdet sitzen		**t**äschw**u** (m./f.)	תשבו	
sie werden sitzen	*häm/hän*	**j**äschw**u** (m./f.)	ישבו	הם/הן

Die Präpositionen *äl, al, lifnej* und *acharej* (zu, auf, vor, hinter) + Personalpronomen

Die Präpositionen *äl, al, lifnej* und *acharej* erhalten in Verbindung mit den Personalpronomen die Suffixe, die wir von den Substantiven im Plural kennen (siehe Lektion 20).

zu mir	*älaj*	אלי
zu dir	*älä̂cha (m.)*	אליך
zu dir	*älâjich (f.)*	אליך
zu ihm	*älaw*	אליו
zu ihr	*älä̂hah*	אליה
zu uns	*äle̊jnu*	אלינו
zu euch	*älejchäm (m.)*	אליכם
zu euch	*älejchän (f.)*	אליכן
zu ihnen	*älejhäm (m.)*	אליהם
zu ihnen	*älejhän (f.)*	אליהן

auf mir	*alaj*	עלי
auf dir	*alä̂cha (m.)*	עליך
auf dir	*alâjich (f.)*	עליך
auf ihm	*alaw*	עליו
auf ihr	*alä̂hah*	עליה
auf uns	*alêjnu*	עלינו
auf euch	*alejchäm (m.)*	עליכם
auf euch	*alejchän (f.)*	עליכן
auf ihnen	*alejhäm (m.)*	עליהם
auf ihnen	*alejhän (f.)*	עליהן

vor mir	*l$_e$fanaj*	לפני
vor dir	*l$_e$fan̂ächa (m.)*	לפניך
vor dir	*l$_e$fan̂ajich (f.)*	לפניך
vor ihm	*l$_e$fanaw*	לפניו
vor ihr	*l$_e$fan̂ähah*	לפניה
vor uns	*l$_e$fan̂ejnu*	לפנינו
vor euch	*lifnejchäm (m.)*	לפניכם
vor euch	*lifnejchän (f.)*	לפניכן
vor ihnen	*lifnejhäm (m.)*	לפניהם
vor ihnen	*lifnejhän (f.)*	לפניהן

nach mir	*acharaj*	אחרי
nach dir	*achar̂ächa (m.)*	אחריך
nach dir	*achar̂ajich (f.)*	אחריך
nach ihm	*acharaw*	אחריו
nach ihr	*achar̂ähah*	אחריה
nach uns	*achar̂ejnu*	אחרינו
nach euch	*acharejchäm (m.)*	אחריכם
nach euch	*acharejchän (f.)*	אחריכן
nach ihnen	*acharejhäm (m.)*	אחריהם
nach ihnen	*acharejhän (f.)*	אחריהן

Das Verb *la'awor*

Das Verb *la'awor* hat zahlreiche Bedeutungen, abhängig von der jeweiligen Präposition.

z.B.	*hasman owär.*	Die Zeit vergeht.
	hu owär ät harchow.	Er überquert die Straße.
	dawid owär al-jad haba'it schäl rut.	David kommt an Ruths Haus vorbei.
	ha'otobus laknässät owär ät har härzl.	Der Bus zur Knesset fährt am Herzlberg vorbei.
	hu gar $b_e$täl-awiw $w_e$rozä la'awor lizfat.	Er wohnt in Tel-Aviv und möchte nach Zfat umziehen.
	hu owär mimissrad katan $l_e$missrad gadol.	Er wechselt von einem kleinen in ein großes Büro.

Merke: *(sman) awar* — die Vergangenheit

Das Verb *latät* - geben, lassen

z.B.	*ma ata notän lachawärim?*	Was gibst du den Freunden?
	hi natna li ssäfär chadasch.	Sie gab mir ein neues Buch.
	tän li lischon!	Laß mich schlafen!
	hu lo notän li la'awod.	Er läßt mich nicht arbeiten.

Merke: In der Bedeutung von 'lassen' wird *latät* mit der Präposition l_e... (Dativ) verbunden.

Die Konjugation des Verbs *latät*

	Vergangenheit			**Futur**	
	nat̂a ***ti***	נתתי		***ä****tän*	אתן
	nat̂a ***ta*** *(m.)*	נתת		***t****itän (m.)*	תיתן
	nata ***t*** *(f.)*	נתת		***t****itn****i*** *(f.)*	תתני
hu	*natan*	הוא נתן	*hu*	***j****itän*	הוא ייתן
hi	*natn* ***ah***	היא נתנה	*hi*	***t****itän*	היא תיתן
	nat̂a ***nu***	נתנו		***n****itän*	ניתן
	$n_e$ta ***täm*** *(m.)*	נתתם		***t****itn****u*** *(m./f.)*	תיתנו
	$n_e$ta ***tän*** *(f.)*	נתתן			
häm/hän	*nat* ***nu*** *(m./f.)*	הם/הן נתנו	*häm/hän*	***j****itn****u*** *(m./f.)*	הם/הן יתנו

min - von, aus

Die Präposition *mi* ist die Abkürzung der Präposition *min,* die heute selten gebraucht wird. *min ha...* entspricht *mäha....*

z.B. *habän jarad min hachamor.* Der Sohn stieg vom Esel herab.
habän jarad mähachamor.

hu ba min ha'ir. Er kommt aus der Stadt.
hu ba mäha'ir.

Zahlen + Personalpronomen

Auch die Zahlen (ab der Zahl zwei) können mit den Personalpronomen verbunden werden.

z.B.	wir zwei	*schn̂ejnu (m.)*	שנינו
	wir zwei	*scht̂ejnu (f.)*	שתינו
	ihr zwei	*schnejchäm (m.)*	שניכם
	ihr zwei	*schtejchän (f.)*	שתיכן
	die zwei	*schnejhäm (m.)*	שניהם
	die zwei	*schtejhän (f.)*	שתיהן
	wir drei	*schloscht̂ejnu*	שלושתינו
	ihr drei	*schloscht$_e$chäm (m.)*	שלושתכם
	ihr drei	*schloscht$_e$chän (f.)*	שלושתכן
	die drei	*schloschtam (m.)*	שלושתם
	die drei	*schloschtan (f.)*	שלושתן

sä acharej sä - nacheinander

z.B. *häm m$_e$dabrim sä* ***im*** *sä.* — Sie sprechen miteinander.
häm schom'im sä ***ät*** *sä.* — Sie hören sich gegenseitig.
häm osrim sä ***l$_e$****sä.* — Sie helfen sich gegenseitig.

Sätze, die Empfehlungen oder Ratschläge enthalten

In der hebräischen Umgangssprache können Aussagesätze, die eine Empfehlung oder einen Ratschlag, oder Fragesätze, die eine Unentschiedenheit enthalten, mit *lama schä...* + Futur ausgedrückt werden.

z.B. *lama schä'ata lo täläch barägäl?* — Solltest du nicht zu Fuß gehen?
lama schälo nagur b$_e$täl-awiw? — Warum sollen wir nicht in Tel-Aviv wohnen?

Die Übungen

Setze in das Futur!

hu joschäw al hakissä. ____________________

anachnu holchim barägäl. ____________________

hu jozä min hamiss'ada. ____________________

ata joräd mähachamor. ____________________

atäm jod'im ma hascha'a. ____________________

ani holäch habajta. ____________________

Ersetze die unterstrichenen Wörter durch die Begriffe in den Klammern!

anachnu awarnu ät hakwisch. (atän, hu, hi, hän)

natati $l_e$rut ät hassäfär hachadasch. (ata, at, hi, hu)

hi alta al hachamor. (häm, atäm, atän, ata)

lama hu zachak? (hi, atäm, häm)

hi machlita lilmod iwrit. (ata, häm, atän)

Schreibe aus!

häm 2 ____________________

atän 2 ____________________

anachnu 3 ____________________

hän 3 ____________________

Konjugiere die Präpositionen *äl, al, lifnej, acharej*.

z.B. *ha'aba jaschaw al hachamor wehabän halach barägäl* __________.

hu $m_e$ssapär al hachawärim. hu $m_e$ssapär __________.

dawid, ata rozä lawo __________ *ha'äräw?*

ani kamti rischona. rut kama __________.

anachnu lo $j_e$cholim lawo __________ *machar.*

Übersetze!

Eines Tages ging ein Mann mit seinem Sohn und seinem Esel des Wegs. Vater und Sohn trafen viele Männer, die ihnen gute Ratschläge gaben. Einer sagte, daß der Sohn auf dem Esel sitzen sollte, da er noch jung und stark sei. Ein anderer sagte, der Vater solle auf dem Esel sitzen, da er alt sei. Zum Schluß wußten Vater und Sohn nicht mehr, was sie tun sollten. So gingen beide zu Fuß, und der Esel ging glücklich hinter ihnen her.

Antworte!

מי יצא לדרך?

למה ישב הבן על החמור?

איך היה החמור?

למה צחק האִיש?

מה דעתך? מי צריך לשבת על החמור?

Benutze die Adjektive in den Klammern!

(קטן, חזק, מיסכן, צעיר, עייף)

האבא הוא __________

הילדים הם __________

החמור הוא __________

הדגים הם __________

האישה היא __________

Ergänze nach dem Beispiel!

שני החברים שניהם

שתי הילדות _____

אנחנו השניים _____

אנחנו השלושה _____

הם השלושה _____

Setze in das Futur!

הוא ישב על החמור.

הם יורדים מן האוטובוס.

אנחנו יוצאים בערב לסרט.

היא הולכת בקייץ לים.

אני יושב בביתה ולומד.

Erzähle weiter!

הבן: פעם אחת יצאתי לדרך עם אבא שלי, היה חם מאוד.....

Konjugiere die Präpositionen nach dem Beispiel!

רות באה לכיתה לפני המורה.	היא באה לפניה.
יוסף הלך לישון אחרי מיכאל.	הוא ________
אמא אכלה ארוחת בוקר לפני הילדים.	היא ________
רות באה לעבודה לפני יוסף.	היא ________
הסרט מתחיל אחרי המסיבה.	הוא ________
מה שמעת על ההורים?	מה ________
הוא חושב על רות כול הזמן.	הוא ________
איריס אוהבת את האנשים בקיבוץ.	היא ________
אני לא רוצה ללכת עם דויד לקונצרט.	אני ________
הם קנו את הספר בשביל התלמידים.	הם ________
היא למדה עברית אצל החבר שלה.	היא ________
דויד לא מבין את איריס.	דויד ________
עבדתי עם החברים שלי.	________

Lektion 22

Die Vokabeln

Kulturpalast, (Konzertsaal in Tel Aviv)	*'h$_e$jchal hatarbut' (m.)*	"היכל התרבות"
Kultur	*tarbut (f.)*	תרבות
Karte/n	*kartiss/kartissim (m.)*	כרטיס/כרטיסים
spielen, musizieren	*l$_e$nagän (m$_e$nagän)*	לנגן(מנגן)
<spielte>	*<nigän>*	<ניגן>
Solist/en	*ssolan/ssolanim*	סולן/סולנים
Ausland	*chuz la'âräz (m.)*	חוץ לארץ
sich nähern	*l$_e$hitkaräw (mitkaräw)*	להתקרב(מתקרב)
<näherte sich>	*<hitkaräw>*	<התקרב>
Informationsstand	*modi'in (m.)*	מודיעין
Taxi/s	*monit/monijot (f.)*	מונית/מוניות
wenig, minus	*pachot*	פחות
das Gehen	*halicha (f.)*	הליכה
mehr	*jotär*	יותר
mehr als	*jotär mä'aschär*	יותר מאשר
(es) schaffen, erreichen	*l$_e$hasspik (masspik)*	להספיק(מספיק)
<schaffte>	*<hisspik>*	<הספיק>
rechtzeitig	*basman*	בזמן
Gelegenheit/en	*hisdamnut/hisdamnujot (f.)*	הזדמנות/הזדמנויות
Tourist/en	*tajar/tajarim*	תייר/תיירים
Stadtplan, Karte	*mapa/mapot (f.)*	מפה/מפות
wenden, abbiegen	*lifnot (ponä)*	לפנות(פונה)
<wendete>	*<pana>*	<פנה>
nach rechts	*jamîna*	ימינה

nach links	*ssm̂ola*	שׂמואלה
Ampel/n	*ramsor/ramsorim (m.)*	רמזור/רמזורים
entlang	l_e*ôräch*	לאורך
Platz	*kikar (m.)*	כיכר
Skulptur	*p̂ässäl (m.)*	פסל
Turm/Türme	*migdal/migdalim (m.)*	מיגדל/מיגדלים
bleiben	l_e*hischa'är* b_e*... (nisch'ar)*	להישאר ב...(נשאר)
<blieb>	*<nisch'ar>*	<נשאר>
Boulevard, Allee	*ssdärot (f.)*	שׂדרות
Ecke/n	*pina/pinot (f.)*	פינה/פינות
Seite/n	*zad/zdadim (m.)*	צד/צדדים
rechts	*jamin*	ימין
links	*ssmol*	שׂמואל
zurückgeben	l_e*hachsir (machsir)*	להחזיר(מחזיר)
<gab zurück>	*<hächsir>*	<החזיר>
keine Ursache	*al lo dawar*	על לא דבר
Spaß, Vergnügen	*biluj (m.)*	בילוי

בתל אביב

יוסף ורות גרים במלון "שרתון", הנמצא ברחוב הירקון בתל אביב. יש להם כרטיסים לקונצרט הערב ב"היכל התרבות". התזמורת הפילהרמונית הישראלית מנגנת את הסימפוניה התשיעית של בטהובן עם סולנים מחוץ לארץ. יוסף ורות לא יודעים איפה נמצא "היכל התרבות" ואיך יגיעו לשם. הם מתקרבים למודיעין.

רות : סליחה, את יכולה להזמין בשבילנו מונית ל"היכל התרבות"? הקונצרט מתחיל בתשע פחות רבע.

פקידה: לא כדאי שתזמינו מונית, חבל על הכסף. יש לכם עוד הרבה זמן והליכה ברגל לא לוקחת יותר מאשר עשרים דקות. אם תצאו עכשיו, אני חושבת שתספיקו להגיע לקונצרט בזמן. ובהזדמנות זאת תכירו קצת את העיר.

יוסף : אבל אנחנו תיירים ולא מכירים את הדרך לשם.

פקידה: זאת לא בעייה. אני אסביר לכם איך ללכת. אתם רואים את המפה הזאת? אתם נמצאים כאן במלון. כשאתם יוצאים החוצה, אתם צריכים לפנות ימינה וברמזור הראשון שמואלה לרחוב פרישמן. אתם הולכים ישר ישר עד שאתם מגיעים לרחוב דיזנגוף ופונים ימינה. ברחוב דיזנגוף יש תמיד הרבה אנשים, הרבה אורות ויש הרבה חנויות. אתם הולכים לאורך הרחוב עד שאתם מגיעים לככר דיזנגוף. שם אתם יכולים לראות את הפסל של יעקוב אגם. אתם ממשיכים ללכת ועוברים את "לב דיזנגוף" עם המגדל, אתם נשארים כול הזמן בדיזנגוף עד שאתם מגיעים לשדרות ח"ן, ושם בפינה בצד ימין אתם רואים את תיאטרון "הבימה" ועל ידו "היכל התרבות". קחו איתכם את המפה. אתם לא צריכים להחזיר לי אותה.

רות : תודה רבה!

פקידה: על לא דבר. בילוי נעים!

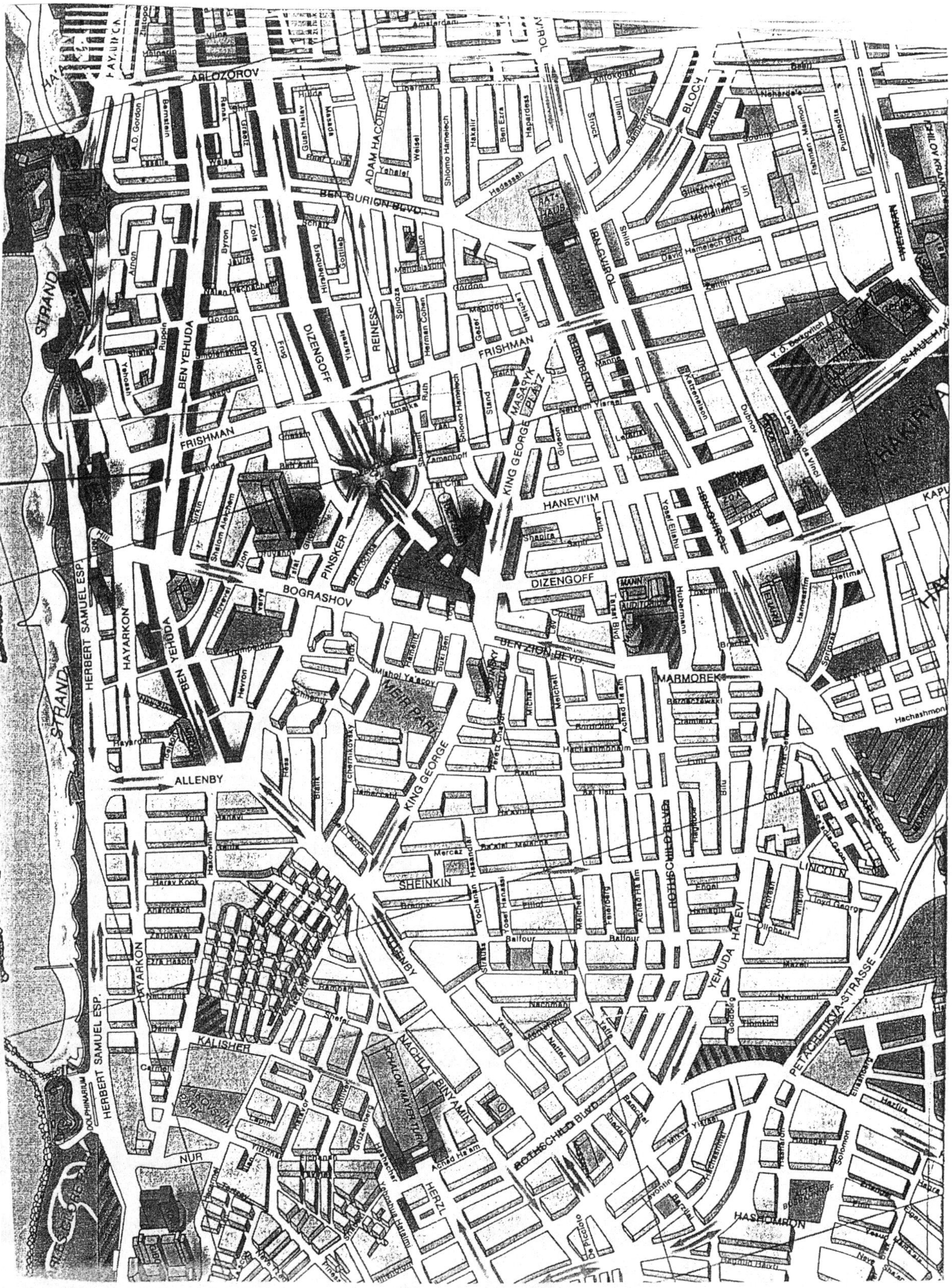
ARLOZOROV
BLOCH
ADAM HACOHEN
BEN GURION BLVD.
STRAND
DIZENGOFF
REINESS
BEN YEHUDA
FRISHMAN
MASARYK PLATZ
KING GEORGE
HANEVI'IM
HAKIRYA
PINSKER
BOGRASHOV
HAYARKON
HERBERT SAMUEL ESP.
MEIR PARK
BEN ZION BLVD.
MARMOREK
ALLENBY
SHEINKIN
ROTHSCHILD BLVD
LINCOLN
CARLEBACH
YEHUDA HALEVI
KALISHER
NACHLAT BINYAMIN
PETACH-TIKVA-STRASSE
DOLPHINARIUM
NUR
HERZL
HASHOMRON

b$_e$täl awiw

jossäf w$_e$rut garim b$_e$malon 'schäraton', hanimza birchow hajarkon b$_e$täl awiw. jäsch lahäm kartissim l$_e$konzärt ha'äräw b$_e$'hejchal hatarbut'. hatismorät hafilharmonit ha'isr$_e$älit m$_e$nagänät ät hassimfonja hatschi'it schäl bäthowän im ssolanim michuz la'aräz. jossäf w$_e$rut lo jod'im ejfo nimza 'hejchal hatarbut' w$_e$ejch jagi'u l$_e$scham. häm mitkarwim lamodi'in.

rut: *sslicha, at j$_e$chola l$_e$hasmin bischwilejnu monit l$_e$'hejchal hatarbut'? hakonzärt matchil b$_e$täscha pachot räwa.*

pkida: *lo k$_e$daj schätasminu monit, chawal al hakässäf. jäsch lachäm od harbä sman w$_e$halicha barägäl lo lokachat jotär mä'aschär ässrim dakot. im täz'u achschaw, ani choschäwät schätasspiku l$_e$hagi'a lakonzärt basman. ub$_e$hisdamnut sot takiru kzat ät ha'ir.*

jossäf: *awal anachnu tajarim w$_e$lo makirim ät hadäräch l$_e$scham.*

pkida: *sot lo b$_e$aja. ani assbir lachäm ejch lalächät. atäm ro'im ät hamapa hasot? atäm nimza'im kan bamalon. kschä'atäm joz'im hachuza, atäm zrichim lifnot jamina ubaramsor harischon ssmola lirchow frischman. atäm holchim jaschar, jaschar ad schä'atäm magi'im lirchow disängof uponim jamina. birchow disängof jäsch tamid harbä anaschim, harbä orot w$_e$jäsch harbä chanujot. atäm holchim l$_e$oräch har$_e$chow ad schä'atäm magi'im l$_e$kikar disängof. scham atäm j$_e$cholim lir'ot ät hapässäl schäl ja'akow agam. atäm mamschichim lalächät w$_e$owrim ät 'läw disängof' im hamigdal, atäm nisch'arim kol hasman b$_e$disängof ad schä'atäm magi'im lissdärot chän w$_e$scham bapina b$_e$zad jamin atäm ro'im ät tä'atron 'habima' w$_e$al jado 'hejchal hatarbut'. kchu itchäm ät hamapa. atäm lo zrichim l$_e$hachsir li ota.*

rut: *toda raba!*

pkida: *al lo dawar. biluj na'im!*

In Tel-Aviv

Josef und Ruth wohnen im Sheraton Hotel, das sich in der Jarkon-Straße in Tel-Aviv befindet. Sie haben Karten für das Konzert heute abend im Kulturpalast (F. Mann Auditorium). Das Israelische Philharmonische Orchester spielt die Neunte Symphonie von Beethoven mit Solisten aus dem Ausland. Josef und Ruth wissen nicht, wo sich der Kulturpalast befindet, und wie sie dorthin kommen sollen. Sie nähern sich der Information.

Ruth:	Entschuldigung, können Sie für uns ein Taxi zum Kulturpalast bestellen? Das Konzert beginnt um viertel vor neun.
Auskunft:	Es lohnt sich nicht, daß Sie ein Taxi bestellen, schade um das Geld. Sie haben noch viel Zeit, und das Zufußgehen nimmt nicht mehr als 20 Minuten in Anspruch. Wenn Sie jetzt losgehen, denke ich, daß Sie es schaffen (werden), das Konzert rechtzeitig zu erreichen. Und bei dieser Gelegenheit werden Sie schon etwas von der Stadt kennenlernen..
Josef:	Aber wir sind Touristen und kennen den Weg dorthin nicht.
Auskunft:	Das ist kein Problem. Ich werde Ihnen erklären, wie Sie gehen (müssen). Sehen Sie diesen Stadtplan. Sie befinden sich hier im Hotel. Wenn Sie nach draußen kommen, müssen Sie sich nach rechts wenden und bei der ersten Ampel nach links in die Frishmanstraße biegen. Sie gehen immer geradeaus, bis Sie die Dizengoffstraße erreichen und nach rechts abbiegen. In der Dizengoffstraße sind immer viele Leute, viele Lichter und es gibt viele Geschäfte. Sie gehen die Straße entlang, bis Sie zum Dizengoffplatz kommen. Dort können Sie die Skulptur von Jaacov Agam sehen. Sie gehen weiter und kommen am Dizengoffzentrum mit dem Turm vorbei. Sie bleiben die ganze Zeit auf der Dizengoffstraße, bis sie den Chän-Boulevard erreichen und dort an der Ecke, auf der rechten Seite, sehen Sie das Habimatheater und daneben den Kulturpalast. Nehmen Sie den Stadtplan mit. Sie brauchen ihn mir nicht zurückzubringen.
Ruth:	Danke schön!
Auskunft:	Keine Ursache. Viel Spaß!

Zum Sprachaufbau

Die neuen Verben

לְנַגֵּן	מְנַגְּנוֹת	מְנַגְּנִים	מְנַגֶּנֶת	מְנַגֵּן
לְהִתְקָרֵב	מִתְקָרְבוֹת	מִתְקָרְבִים	מִתְקָרֶבֶת	מִתְקָרֵב
לְהִישָּׁאֵר	נִשְׁאָרוֹת	נִשְׁאָרִים	נִשְׁאֶרֶת	נִשְׁאָר
לְהַסְפִּיק	מַסְפִּיקוֹת	מַסְפִּיקִים	מַסְפִּיקָה	מַסְפִּיק
לִפְנוֹת	פּוֹנוֹת	פּוֹנִים	פּוֹנָה	פּוֹנֶה
לְהַחְזִיר	מַחְזִירוֹת	מַחְזִירִים	מַחְזִירָה	מַחְזִיר

Die Gruppe *hif'il* im Futur

	Infinitiv	1. Person	3. Person
erklären	לְהַסְבִּיר	אַסְבִּיר	יַסְבִּיר
(es) schaffen	לְהַסְפִּיק	אַסְפִּיק	יַסְפִּיק
kennenlernen	לְהַכִּיר	אַכִּיר	יַכִּיר
anzünden	לְהַדְלִיק	אַדְלִיק	יַדְלִיק
bestellen	לְהַזְמִין	אַזְמִין	יַזְמִין
anfangen	לְהַתְחִיל	אַתְחִיל	יַתְחִיל

ich werde anfangen		***a**tchil*	אתחיל	
du wirst anfangen		***t**atchil (m.)*	תתחיל	
du wirst anfangen		***t**atchil**i** (f.)*	תתחילי	
er wird anfangen	*hu*	***j**atchil*	יתחיל	הוא
sie wird anfangen	*hi*	***t**atchil*	תתחיל	היא
wir werden anfangen		***n**atchil*	נתחיל	
ihr werdet anfangen		***t**atchil**u** (m./f.)*	תתחילו	
sie werden anfangen	*häm/hän*	***j**atchil**u** (m./f.)*	יתחילו	הם/הן

Der Relativsatz in der Gegenwart

In Lektion 19 haben wir die Möglichkeit kennengelernt, den Relativsatz mit der Präposition *schä...* einzuleiten. Wenn das Verb des Relativsatzes in der Gegenwart steht und nicht verneint ist, kann man *schä...* durch den bestimmten Artikel (*ha...*) ersetzen.

z.B. *hapkida, ham$_e$dabärät im hatajarim, awda bamalon.*
Die Angestellte, die mit den Touristen spricht, arbeitete in dem Hotel.

ha'ischa, schäm$_e$dabärät im dawid, m$_e$nagänät batismorät.
Die Frau, die mit David spricht, spielt im Orchester.

hatajarim, schälo makirim ät ha'ir, scho'alim bamodi'in.
Die Touristen, die die Stadt nicht kennen, fragen an der Information.

hatajar, schähigi'a l$_e$täl-awiw, rozä lalächät l$_e$konzärt.
Der Tourist, der in Tel-Aviv ankam, will in ein Konzert gehen.

hatalmidim, schäjawo'u l$_e$isra'äl bakajiz, lomdim iwrit.
Die Schüler, die im Sommer nach Israel kommen werden, lernen Hebräisch.

pachot räwa - viertel vor

pachot räwa wird verwendet wie *räwa l$_e$....*

z.B. *haschi'ur matchil b$_e$schäsch pachot räwa.*
Der Unterricht beginnt um viertel vor sechs.
ha'otobus magi'a b$_e$räwa l$_e$schmonä.
Der Autobus kommt um viertel vor acht an.

ha'äräw - heute abend

Steht der bestimmte Artikel vor Zeitbegriffen, so ist immer der aktuelle Zeitraum gemeint.

z.B.	*hajom*	heute	*haschawu'a*	diese Woche
	habokär	heute morgen	*hachodäsch*	diesen Monat
	halajla	heute nacht	*haschana*	dieses Jahr

Die Übungen

Setze in die Vergangenheit!

hatismorät m$_e$nagänät b$_e$hejchal hatarbut.
häm ponim jamina.
hu lo masspik lä'üchol ät hapiza.
hu mitkaräw lamodi'in w$_e$scho'äl ät hapkida.
hatalmidim pogschim ät hamora.

Setze in die Zukunft!

häm joschwim b$_e$miss'ada.
hi lo masspika l$_e$hagi'a lakonzärt.
haschi'ur matchil b$_e$scha'a schmonä.
ata lo makir ät hachawära schäli.
at madlika närot schäl schabat.

***schä...* oder *ha...* ?**

hiläl, ___ ahaw la'asor l$_e$kol ha'anaschim, haja chacham gadol.
ha'anaschim, ___ garim hajom b$_e$isra'äl, m$_e$dabrim iwrit.
iris, ___ lo margischa tow, holächät larofä.
hatajarim, ___ ba'im l$_e$isra'äl bakajiz, ohawim lalächät lajam.
dawid, ___jawo bachodäsch haba l$_e$täl-awiw, jäläch lamusä'on.

Übersetze!

Ich habe mich entschieden, nächste Woche nach Israel zu fliegen. Ich habe einen Freund in Tel-Aviv und glaube, daß er zum Flughafen kommen wird. Bei ihm werde ich wohnen. Ich werde mich in Israel nicht viel ausruhen, da ich die Stadt kennenlernen will. Ich werde früh aufstehen und zur Dizengoffstraße mit den vielen Geschäften gehen. Mittags werde ich mich in ein Kaffeehaus setzen oder ein Museum besuchen. Abends werde ich mit meinem Freund ausgehen. Wir beide werden ins Habimatheater gehen oder in den Kulturpalast, der sich links daneben befindet. Wir werden auch mit Freunden in Restaurants und ins Kino gehen. Ich weiß schon jetzt, daß ich in Deutschland müde aus dem Flugzeug aussteigen werde.

Antworte!

לאן יוסף ורות יוצאים הערב?
תל אביב היא עיר גדולה?
הם מכירים את העיר?
"היכל התרבות" רחוק מהמלון?
באיזו שעה מתחיל הקונצרט?
הם נוסעים לקונצרט במונית?
כמה זמן הם צריכים ללכת ברגל כדי להגיע?
למה הם לוקחים איתם את המפה?

Antworte mit Hilfe des Stadtplans!

איך מגיעים מ"גן מאיר" ל"דולפינריום"?

Setze in das Futur!

הפקידה מסבירה לתיירים את הדרך.
היא לא מספיקה לגמור את העבודה בזמן.
אנחנו לא מכירים את הסרט החדש.
אתם מדליקים נרות בשבת.
אתם מזמינים אורחים לארוחת צוהוריים.
אני מתחילה ללמוד עברית.

Setze die richtige Präposition ein!

(את, ל, ב, בשביל, על)

יוסף ורות קיבלו כרטיסים _קונצרט, אבל הם לא מכירים __ את הדרך לשם. הם שואלים __ הפקידה במודיעין, אם היא יכולה להזמין ______ מונית. הפקידה נותנת ___ מפה, ומסבירה ___ איך להגיע לקונצרט.

האמא מטפלת _ילדים שלה.

היא לוקחת __ הכרטיסים ונוסעת _קולנוע.

הם יושבים _כיתה, שמים __ הספר __ השולחן וכותבים _מחברת.

גּוֹרָל אֱלוֹהִים
הוּא עַכְשָׁיו כְּגוֹרָל
עֵצִים וַאֲבָנִים שֶׁמֶשׁ וְיָרֵחַ
שֶׁהִפְסִיקוּ לְהַאֲמִין בָּהֶם
כְּשֶׁהֶחֱלוּ לְהַאֲמִין בּוֹ.
אֲבָל הוּא מוּכְרָח לְהִשָּׁאֵר עִמָּנוּ
לְפָחוֹת כָּעֵצִים לְפָחוֹת כָּאֲבָנִים
וְכַשֶּׁמֶשׁ וְכַיָּרֵחַ וְכַכּוֹכָבִים

יהודה עמיחי (מתוך "עכשיו ברעש")

Lektion 23

Die Vokabeln

Strandpromenade	*taĵälät (f.)*	טיילת
Gespräch/e	*ssicha/ssichot (f.)*	שׂיחה/שׂיחות
Ferngespräch	*ssichat chuz*	שׂיחת חוץ
du hast recht	*ata zodäk/zodä̂kät*	אתה צודק/צודקת
feiern	*lachgog (chogäg)*	לחגוג(חוגג)
<feierte>	*<chagag>*	<חגג>
Geburtstag	*jom hul̂ädät (f.)*	יום הולדת
beglückwünschen	*l$_e$achäl (m$_e$achäl)*	לאחל(מאחל)
<beglückwünschte>	*<ichäl>*	<איחל>
Glück	*masal (m.)*	מזל
Telegramm/e	*miwrak/miwrakim (m.)*	מברק/מברקים
persönlich	*ischi/ischit*	אישי/אישית
	ischijim/ischijot	אישיים/אישיות
weit	*rachok/r$_e$choka*	רחוק/רחוקה
	r$_e$chokim/r$_e$chokot	רחוקים/רחוקות
Zelle/n	*ta/ta'im (m.)*	תא/תאים
genug	*masspik*	מספיק
Telefonmünze/n	*assimon/assimonim (m.)*	אסימון/אסימונים
öffentliches Telefon	*tä̂läfon ziburi (m.)*	טלפון ציבורי
keine Wahl	*ejn brära*	אין ברירה
sondern	*ä̂la*	אלא
dafür	*l$_e$schäm kach*	לשם כך
Paket/e	*chawila/chawilot (f.)*	חבילה/חבילות
wenn (+ Konjunktiv)	*îlu*	אילו
übergeben, mitteilen	*limssor (mossär)*	למסור(מוסר)

<übergab>	*<massar>*	<מסר>
von mir	*mim̂äni*	ממני
übrigens	*d̂äräch agaw*	דרך אגב
notieren	*lirschom (roschäm)*	לרשום(רושם)
<notierte>	*<rascham>*	<רשם>
sich erinnern	*liskor (sochär)*	לזכור(זוכר)
<erinnerte sich>	*<sachar>*	<זכר>
Vorwahl	*kid̂omät (f.)*	קידומת
auswendig	*b$_e$al pä*	בעל פה
ist notiert	*raschum/re$_e$chuma*	רשום/רשומה
	r$_e$schumim/r$_e$schumot	רשומים/רשומות

אנחנו הולכים לדואר

יוסף ורות מטיילים על הטיילת בתל אביב.

רות : יוסף, מה דעתך שנלך לדואר? אני רוצה לטלפן להורי בגרמניה.

יוסף: למה שלא תכתבי מכתב? אני לא חושב שכדאי לך לעשות שיחת חוץ, היא עולה הרבה כסף.

רות : אתה צודק, אבל אמא שלי תחגוג הערב את יום הולדתה ואני רוצה לאחל לה מזל טוב.

יוסף: אם תשלחי מברק, הוא יגיע היום.

רות : נכון, אבל שיחת טלפון זה משהו אישי.

יוסף: למה אנחנו צריכים ללכת עד הדואר? אני רואה לא רחוק מפה תא טלפון ויש לי גם מספיק אסימונים.

רות : בישראל זה פשוט לא הולך, לעשות שיחות חוץ מטלפון ציבורי. אין לנו ברירה אלא ללכת לשם כך לדואר.

יוסף: את יודעת, במלון יש לי חבילה שהכנתי. אילו היינו עוברים עכשיו על יד המלון, היינו יכולים בהזדמנות זאת לקחת את החבילה, כדי למסור אותה בדואר.

רות : אין דבר, תשלח את החבילה מחר. אבל אם תכתוב גלויה, תוכל לשלוח אותה עכשיו.

יוסף: או. קיי. בזמן שאכתוב את הגלויה תוכלי לדבר עם אמא שלך, ותמסרי גם ד"ש (דרישת שלום) ממני.

רות : אם תבוא איתי לדואר, תוכל גם אתה לאחל לה מזל טוב. דרך אגב, אולי רשמת אצלך את הקידומת לגרמניה? אני לא זוכרת אותה בעל פה.

יוסף: כן, המיספר רשום אצלי.

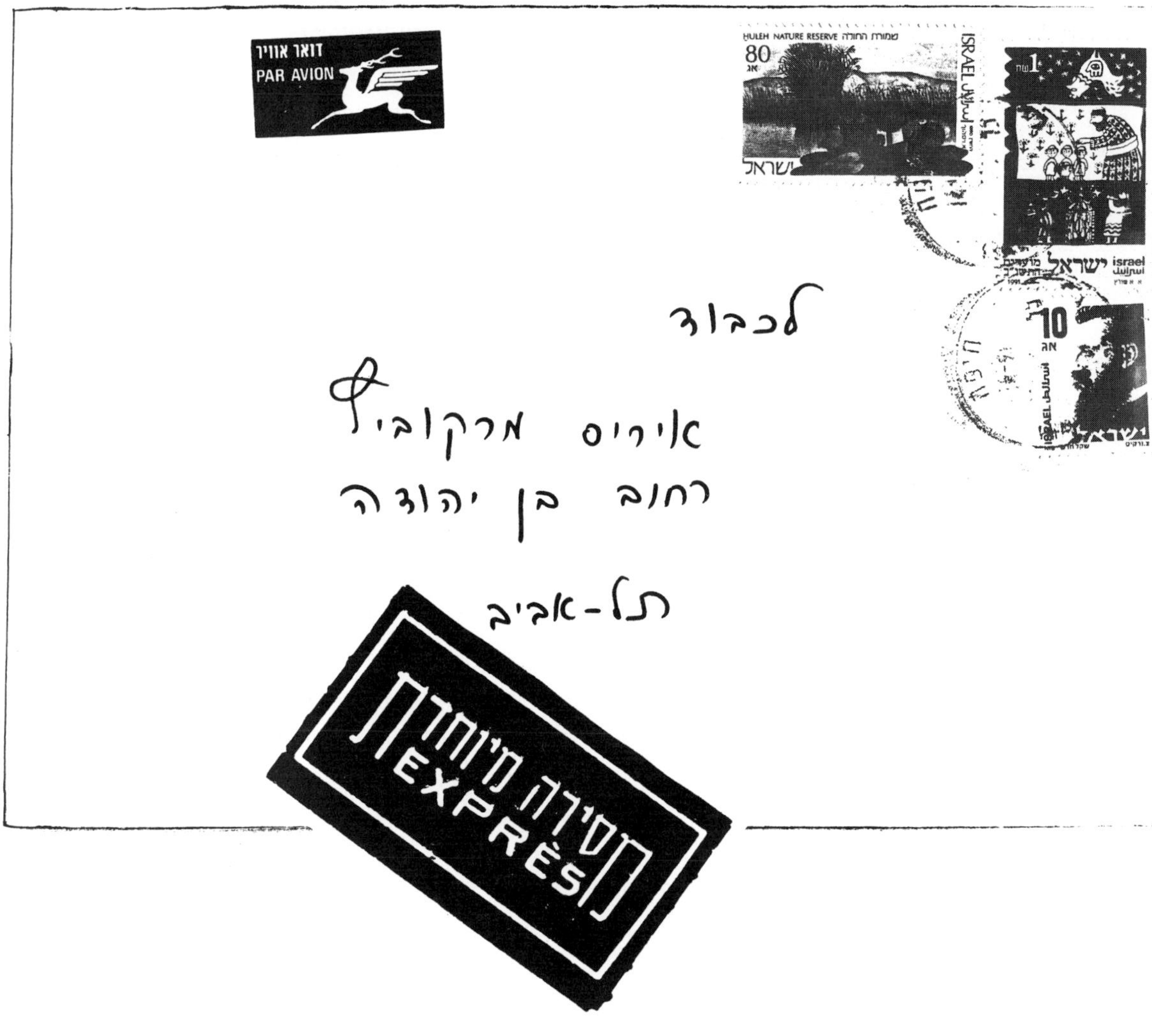

דואר אוויר
PAR AVION
HULEH NATURE RESERVE שמורת החולה
80
ISRAEL
ישראל
israel
ישראל
10
ISRAEL
ישראל
לכבוד
איריס מרקוביץ
רחוב בן יהודה
תל-אביב
מסירה מיוחדת
EXPRÈS

anachnu holchim lado'ar

jossäf w$_e$rut m$_e$tajlim al hatajälät b$_e$täl-awiw.

rut: *jossäf, ma da'atcha schänäläch lado'ar? ani roza l$_e$talfän l$_e$horaj b$_e$gärmania.*

jossäf: *lama schälo tichtäwi michtaw? ani lo choschäw schäk$_e$daj lach la'assot ssichat chuz, hi ola harbä kässäf.*

rut: *ata zodäk, awal ima schäli tachgog ha'äräw ät jom hulad$_e$ta w$_e$ani roza l$_e$achäl la masal tow.*

jossäf: *im tischl$_e$chi miwrak, hu jagi'a hajom.*

rut: *nachon, awal ssichat täläfon sä maschähu ischi.*

jossäf: *lama anachnu zrichim laläch ät ad hado'ar? ani ro'ä lo rachok mipo ta täläfon w$_e$jäsch li gam masspik assimonim.*

rut: *b$_e$isra'äl sä paschut lo holäch, la'assot ssichot chuz mitäläfon ziburi. ejn lanu brära äla laläch ät l$_e$schäm kach lado'ar.*

jossäf: *at joda'at, bamalon jäsch li chawila schähächanti. ilu hajinu owrim achschaw al-jad hamalon, hajinu j$_e$cholim b$_e$hisdamnut sot lakachat ät hachawila k$_e$dej limssor ota bado'ar.*

rut: *ejn dawar, tischlach ät hachawila machar. awal im tichtow gluja tuchal lischlo'ach ota achschaw.*

jossäf: *o. k. bisman schä'ächtow ät hagluja tuchli l$_e$dabär im ima schälach w$_e$timssäri gam "dasch" (drischat schalom) mimäni.*

rut: *im tawo iti lado'ar tuchal gam ata l$_e$achäl la masal tow. däräch agaw, ulaj raschamta äzl$_e$cha ät hakidomät l$_e$gärmania? ani lo sochärät ota b$_e$al pä.*

jossäf: *kän, hamisspar raschum äzli.*

Wir gehen zur Post

Josef und Ruth gehen auf der Strandpromenade von Tel-Aviv spazieren.

Ruth:	Josef, was hältst du davon, zur Post zu gehen? Ich möchte meine Eltern in Deutschland anrufen.
Josef:	Schreibst du nicht besser einen Brief? Ich glaube nicht, daß es (für dich) günstig ist, ein Auslandsgespräch zu führen; es kostet viel Geld.
Ruth:	Du hast recht, aber meine Mutter feiert heute abend ihren Geburtstag, und ich möchte sie beglückwünschen.
Josef:	Wenn du ein Telegramm schickst, kommt es heute an.
Ruth:	Stimmt, aber ein Anruf ist etwas Persönliches.
Josef:	Warum müssen wir bis zur Post gehen? Ich sehe nicht weit von hier eine Telefonzelle, und ich habe auch genug Telefonmünzen.
Ruth:	In Israel geht es einfach nicht, Auslandsgespräche von öffentlichen Telefonen zu führen. Wir haben keine Wahl, sondern müssen dafür zur Post gehen.
Josef:	Weißt du, im Hotel habe ich ein Paket, das ich hergerichtet habe. Wären wir jetzt am Hotel vorbeigekommen, hätten wir bei dieser Gelegenheit das Paket mitnehmen können.
Ruth:	Was soll's, schicke das Paket morgen ab. Aber wenn du eine Ansichtskarte schreibst, kannst du sie gerade abschicken.
Josef:	O. K. in der Zeit, in der ich die Ansichtskarte schreibe, kannst du mit deiner Mutter sprechen, und ihr auch viele Grüße von mir ausrichten.
Ruth:	Wenn du mit mir zur Post kommst, kannst auch du ihr gratulieren. Übrigens, vielleicht hast du (bei) dir die Vorwahl von Deutschland notiert? Ich weiß sie nicht auswendig.
Josef:	Ja, ich habe die Nummer notiert (die Nummer ist bei mir notiert).

Zum Sprachaufbau

Die neuen Verben

לַחגוג	חוגְגות	חוגְגִים	חוגֶגֶת	חוגֵג
לְאַחֵל	מְאַחֲלוֹת	מְאַחֲלִים	מְאַחֶלֶת	מְאַחֵל
לִמסור	מוסרות	מוסְרִים	מוסֶרֶת	מוסֵר
לִרשום	רושמות	רושְמִים	רושֶמֶת	רושֵם
לִזכּור	זוכרות	זוכְרִים	זוכֶרֶת	זוכֵר

Erste Gruppe der Verben von *pa'al* im Futur

Die Gruppe *pa'al* hat zwei unterschiedliche Formen der Konjugation.

1. Gruppe:

	Infinitiv	1. Person	3. Person
schreiben	לִכתוב	אֶכתוב	יִכתוב
schließen	לִסגור	אֶסגור	יִסגור
beenden	לִגמור	אֶגמור	יִגמור
untersuchen	לִבדוק	אֶבדוק	יִבדוק
übergeben	לִמסור	אֶמסור	יִמסור
treffen	לִפגוש	אֶפגוש	יִפגוש

ich werde treffen		***ä**fgosch*	**א**פגוש	
du wirst treffen		***t**ifgosch (m.)*	**ת**פגוש	
du wirst treffen		***t**ifg$_e$sch**i** (f.)*	**ת**פגשי	
er wird treffen	*hu*	***j**ifgosch*	**י**פגוש	הוא
sie wird treffen	*hi*	***t**ifgosch*	**ת**פגוש	היא
wir werden treffen		***n**ifgosch*	**נ**פגוש	
ihr werdet treffen		***t**ifg$_e$sch**u** (m./f.)*	**ת**פגשו	
sie werden treffen	*häm/hän*	***j**ifg$_e$sch**u** (m./f.)*	**י**פגשו	הם/הן

Bei Verben, die zu dieser Gruppe gehören und deren 1. Stammkonsonant ein *ajn* oder *chät* ist, wird der Vokal des Präfixes zu *a* statt zu *i*.

	Infinitiv	1. Person	3. Person
arbeiten	לַעֲבוֹד	אֶעֱבוֹד	יַעֲבוֹד
zurückkommen	לַחזוֹר	אֶחזוֹר	יַחזוֹר
denken	לַחשוֹב	אֶחשוֹב	יַחשוֹב
vorübergehen	לַעֲבוֹר	אֶעֱבוֹר	יַעֲבוֹר
stehen	לַעֲמוֹד	אֶעֱמוֹד	יַעֲמוֹד
helfen	לַעֲזוֹר	אֶעֱזוֹר	יַעֲזוֹר

ich werde helfen		***ä**'äsor*	**א**עזור	
du wirst helfen		***ta**'asor (m.)*	**ת**עזור	
du wirst helfen		***ta**'asr**i** (f.)*	**ת**עזרי	
er wird helfen	*hu*	***ja**'asor*	יעזור	הוא
sie wird helfen	*hi*	***ta**'asor*	**ת**עזור	היא
wir werden helfen		***na**'asor*	**נ**עזור	
ihr werdet helfen		***ta**'asr**u** (m./f.))*	**ת**עזר**ו**	
sie werden helfen	*häm/hän*	***ja**'asr**u** (m./f.)*	יעזר**ו**	הם/הן

Das Modalverb *jachol* im Futur

ich werde können		***u**chal*	**א**וכל	
du wirst können		***tu**chal (m.)*	**ת**וכל	
du wirst können		***tu**chl**i** (f.)*	**ת**וכלי	
er wird können	*hu*	***ju**chal*	יוכל	הוא
sie wird können	*hi*	***tu**chal*	**ת**וכל	היא
wir werden können		***nu**chal*	**נ**וכל	
ihr werdet können		***tu**chl**u** (m./f.)*	**ת**וכל**ו**	
sie werden können	*häm/hän*	***ju**chl**u** (m./f.)*	יוכל**ו**	הם/הן

Das Partizip Passiv der Gruppe *pa'al*

Das hebräische Partizip Passiv wird benötigt, um einen Zustand auszudrücken.

z.B.	*hu roschäm ät hamisspar bamachbärät.*	*hamisspar raschum.*
	Er notiert die Nummer in das Heft.	Die Nummer ist notiert.
	hu ssogär ät hachanut.	*hachanut ssgura.*
	Er schließt den Laden.	Der Laden ist geschlossen.
	hu kotäw michtaw.	*hamichtaw katuw.*
	Er schreibt einen Brief.	Der Brief ist geschrieben.

סגוּרוֹת	סגוּרִים	סגוּרָה	סָגוּר
פתוּחוֹת	פתוּחִים	פתוּחָה	פָּתוּחַ
רשוּמוֹת	רשוּמִים	רשוּמָה	רָשוּם
כתוּבוֹת	כתוּבִים	כתוּבָה	כָּתוּב

Die Präposition *min* + die Personalpronomen

von mir	*mim̂äni*	ממני
von dir	*mimcha (m.)*	ממך
von dir	*mimäch (f.)*	ממך
von ihm	*mim̂änu*	ממנו
von ihr	*mim̂änah*	ממנה
von uns	*mä'îtanu*	מאיתנו
von euch	*mikäm (m.)*	מכם
von euch	*mikän (f.)*	מכן
von ihnen	*mähäm (m.)*	מהם
von ihnen	*mähän (f.)*	מהן

l$_e$talfän l$_e$... - jemanden anrufen

z.B.	*dawid m$_e$talfän l$_e$iris.*	David ruft Iris an.
	ani roza l$_e$talfän lachawära schäli.	Ich möchte meine Freundin anrufen.

ma da'atcha schä...? - Was hältst du davon, daß?

Nach bestimmten Ausdrücken muß in Verbindung mit *schä...* das Futur stehen.

z.B.	*ma da'atcha schänäläch l$_e$ssärät?*	Was hältst du davon, daß wir ins Kino gehen?
	ani roza schätawo lam$_e$ssiba.	Ich möchte, daß du zur Party kommst.
	k$_e$daj schäticht$_e$wi michtaw.	Es lohnt sich, daß du einen Brief schreibst.

Der Konditionalsatz

Konditionalsätze, die die Realität ausdrücken, werden im Hebräischen mit *im* eingeleitet. Das Verb steht im Präsens oder Futur.

z.B. *im atäm lomdim iwrit, atäm j$_e$cholim linso'a l$_e$isra'äl.*
Wenn ihr Hebräisch lernt, könnt ihr nach Israel reisen.

im tawo'i l$_e$wakär oti, näläch l$_e$tajäl.
Wenn du mich besuchst, werden wir spazieren gehen.

Der Konjunktiv

Im Hebräischen gibt es keine eigenen Formen für den Konjuktiv.
Soll eine Aussage nicht als Äußerung über Wirkliches verstanden werden, sondern über etwas nur gedanklich Existierendes, Irreales, so wird sie im Hebräischen eingeleitet durch *ilu* + die Vergangenheitsformen von *lihiot*. Folgt auf *lihiot* ein Verb, steht dieses im Präsens.

z.B. *ilu hajiti kona ssäfär chadasch, hajiti korät oto achschaw.*
Wenn ich ein neues Buch gekauft hätte, würde ich es jetzt lesen.

ilu haja li kässäf, hajiti nossa'at l$_e$tajäl b$_e$isra'äl.
Wenn ich Geld gehabt hätte, wäre ich nach Israel gefahren.

ilu hu haja za'ir, hu haja matchil lilmod.
Wenn er jung wäre, würde er anfangen zu studieren.

Die Übungen

Setze in das Futur!

hu gomär lichtow ät hamichtaw umossär oto lapakid.
hi holächät lado'ar w$_e$scholachat ät hamichtaw.
anachnu joschwim bakafä w$_e$pogschim harbä chawärim.
atäm roschmim ät hamisspar bamachbärät.

Setze das Verb *jachol* in das Futur!

ani lo j$_e$chola lawo älajich machar.
anachnu j$_e$cholim ligmor ät hassäfär machar.
ata jachol lifgosch ät hahorim.
hi j$_e$chola l$_e$hagi'a la'awoda basman.
häm j$_e$cholim l$_e$talfän l$_e$chuz la'aräz.

Setze folgende Wörter in die entsprechenden Lücken!

ssichat chuz, limssor, assimonim, l$_e$achäl, miwrak
dani'äla roza l$_e$talfän l$_e$gärmania, awal ____________ hi m$_e$od j$_e$kara.
bischwil l$_e$dabär b$_e$täläfon ziburi zarich ____________.
im scholchim ____________, hu magi'a b$_e$oto jom.
ani ____________ ät hamichtaw lapakid bado'ar.
kschä jäsch l$_e$dawid jom hulädät, anachnu ____________ lo masal tow.

Dekliniere die Präposition *mi* (*min*)!

kibalti michtaw mi ____________. (hu)
kibalnu kässäf mi ____________. (atäm)
hajiti äzäl dawid, w$_e$achschaw ani chosär mi ____________. (hu)
ma atäm rozim mä ____________? (anachnu)
ani rozä l$_e$kabäl mä ____________ (häm) kässäf.

Richtig oder falsch?

b$_e$isra'äl äfschar l$_e$talfän l$_e$chuz la'aräz mitäläfon ziburi.
bado'ar jäsch bulim w$_e$assimonim.

miwrak magi'a acharej schawu'a.
hakidomät l$_e$gärmania hi 0049.
b$_e$ta täläfon äfschar lischtot kafä.

Übersetze!

Auf der Post.

"Guten Tag, ich möchte ein Paket nach Deutschland aufgeben und brauche Briefmarken für diese Ansichtskarten."
"Das macht 19 Schekel."
"Ich habe noch eine Frage. Ich möchte nach Berlin telefonieren. Kann man Ferngespräche aus Telefonzellen oder von öffentlichen Telefonen führen?"
"Nein, in Israel geht das nicht. Hier können Sie nur von privaten Telefonen oder von der Post aus in das Ausland telefonieren. Und man benötigt dazu Telefonmünzen, die Sie bei mir kaufen können."
"Wissen Sie die Vorwahl nach Deutschland?"
"0049"

Setze in die Vergangenheit und in das Futur!

הם יכולים ללמוד עברית.
היא לא יכולה להדליק את הנרות.
אני לא יכול לאכול הרבה בבוקר.
אתם יכולים לרשום את המיספר במחברת.
את לא יכולה לשתות יין.

Dekliniere die Präposition!

רות קיבלה מכתב מההורים שלה? כן, היא קיבלה ____ מכתב.
שרה, שמעת משהו מיוסף? כן, שמעתי ____ רק אתמול.
לקחת את הספר מדויד? לא, לא לקחתי ____ את הספר.
קיבלת ממני אתמול מכתב? לא, עוד לא קיבלתי ___ שום מכתב.

Setze in die Vergangenheit und in das Futur!

רות מוסרת לדויד דרישת שלום.

א. ____________________________

ב. ____________________________

הרופא בודק את מיכאל ואומר שיש לו חום.

א. ____________________________

ב ____________________________

אני רושמת את מיספר הטלפון של שרה, כי אני לא זוכרת אותו.

א. ____________________________

ב. ____________________________

אנחנו פוגשים בקונצרט הרבה חברים.

א. ____________________________

ב. ____________________________

מתי אתם חוזרים הביתה?

א. ____________________________

ב. ____________________________

למה אתה לא עוזר לי?

א. ____________________________

ב. ____________________________

אתה חושב, שאתה יודע הכול.

א. ____________________________

ב. ____________________________

איפה הם עובדים?

א. ____________________________

ב. ____________________________

Lektion 24

Die Vokabeln

Wetter	*m̂äsäg awir (m.)*	מזג אוויר
Urlaub	*chufscha (f.)*	חופשה
Reisebüro	*missrad n$_e$ssi'ot (m.)*	משׂרד נסיעות
wobei	*bamä*	במה
planen	*l$_e$tachnän (m$_e$tachnän)*	לתכנן(מתכנן)
<plante>	*<tichnän>*	<תיכנן>
Klima	*aklim (m.)*	אקלים
Norden	*zafon (m.)*	צפון
unterschiedlich, anders	*schonä/schona*	שונה/שונה
	schonim/schonot	שונים/שונות
Süden	*darom (m.)*	דרום
abhängig	*taluj*	תלוי
eigentlich	*b$_e$ä̂zäm*	בעצם
Wüste	*midbar (m.)*	מידבר
Unterschied/e	*häwdäl/häwdälim (m.)*	הבדל/הבדלים
zwischen	*bejn*	בין
sogar	*af̂ilu*	אפילו
nicht	*al*	אל
vergessen	*lischk̂o'ach (schoĉhä'ach)*	לשכוח(שוכח)
<vergaß>	*<schachach>*	<שכח>
Pullover	*ssŵädär (m.)*	סוודר
kalt	*kar/kara*	קר/קרה
	karim/karot	קרים/קרות
Schnee	*ŝchäläg (m.)*	שלג
es schneit	*joräd ŝchäläg*	יורד שלג

baden, sich waschen	*l$_e$hitrachäz (mitrachäz)*	להתרחץ(מתרחץ)
<wusch sich>	*<hitrachäz>*	<התרחץ>
Winter	*ĉhoräf (m.)*	חורף
Regen	*ĝäschäm (m.)*	גשם
es regnet	*joräd ĝäschäm*	יורד גשם
Grad/e	*ma'ala/ma'alot (f.)*	מעלה/מעלות
Platz/Plätze, Ort/e	*makom/m$_e$komot (m.)*	מקום/מקומות
vorschlagen, anbieten	*l$_e$haẑi'a (maẑi'a)*	להציע(מציע)
<schlug vor>	*<hiẑi'a>*	<הציע>
Küste	*ejsor hachof (m.)*	איזור החוף
Strand	*chof (m.)*	חוף
obwohl	*lamrot schä...*	למרות ש...
Feuchtigkeit	*lachut (f.)*	לחות
wegen	*biglal*	בגלל
Frühling	*awiw (m.)*	אביב
Herbst	*sstaw (m.)*	סתיו

מזג האויר בישראל

גברת ואדון רוט רוצים לעשות חופשה בישראל. הם נכנסים למשרד נסיעות.

פקידה : שלום, במה אני יכולה לעזור לכם?

גברת רוט: אנחנו מתכננים חופשה בישראל, אבל אנחנו לא יודעים מתי כדאי לנו לנסוע.

פקידה : זה תלוי בעצם איפה תגורו,כי האקלים בצפון הארץ שונה מהאקלים בדרומה.

גברת רוט: איך מזג האויר בירושליים?

פקידה : בירושליים יש אקלים מידברי,ולכן יש הבדלים גדולים בין הטמפרטוורות ביום ובלילה. אפילו אם תסעו לירושליים בקייץ, אל תשכחו לקחת סוודר לשעות הערב. בחורף קר שם מאוד ולפעמים יורד שלג.

אדון רוט: שמענו שבאילת אפשר להתרחץ בים בחורף.

פקידה : זה נכון. בנגב החורף נעים, יותר חם מאשר בירושליים ולא יורד כמעט גשם, אבל בקייץ הטמפרטורות עולות עד ארבעים מעלות. אילת היא המקום החם ביותר בישראל.

גברת רוט :ואיך זה בתל אביב?

פקידה : לא הייתי מציעה לכם להיות באיזור החוף בקייץ, למרות ששם פחות חם. אבל הלחות מאוד גבוהה בגלל הים.

אדון רוט: ובגליל?

פקידה : בגליל יורדים בחורף הרבה יותר גשמים מאשר בתל אביב ובקייץ פחות חם. אבל אם אתם רוצים לבקר בכול המקומות בישראל, תרגישו יותר טוב אם תטוסו באביב או בסתיו.

HAIFA
HERMON
SAFED
TIBERIAS
NAZARAT
KINNERET
JERUSALEM
TEL AVIV
ALT YAFFA
TOTES MEER
JORDANIEN
SINAI
EILAT
N
W
S
O
גלידה

mäsäg ha'awir b$_e$isra'äl

g$_e$wärät w$_e$adon rot rozim la'assot chufscha b$_e$isra'äl. häm nichnassim l$_e$missrad n$_e$ssi'ot.

pkida: *schalom, bamä ani j$_e$chola la'asor lachäm?*

g$_e$wärät rot: *anachnu m$_e$tachn$_e$nim chufscha b$_e$isra'äl, awal anachnu lo jod'im mataj k$_e$daj lanu linso'a.*

pkida: *sä taluj b$_e$äzäm ejfo taguru, ki ha'aklim bizfon ha'äräz schonä mäha'aklim bidroma.*

g$_e$wärät rot: *ejch mäsäg ha'awir bijruschalajim?*

pkida: *bijruschalajim jäsch aklim midbari w$_e$lachän jäsch häwdälim gdolim bejn hatämpäraturot bajom ubalajla. afilu im tiss'u lijruschaljim bakajiz, al tischk$_e$chu lakachat sswädär lisch'ot ha'äräw. bachoräf kar scham m$_e$od w$_e$lif'amim joräd schäläg.*

adon rot: *schamanu schäb$_e$ejlat äfschar l$_e$hitrachäz bajam bachoräf.*

pkida: *sä nachon. banägäw hachoräf na'im, jotär cham mijruschalajim w$_e$lo joräd kim'at gäschäm, awal bakajiz hatämpäraturot olot ad arba'im ma'alot. ejlat hi hamakom hacham b$_e$jotär b$_e$isra'äl.*

g$_e$wärät rot: *w$_e$ejch sä b$_e$täl-awiw?*

pkida: *lo hajiti maz'ia lachäm lihiot b$_e$ejsor hachof bakajiz, lamrot schäscham pachot cham. awal halachut m$_e$od gwoha biglal hajam.*

adon rot: *ubagalil?*

pkida: *bagalil jordim bachoräf harbä jotär gschamim mä'aschär b$_e$täl-awiw ubakajiz pachot cham. awal im atäm rozim l$_e$wakär b$_e$chol ham$_e$komot b$_e$isra'äl, targischu jotär tow im tatussu ba'awiw o basstaw.*

Das Wetter in Israel

Frau und Herr Rot wollen in Israel Urlaub machen. Sie gehen in ein Reisebüro.

Angestellte:	Guten Tag, wobei kann ich Ihnen helfen?
Frau Rot:	Wir planen einen Urlaub in Israel, aber wir wissen nicht, wann es für uns günstig ist zu reisen.
Angestellte:	Das hängt eigentlich davon ab, wo Sie wohnen werden, denn das Klima im Norden des Landes ist anders als das Klima im Süden.
Frau Rot:	Wie ist das Wetter in Jerusalem?
Angestellte:	Jerusalem hat ein Wüstenklima, und deshalb gibt es große Schwankungen zwischen den Tages- und Nachttemperaturen. Selbst wenn Sie im Sommer nach Jerusalem fliegen, vergessen Sie nicht, einen Pullover für die Abendstunden mitzunehmen. Im Winter ist es dort sehr kalt und manchmal fällt Schnee.
Herr Rot:	Wir haben gehört, daß man in Elat im Winter im Meer baden kann.
Angestellte:	Das stimmt. Im Negev ist der Winter angenehm, wärmer als in Jerusalem, und es fällt fast kein Regen, aber im Sommer steigen die Temperaturen bis auf 40 Grad. Elat ist der heißeste Ort Israels.
Frau Rot:	Und wie ist es in Tel-Aviv?
Angestellte:	Ich kann Ihnen nicht empfehlen, sich im Sommer an der Küste aufzuhalten (an der Küste zu sein), obwohl es dort weniger heiß ist. Aber die Luftfeuchtigkeit ist durch das Meer sehr hoch.
Herr Rot:	Und in Galiläa?
Angestellte:	In Galiläa fällt im Winter viel mehr Regen als in Tel-Aviv, und im Sommer ist es weniger heiß. Aber wenn Sie alle Orte in Israel besuchen wollen, werden Sie sich besser fühlen, wenn Sie im Frühling oder Herbst fliegen werden.

Zum Sprachaufbau

Die neuen Verben

לְתַכְנֵן	מְתַכְנְנוֹת	מְתַכְנְנִים	מְתַכְנֶנֶת	מְתַכְנֵן
לִשְׁכּוֹחַ	שׁוֹכְחוֹת	שׁוֹכְחִים	שׁוֹכַחַת	שׁוֹכֵחַ
לְהַצִּיעַ	מַצִּיעוֹת	מַצִּיעִים	מַצִּיעָה	מַצִּיעַ
לְהִתְרַחֵץ	מִתְרַחֲצוֹת	מִתְרַחֲצִים	מִתְרַחֶצֶת	מִתְרַחֵץ

Zweite Gruppe der Verben von *pa'al* im Futur

2. Gruppe:

	Infinitiv	1. Person	3. Person
lesen	לִקְרוֹא	אֶקְרָא	יִקְרָא
hören	לִשְׁמוֹעַ	אֶשְׁמַע	יִשְׁמַע
finden	לִמְצוֹא	אֶמְצָא	יִמְצָא
fragen	לִשְׁאוֹל	אֶשְׁאַל	יִשְׁאַל
schicken	לִשְׁלוֹחַ	אֶשְׁלַח	יִשְׁלַח
lachen	לִצְחוֹק	אֶצְחַק	יִצְחַק

ich werde lachen		***ä**zchak*	**א**צחק	
du wirst lachen		***t**izchak (m.)*	**ת**צחק	
du wirst lachen		***t**izchak**i** (f.)*	**ת**צחק**י**	
er wird lachen	*hu*	***j**izchak*	**י**צחק	הוא
sie wird lachen	*hi*	***t**izchak*	**ת**צחק	היא
wir werden lachen		***n**izchak*	**נ**צחק	
ihr werdet lachen		***t**izchak**u** (m.f.)*	**ת**צחק**ו**	
sie werden lachen	*häm/hän*	***j**izchak**u** (m./f.)*	**י**צחק**ו**	הם/הן

Die zur Gruppe *pa'al* gehörigen Verben, deren 2. oder 3. Stammkonsonant ein *ajn, chät* oder *aläf* ist, werden wie die 2. Gruppe konjugiert. Auch die Verben *lilmod* und *lischkaw* fallen in diese Gruppc.
Die Verben *lakachat* und *linso'a* verlieren im Futur den ersten Stammkonsonanten. Sie werden folgendermaßen konjugiert:

	***ä**kach*	אקח	
	***ti**kach (m.)*	תיקח	
	***ti**kch**i** (f.)*	תיקחי	
hu	***ji**kach*	ייקח	הוא
hi	***ti**kach*	תיקח	היא
	***ni**kach*	ניקח	
	***ti**kch**u** (m./f.)*	תיקחו	
häm/hän	***ji**kch**u** (m./f.)*	ייקחו	הם/הן

	***ä**ssa*	אסע	
	***ti**ssa (m.)*	תיסע	
	***ti**ss'**i** (f.)*	תיסעי	
hu	***ji**ssa*	ייסע	הוא
hi	***ti**ssa*	תיסע	היא
	***ni**ssa*	ניסע	
	***ti**ss'**u** (m./f.)*	תיסעו	
häm/hän	***ji**ss'**u** (m./f.)*	ייסעו	הם/הן

Der verneinte Imperativ

Der verneinte Imperativ wird durch *al* + Futur gebildet.

z.B.	*al tissgor ät haba'it!*	Schließe das Haus nicht!
	al ta'awdi kol kach harbä!	Arbeite nicht so viel!
	al tischkach liknot bulim!	Vergiß nicht, Briefmarken zu kaufen!

biglal - wegen

z.B. *biglal hagäschäm lo nassati.*
Wegen des Regens bin ich nicht gefahren.
biglal haj$_{e}$ladim lo jacholti lischon.
Wegen der Kinder konnte ich nicht schlafen.

meinetwegen	*biglali*	בגללי
deinetwegen	*biglalcha (m.)*	בגללך
deinetwegen	*biglaläch (f.)*	בגללך
seinetwegen	*biglalo*	בגללו
ihretwegen	*biglalah*	בגללה
unsretwegen	*biglâlejnu*	בגללנו
euretwegen	*biglalchäm (m.)*	בגללכם
euretwegen	*biglalchän (f.)*	בגללכן
ihretwegen	*biglalam (m.)*	בגללם
ihretwegen	*biglalan (f.)*	בגללן

Merke: *biglal sä* - deshalb

Die Komparation

Der Positiv

z.B. *rut jafa kmo dani'äla.*	Ruth ist so schön wie Daniela.
jossäf chacham kmo dawid.	Josef ist so klug wie David.

Der Komparativ

Der Komparativ wird mit Hilfe von *jotär* bzw. *pachot* gebildet. Das Adjektiv verändert sich nicht. Als Vergleichspartikel dient *mä'aschär* bzw. die Präposition *mi...* (von).

z.B. *b$_{e}$ejlat jotär cham mä'aschär b$_{e}$täl-awiw.*
In Elat ist es heißer als in Tel-Aviv.

hajom ani pachot ajäf mä'aschär ätmol.
Heute bin ich weniger müde als gestern.

dawid hu talmid jotär tow mä'aschär micha'äl.
dawid hu talmid jotär tow mimicha'äl.
David ist ein besserer Schüler als Michael.

hadäräch lakonzärt lo lokachat jotär mä'aschär ässrim dakot.
Der Weg zum Konzert nimmt nicht mehr als zwanzig Minuten in Anspruch.

$l_e$rut jäsch pachot kässäf mä'aschär lachawär schäla.
Ruth hat weniger Geld als ihr Freund.

achoti jotär chachama mimäni.
Meine Schwester ist klüger als ich.

Der Superlativ

Der Superlativ wird gebildet mit Hilfe von *$b_e$jotär*, das nachgestellt wird.

z.B.	*hassäfär ham_eanjän $b_e$jotär*	das interessanteste Buch
	hachoräf hakar $b_e$jotär	der kälteste Winter
	hadira haktana $b_e$jotär	die kleinste Wohnung

lamrot schä... - obwohl

z.B. *lamrot schähajinu bata'arucha lo kaninu tmuna.*
Obwohl wir in der Ausstellung waren, haben wir kein Bild gekauft.
lamrot schä'$awad_e$ti kol hajom, $hächlat_e$ti lazät ba'äräw $l_e$ssärät.
Obwohl ich den ganzen Tag gearbeitet habe, entschied ich mich, am Abend ins Kino zu gehen.

lamrot ha... - trotz

z.B. *lamrot hagäschäm halachti la'awod.*
Trotz des Regens ging ich arbeiten.

lamrot hab$_e$ajot schäli ani lo chola.
Trotz meiner Probleme bin ich nicht krank.

Die Übungen

lamrot oder *lamrot schä...* ?

_______________ *hagäschäm, halachti ba'äräw l$_e$konzärt.*
_______________ *nassanu l$_e$täl-awiw, lo hitrachaznu bajam.*
_______________ *jadanu schämäsäg ha'awir kar, lo lakachnu sswädär.*
ani ohäwät lihiot b$_e$täl-awiw _______________ *halachut.*

Bilde den Komparativ!

ham$_e$ssiba äzäl rut hajta jafa, awal ham$_e$ssiba äzäl dani'äla hajta _______________
hamora schäl jossäf towa, awal ____
hamissrad schäl adon läwi gadol, awal ____
ha'ochäl bamiss'ada haja ta'im, awal ____

b$_e$täl-awiw jotär cham __________________________*b$_e$ejlat.*
bagalil joräd jotär gäschäm __________ *b$_e$ejlat.*
hachoräf bijruschalajim jotär kar _____________ *b$_e$täl-awiw.*

Antworte!

ejch mäsäg ha'awir bijruschalajim bachoräf?
äfschar l$_e$hitrachäz b$_e$ejlat bajam bachoräf?
mataj joräd gäschäm b$_e$isra'äl?
ejfo joräd jotär gäschäm? b$_e$ejsor hachof o banägäw?
ejch ha'aklim bizfon ha'aräz?
ejfo hamakom hacham b$_e$jotär bakajiz?

Setze in das Futur!

dawid schomä'a ät hamusika w$_{e}$korä iton.
anachnu lomdim iwrit w$_{e}$noss'im l$_{e}$isra'äl.
hi lokachat ät hajäläd w$_{e}$holächät l$_{e}$tajäl.
häm ssogrim ät hachädär w$_{e}$joschwim al hakissä.
ani schochäw bamita w$_{e}$lo margisch tow.

Setze ein nach Belieben!

z.B. jäsch li jotär michtawim mä'aschär l$_{e}$dawid.

hi owädät pachot mä'aschär ____________________
anachnu konim jotär mä'aschär ________________
____________ *pachot mä'aschär* _________________
____________ *jotär mä'aschär* __________________

Antworte!

למה גברת ואדון רוט ניכנסים למשרד נסיעות?
איך מזג האוויר בצפון הארץ?
איך מזג האוויר באילת?
יורד בקייץ הרבה גשם בתל אביב?
למה צריך לקחת לירושליים סוודר בקייץ?
איפה אפשר להתרחץ בים בישראל?
איפה יורד בחורף שלג?

Ersetze die unterstrichenen Wörter durch die Begriffe in den Klammern!

<u>דוד</u> מתכנן את החופשה שלו באיטליה. (הוא, היא, הם)
אל <u>תשכח</u> לקחת סוודר. (את, אתם, אתן)
<u>היא</u> מציעה לתיירים לנסוע באביב. (הוא, הם, אנחנו)
<u>מיכאל</u> מתרחץ באילת בחורף. (רות, התיירים, הילדות)

Setze in die Vergangenheit und in das Futur!

היא שולחת מכתב לחברה שלה.

א. ______________________

ב. ______________________

אנחנו שומעים חדשות בטלוויזיה.

א. ______________________

ב. ______________________

הוא לוקח את הספרים מהכיתה.

א. ______________________

ב. ______________________

אתם נוסעים לתל אביב אחרי הצוהריים.

א. ______________________

ב. ______________________

היא לא מוצאת את המיכתב.

א. ______________________

ב. ______________________

למרות ש...   או למרות ה...

למרות _ירד גשם הלכנו לטייל.

למרות _גשם הלכנו לטייל.

למרות _כול התלמידים ישבו בכיתה, השיעור לא התחיל.

למרות _עבודה הקשה, אני לא עייפה.

למרות _הוא אוהב מוסיקה, הוא לא הולך לקונצרטים.

Lektion 25

Die Vokabeln

Kalender	*lû'ach/luchot (m.)*	לוח/לוחות
hebräisch	*iwri/iwrit*	עברי/עברית
	iwri'im/iwri'ot	עבריים/עבריות
üblich, gewohnt	*ragil/r$_e$gila*	רגיל/רגילה
	r$_e$gilim/r$_e$gilot	רגילים/רגילות
im Vergleich dazu	*l$_e$umat sot*	לעומת זאת
Mond	*jarä̂'ach (m.)*	ירח
Datum/Daten	*ta'arich/ta'arichim (m.)*	תאריך/תאריכים
fest	*kawû'a/kwu'a*	קבוע/קבועה
	kwu'im/kwu'ot	קבועים/קבועות
voll	*malä/m$_e$lä'a*	מלא/מלאה
	m$_e$lä'im/m$_e$lä'ot	מלאים/מלאות
genannt werden, heißen	*l$_e$hikarä (nikra)*	להיקרא(נקרא)
<wurde genannt>	*<nikra>*	<נקרא>
weil	*mipnej schä...*	מפני ש...
beendet werden	*l$_e$higamär (nigmar)*	להיגמר(נגמר)
<wurde beendet>	*<nigmar>*	<נגמר>
zuerst	*kôdäm*	קודם
Feiertag/e	*chag/chagim (m.)*	חג/חגים
sich bewegen	*lasus (sas)*	לזוז(זז)
<bewegte sich>	*<sas>*	<זז>
das heißt	*sot ômärät*	זאת אומרת
Passahfest	*pä̂ssach*	פסח
Lösung/en	*pitron/pitronot (m.)*	פיתרון/פיתרונות

hinzufügen	*l$_e$hossif (mossif)*	להוסיף(מוסיף)
<fügte hinzu>	*<hossif>*	<הוסיף>
zusätzlich	*nossaf/nossäfät*	נוסף/נוספת
	nossafim/nossafot	נוספים/נוספות
Schaltjahr	*schana m$_e$ubärät*	שנה מעוברת

לוח השנה העברי

לוח השנה הרגיל הוא לפי השמש. בשנה יש שלוש מאות שישים וחמישה יום. לעומת זאת לוח השנה העברי הוא לפי הירח. החודש מתחיל כשהירח חדש, ולכן השם "חודש" בעברית. לחגים היהודיים יש תאריכים קבועים בלוח העברי והרבה מהם מתחילים באמצע החודש, כשהירח מלא. חג הפסח למשל מתחיל באמצע חודש "ניסן". מפני שהשנה העברית קצרה מהשנה לפי השמש (354 יום), היא גם נגמרת קודם והשנה הבאה מתחילה מוקדם יותר באחד עשר יום. לכן החגים היהודיים זזים ב 11 יום כול שנה. זאת אומרת שאחרי כמה שנים חג הפסח, שנקרא גם חג האביב, לא יהיה חג האביב אלא חג החורף.
איך פותרים את הבעיה הזאת? לפני הרבה מאוד שנים (בזמן בית שני) מצאו החכמים פיתרון מעניין. הם החליטו להוסיף בערך כול שלוש שנים עוד חודש. החודש הנוסף הוא החודש לפני פסח, כך שלפעמים יש "אדר א" ו "אדר ב". שנה בת 13 חודשים נקראת שנה מעוברת.

"שְׁמוֹ הוֹלֵךְ לְפָנָיו"

lu'ach haschana ha'iwri

lu'ach haschana haragil hu $l_e$fi haschämäsch. $b_e$schana jäsch schlosch mä'ot schischim $w_e$chamischa jom. $l_e$umat sot lu'ach haschana ha'iwri hu $l_e$fi hajarä'ach. hachodäsch matchil kschähajarä'ach chadasch, $w_e$lachän haschäm 'chodäsch' $b_e$iwrit. lachagim haj$_e$hudijim jäsch ta'arichim kwu'im balu'ach ha'iwri $w_e$harbä mähäm matchilim $b_e$ämza hachodäsch, kschähajarä'ach malä. chag hapässach $l_e$maschal matchil $b_e$ämza chodäsch 'nissan'. mipnej schähaschana ha'iwrit jotär kzara mähaschana $l_e$fi haschämäsch (354 jom), hi gam nigmärät kodäm $w_e$haschana haba'a matchila mukdam jotär $b_e$achad assar jom. lachän hachagim haj$_e$hudijim sasim b_e 11 jom kol schana. sot omärät schä'acharej kama schanim chag hapässach, schänikra gam 'chag ha'awiw', lo jhjä chag ha'awiw äla chag hachoräf.

ejch potrim ät hab$_e$aja hasot? lifnej harbä $m_e$od schanim (bisman bajit schejni) maz'u hachachamim pitron $m_e$anjän. häm hächlitu $l_e$hossif $b_e$äräch kol schalosch schanim od chodäsch. hachodäsch hanossaf hu hachodäsch lifnej pässach, kach schälif'amim jäsch 'adar aläf' w_e'adar bät'.

schana bat 13 chodaschim nikrät 'schana $m_e$ubärät'.

Der hebräische Kalender

Der übliche Kalender richtet sich nach der Sonne. Ein Jahr hat 365 Tage. Im Gegensatz dazu richtet sich der hebräische Kalender nach dem Mond. Der Monat beginnt mit dem Neumond (*jarä'ach chadasch)*, daher der Name *chodäsch* (Monat) im Hebräischen. Die jüdischen Feiertage haben im hebräischen Kalender feste Daten, und viele von ihnen beginnen in der Mitte des Monats, wenn der Mond voll ist. Das Passahfest beispielsweise beginnt in der Mitte des Monats Nissan. Weil das hebräische Jahr kürzer ist als das Sonnenjahr (354 Tage), ist es auch eher zu Ende, und das kommende Jahr beginnt elf Tage früher. Deshalb bewegen sich die jüdischen Feiertage jedes Jahr um elf Tage. Das heißt, daß das Osterfest, das auch 'das Frühlingsfest' genannt wird, nach einigen Jahren nicht mehr das Frühlingsfest (sein wird), sondern das Winterfest wäre.
Wie löst man dieses Problem? Vor sehr vielen Jahren (zur Zeit des zweiten Tempels) fanden die Gelehrten eine interessante Lösung. Sie beschlossen, ungefähr alle drei Jahre noch einen Monat hinzuzufügen. Der zusätzliche Monat ist der Monat vor dem Passahfest, so daß es manchmal einen (Monat) Adar A und einen (Monat) Adar B gibt.
Ein Jahr mit 13 Monaten wird Schaltjahr genannt.

Zum Sprachaufbau

Die neuen Verben

לְהִיקָּרֵא	נִקְרָאוֹת	נִקְרָאִים	נִקְרֵאת	נִקְרָא
לְהִיגָּמֵר	נִגְמָרוֹת	נִגְמָרִים	נִגְמֶרֶת	נִגְמָר
לָזוּז	זָזוֹת	זָזִים	זָזָה	זָז
לְהוֹסִיף	מוֹסִיפוֹת	מוֹסִיפִים	מוֹסִיפָה	מוֹסִיף

Die Gruppe *lamäd/hä* im Futur

	Infinitiv	1. Person	3. Person
kaufen	לִקְנוֹת	אֶקְנֶה	יִקְנֶה
sehen	לִרְאוֹת	אֶרְאֶה	יִרְאֶה
trinken	לִשְׁתּוֹת	אֶשְׁתֶּה	יִשְׁתֶּה
leben	לִחְיוֹת	אֶחְיֶה	יִחְיֶה
sich wenden	לִפְנוֹת	אֶפְנֶה	יִפְנֶה
sein	לִהְיוֹת	אֶהְיֶה	יִהְיֶה

ich werde sein		*ähjäh*	אהיה	
du wirst sein		*tihjäh (m.)*	תהיה	
du wirst sein		*tihji (f.)*	תהיי	
er wird sein	*hu*	*jhjäh*	יהיה	הוא
sie wird sein	*hi*	*tihjäh*	תהיה	היא
wir werden sein		*nihjäh*	נהיה	
ihr werdet sein		*tihju (m.f.)*	תהיו	
sie werden sein	*häm/hän*	*jihju (m./f.)*	יהיו	הם/הן

Bei Verben, deren 1. Stammkonsonant ein *ajn* oder *chät* ist, wird der Vokal des Präfixes zu *a* statt zu *i*.

nif'al, die Passivkonjugation der Gruppe *pa'al*

Die in Lektion 15 angegebene Konjugation der Gruppe *nif'al* wird für die Passivkonjugation der Gruppe *pa'al* verwendet.

z.B.	**Infinitiv Aktiv**	**Infinitiv Passiv**
	lischlo'ach	*l$_e$hischalach*
	Präsens Aktiv	**Präsens Passiv**
	scholä'ach / scholachat *scholchim / scholchot*	*nischlach / nischlachat* *nischlachim / nischlachot*

Vergangenheit Aktiv		**Vergangenheit Passiv**	
schal̂achti	שלחתי	*nischl̂achti*	נשלחתי
schal̂achta (m.)	שלחת	*nischl̂achta (m.)*	נשלחת
schalacht (f.)	שלחת	*nischlacht (f.)*	נשלחת
schalach	שלח	*nischlach*	נשלח
schalcha	שלחה	*nischl$_e$cha*	נשלחה
schal̂achnu	שלחנו	*nischl̂achnu*	נשלחנו
sch$_e$lachtäm (m.)	שלחתם	*nischl̂achtäm (m.)*	נשלחתם
sch$_e$lachtän (f.)	שלחתן	*nischl̂achtän (f.)*	נשלחתן
schalchu (m./f.)	שלחו	*nischl$_e$chu (m./f.)*	נשלחו

z.B. *dawid schalach ät rut lado'ar.*
David schickte Ruth zur Post.

rut nischl$_e$cha lado'ar.
Ruth wurde zur Post geschickt.

jossäf gomär ät ha'awoda hajom.
Josef beendet heute die Arbeit.

ha'awoda schäl jossäf nigmärät hajom.
Josefs Arbeit wird heute beendet.

arba'im jom w$_e$arba'im lajla

In der Bibel stehen die Substantive in Verbindung mit Zahlen, die größer als elf sind, im Singular. Aus diesem Grund kann man sie heute in den Singular oder in den Plural setzen.

z.B. *ässrim jom* oder *ässrim jamim* - zwanzig Tage

bän, bat in der Bedeutung von 'mit'

Die Substantive *bän* und *bat*, die wir als 'Sohn' bzw. 'Tochter' kennen, nehmen in bestimmten Zusammenhängen die Bedeutung von 'mit' an.

z.B.	*schana bat 13 chodaschim*	ein Jahr mit 13 Monaten
	dira bat schnej chadarim	eine Wohnung mit zwei Zimmern

Die Übungen

Setze in das Futur!

hu haja bakibuz.
anachnu hajinu b$_e$isra'äl bakajiz.
hi hajta bamiss'ada.
ani hajiti cholä.
häm haju chawärim.

ma ata konä ba'ir?
kama olä hassäfär?
hi schota bira.
ma häm ossim ba'äräw?
hu ro'ä tmuna jafa bata'arucha.

Antworte!

$m_e$ajin ba'a hamila 'chodäsch'?
kama jamim jäsch baschana ha'iwrit?
lama pässach zarich lihi'ot ba'awiw?
lama jäsch lif'amim schanim im 13 chodaschim?
lama halu'ach ha'iwri hu $l_e$fi hajarä'ach?
ejch kor'im lachodäsch hanossaf?

Setze in das Passiv

hamorä gomär ät haschi'ur. haschi'ur ______________
hapakid kataw ät hamichtaw. hamichtaw _________
karati ät hassäfär. hassäfär ______________________
gamarnu ät ha'awoda. ha'awoda __________________
ssagarta ät hachanut. hachanut __________________
hi patcha ät hamiss'ada. hamiss'ada ______________

Übersetze!

Der hebräische Kalender richtet sich im Gegensatz zum üblichen Kalender nach dem Mond. Das Jahr 1993 wird nach dem hebräischen Kalender ein Schaltjahr sein. Ungefähr jedes dritte Jahr ist ein Schaltjahr und hat nicht 12 sondern 13 Monate. In einem Schaltjahr gibt es den Monat Adar, den Monat vor dem Passahfest, zweimal. Den zusätzlichen Monat nennt man Adar B.

Antworte!

כמה ימים יש בשנה?

כמה ימים יש בחודש רגיל?

למה השנה העברית יותר קצרה מהשנה הרגילה?

מאיין בא השם חודש?

כמה חודשים יש בשנה העברית?

מה השם של שנה בת 13 חודשים?

Setze in das Passiv!

התלמידים גמרו את השיעורים.

סוגרים את החנויות בשבע בערב.

היא שולחת את המכתב בדואר.

אני מצאתי את הספר בכיתה.

פותחים את הדואר בשעה שבע בבוקר.

Setze in die Vergangenheit!

אני הולך למסעדה ושותה קפה.

דוויד מסדר את החדר שלו.

הוא לא אוכל, כי הוא לא רעב.

סליחה, מה אתה אומר?

הן לא אוכלות ארוחת בוקר, כי אין קפה בבית.

למה אתה סוגר את הספר ופותח את המחברת?

היא נותנת להם את הכרטיסים לקונצרט.

הפקידה מסבירה איך להגיע לקונצרט.

מה אתה קורא?

מה הם עושים בערב?

למה הם מתרחצים בים?

הוא מכין לחברה שלו ארוחה טובה.

היא משלמת בעד הספרים.

Lektion 26

Die Vokabeln

suchen	*$l_e$chapäss ($m_e$chapäss)*	לחפש(מחפש)
<suchte>	*<chipäss>*	<חיפש>
schauen, sich etw. ansehen	*$l_e$hisstakäl b_e... (misstakäl)*	להסתכל(מסתכל)
<schaute>	*<hisstakäl>*	<הסתכל>
Rubrik	*mador (m.)*	מדור
Mietwohnungen	*dirot $l_e$hasskara*	דירות להשכרה
Heizung/en	*hassaka/hassakot (f.)*	הסקה/הסקות
Gegend, Umgebung	*sswiwa (f.)*	סביבה
Preis/e	*$m_e$chir/$m_e$chirim*	מחיר/מחירים
Miete	*ss'char dira*	שכר דירה
zuviel	*jotär midaj*	יותר מדי
ausgeben, rausnehmen	*$l_e$hozi (mozi)*	להוציא(מוציא)
<gab aus>	*<hozi>*	<הוציא>
Summe/n, Betrag	*ss'chum/ss'chumim (m.)*	סכום/סכומים
solcher	*kasä*	כזה
Ausgabe/n	*hoza'a/hoza'ot*	הוצאה
günstiges Angebot	*$m_e$zi'a/$m_e$zi'ot*	מציאה/מציאות
Chance, Gelegenheit/en	*ssikuj/ssikujim (m.)*	סיכוי/סיכויים
frei	*panuj/pnuja*	פנוי/פנויה
	pnujim/pnujot	פנויים/פנויות
mieten	*lisskor (ssochär)*	לשכור(שוכר)
<mietete>	*<ssachar>*	<שכר>
interessiert	*$m_e$unjan/$m_e$unjânät*	מעוניין/מעוניינת
	$m_e$unjanim/$m_e$unjanot	מעוניינים/מעוניינות
ob (vor dir. Frage)	*ha'im*	האם

noch, bis jetzt noch	*âdajin*	עדיין
billig	*sol/sola*	זול/זולה
	solim/solot	זולים/זולות
Zustand/Zustände	*mazaw/mazawim (m.)*	מצב/מצבים
sanitäre Einrichtungen, Toilette, Bad	*schärutim (m.)*	שרותים
reparieren	*$l_e$takän ($m_e$takän)*	לתקן (מתקן)
<reparierte>	*<tikän>*	<תיקן>
Sie/ihr selbst	*$b_e$azm$_e$chäm*	בעצמכם

מחפשים דירה

דורון : יעל, יש לך רעיון, איך אפשר למצוא דירה בירושליים?
יעל : אנחנו יכולים להסתכל בעיתון ונחפש במדור "דירות להשכרה". אולי יהיה לנו מזל ונמצא משהו.
דורון : הינה יש פה דירה מודרנית בת שלושה חדרים עם הסקה בסביבה טובה.
יעל : מה המחיר?
דורון : זאת דירה יקרה. שכר הדירה הוא תשע מאות שקל לחודש.
יעל : זה יותר מדי. אנחנו לא יכולים להוציא סכום כזה על דירה.
דורון : הינה עוד דירה בת ארבעה חדרים והיא עולה רק שש מאות שקל לחודש. מה דעתך?
יעל : אבל הדירה נמצאת מחוץ לעיר, ואם נגור כול כך רחוק, יהיו לנו הוצאות נוספות.
דורון : אבל עכשיו מצאתי משהו טוב. דירה בת שלושה חדרים במרכז העיר, שכר דירה ארבע מאות שקל.
יעל : זאת ממש מציאה. אבל אני לא חושבת, שיש לנו סיכוי לקבל אותה. היא בטח לא פנויה.
דורון : תפסיקי להיות פסימית. אני מציע שנטלפן ונשאל.
הלו, שמי דורון טל ואני רוצה לשכור דירה בת שלושה חדרים.
החברה שלי ואני מעוניינים בדירה שלך. האם היא עדיין פנויה?
גברת כוהן: כן, הדירה פנויה. אתם יכולים לבוא ולראות אותה.
דורון : סליחה, יש לי שאלה. למה הדירה כול כך זולה?
גברת כוהן: מפני שהיא במצב לא טוב. אין בה הסקה והשרותים לא מודרניים. אבל אם תתקנו הכול בעצמכם, תהיה לכם דירה יפה.
דורון : תודה רבה לך, גברת כוהן, אבל אנחנו צריכים עוד לחשוב. שלום!
יעל : אולי בעיתון של השבוע הבא יהיו יותר דירות?
דורון : בסדר.

● בפתח־תקווה 4 חדרים ק״ב שירותים כפולים +חניה 03-9315970.
(24936)
● 4 +טלפון +דוד״ש +מעלית ריקה $500 03-9340506, 03-9331660.
(25027)
● דירות 3 ו־5 חדרים, מיידיות, עם/בלי רהוט ״אנגלודסכסון״. 03-9301122
(25155)
● בהזדמנות! בנוה־עוז, בית פרטי, 2 +חצר גדולה, 03-9246396
(25918)
● 4 חדרים, מיידית בפתח־תקווה $600. 03-9228911 (לא בשבת)
(26020)
● מיידי, 4 +חניה +טלפון
(26615)
● בפיקא, 4, מיידי, במצב מצויין, טלפון +חניה. 03-9222575
(24017)
● וילה, 3, בעמישב בפתח־תקווה, חדשה, 03-9310488 לא בשבת.
(24418)
● בצנחנים 3 +גג +חניה דוד״ש +טלפון, מיידי! 03-9224003, 04-222864
(24564)
דירות בשכ״ח
● בית בודד, ההסתדרות, 2½ חדרים, +חצר גדולה, 03-9220734
(18829)
● מיוחד!! חוזה עד 10 שנים!! 4, בריכת שחיה בגג!! מרפסות פתוחות!! $625 ״אלמקס״ 052-913416.
(21294)
● ברעננה, באליעזר־יפה, 5, ק״ג עלית +טלפון ״קוראל״ 052-572777
(22363)
● בהיובל ק״א, 5½, +חניה, כזית, מיידי! 052-914705 שקטה
(23097)
דירות בשכ״ח
● בבת־ים, 3 בשכ״ח, וביהוד 3 בשכ״ח. 03-5364088 03-5366532
(24919)
● בעפולה הצעירה דירה חדשה 4, חדרים ריקה 08-445238
(27651)
דירות מרוהטות
● להשכרה בחדרה, במרכז, 4 מרוהטים, +טלפון +מזגנים 06-342814
(27714)
דירות בשכ״ח
● בגבעת־שמואל, 4, ק״ד, מרווחת +חניה +דוד״ש, (בלי), 03-9241635
(17774)
● בקיראון, ליד רימון, 3, ק״8, יפהפיה +מזגן. 03-340603
(18166)
● להשכרה בקרית־אונו, 4 חדרים, ברחוב־זידמן 10. 03-7528108
(18180)
● בקיראון, 4, ק״5 +מעלית, ריהוט חלקי. 03-345852
(18400)
● 3, בגבעת־סביון, ברח׳ הרמה, ק״ד (בלי), מיידי. 03-341572
(19296)
● דירות 4 חדרים בקרית־אונו (קרת). בערב 052-923911
(21334)

m$_e$chapssim dira

doron: ja'äl, jäsch lach ra'ajon, ejch äfschar limzo dira bijruschalajim?

ja'äl: anachnu j$_e$cholim l$_e$histakäl ba'iton w$_e$n$_e$chapäss bamador 'dirot l$_e$hasskara'. ulaj ihijä lanu masal w$_e$nimza maschähu.

doron: hinä jäsch po dira modärnit bat schloscha chadarim im hassaka biswiwa towa.

ja'äl : ma ham$_e$chir?

doron: sot dira j$_e$kara. ss'char hadira hu 900 schäkäl l$_e$chodäsch.

ja'äl : sä jotär midaj. anachnu lo j$_e$cholim l$_e$hozi ss'chum kasä al dira.

doron: hinä od dira bat arba'a chadarim w$_e$hi ola rak 600 schäkäl l$_e$chodäsch. ma da'atäch?

ja'äl: awal hadira nimzät michuz la'ir, w$_e$im nagur kol kach rachok, jihju lanu hoza'ot nossafot.

doron: awal achschaw mazati maschähu tow. dira bat schloscha chadarim b$_e$märkas ha'ir, ss'char dira 400 schäkäl.

ja'äl: sot mamasch m$_e$zi'a. awal ani lo choschäwät, schäjäsch lanu ssikuj l$_e$kabäl ota. hi b$_e$tach kwar lo pnuja.

doron: tafssiki lihiot pässimit. ani mazi'a, schänätalfän w$_e$nisch'al. - hallo, schmi doron tal w$_e$ani rozä lisskor dira bat schloscha chadarim. hachawära schäli w$_e$ani m$_e$unjanim badira schälach. ha'im hi adajn pnuja?

g$_e$wärät kohän: kän, hadira pnuja. atäm j$_e$cholim lawo w$_e$lir'ot ota.

doron: sslicha, jäsch li sch$_e$äla. lama hadira kol kach sola?

g$_e$wärät kohän: mipnej schähi lo b$_e$mazaw tow. ejn ba hassaka w$_e$haschärutim lo modärnijim. awal im t$_e$taknu hakol b$_e$azm$_e$chäm, tihjä lachäm dira jafa.

doron: toda raba lach, g$_e$wärät kohän, awal anachnu zrichim od lachschow. schalom.
ja'äl, ulaj ba'iton schäl haschawu'a haba jihju jotär dirot?

ja'äl : b$_e$ssädär.

Auf Wohnungssuche

Doron:	Jaäl, hast du eine Idee, wie man in Jerusalem eine Wohnung finden kann?
Jaäl:	Wir können in die Zeitung schauen und unter der Rubrik 'Wohnungsvermietungen' suchen. Vielleicht haben wir Glück (werden wir Glück haben) und finden etwas.
Doron:	Da, hier ist eine moderne Drei-Zimmer-Wohnung mit Heizung in einer guten Gegend.
Jaäl:	Zu welchem Preis?
Doron:	Es ist eine teure Wohnung. Die Miete beträgt 900 Schekel im Monat.
Jaäl:	Das ist zuviel. Wir können für eine Wohnung nicht einen solchen Betrag ausgeben.
Doron:	Hier ist noch eine Vier-Zimmer-Wohnung, und sie kostet nur 600 Schekel monatlich. Was hältst du davon?
Jaäl:	Aber die Wohnung liegt außerhalb der Stadt, und wenn wir so weit weg wohnen, werden wir auch zusätzliche Ausgaben haben.
Doron:	Aber jetzt habe ich etwas Gutes gefunden. Eine Drei-Zimmer-Wohnung im Zentrum, 400 Schekel Miete.
Jaäl:	Das ist wirklich ein günstiges Angebot. Aber ich glaube nicht, daß wir eine Chance haben, sie zu bekommen. Sie ist sicher nicht mehr frei.
Doron:	Hör auf, ein Pessimist zu sein! Ich schlage vor, daß wir anrufen und fragen. - Hallo, mein Name ist Doron Tal, und ich möchte eine Drei-Zimmer-Wohnung mieten. Meine Freundin und ich sind interessiert an ihrer Wohnung. Ist sie noch frei? (Ob sie noch frei ist?)
Frau Cohen:	Ja, die Wohnung ist frei. Sie können herkommen und sie besichtigen.
Doron:	Verzeihung, ich habe eine Frage. Warum ist die Wohnung so billig?
Frau Cohen:	Weil sie in keinem guten Zustand ist. Es gibt keine Heizung darin, und die sanitären Einrichtungen sind unmodern. Aber wenn Sie alles selbst herrichten, werden Sie eine schöne Wohnung haben.
Doron:	Vielen Dank, Frau Cohen, aber wir müssen noch darüber nachdenken. Auf Wiedersehen.

Jaäl, vielleicht wird es in der Zeitung der kommenden Woche mehr Wohnungen geben.

Jaäl: In Ordnung.

Zum Sprachaufbau

Die neuen Verben

מְסתַכֵּל	מְסתַכֶּלֶת	מְסתַכְּלִים	מְסתַכְּלוֹת	לְהִסתַכֵּל
מְחַפֵּשׂ	מְחַפֶּשֶׂת	מְחַפְּשִׂים	מְחַפְּשׂוֹת	לְחַפֵּשׂ
מַפסִיק	מַפסִיקָה	מַפסִיקִים	מַפסִיקוֹת	לְהַפסִיק
מוֹצִיא	מוֹצִיאָה	מוֹצִיאִים	מוֹצִיאוֹת	לְהוֹצִיא
זוֹכֵר	זוֹכֶרֶת	זוֹכְרִים	זוֹכְרוֹת	לִזכּוֹר
מְתַקֵּן	מְתַקֶּנֶת	מְתַקְּנִים	מְתַקְּנוֹת	לְתַקֵּן

Die Gruppe *pi'äl* im Futur

	Infinitiv	1. Person	3. Person
besuchen	לְבַקֵּר	אֲבַקֵּר	יְבַקֵּר
sprechen	לְדַבֵּר	אֲדַבֵּר	יְדַבֵּר
bezahlen	לְשַׁלֵּם	אֲשַׁלֵּם	יְשַׁלֵּם
reparieren	לְתַקֵּן	אֲתַקֵּן	יְתַקֵּן
bekommen	לְקַבֵּל	אֲקַבֵּל	יְקַבֵּל

ich werde sprechen		***a**dabär*	אדבר	
du wirst sprechen		$\mathbf{t}_e$*dabär (m.)*	תדבר	
du wirst sprechen		$\mathbf{t}_e$*dabr**i** (f.)*	תדברי	
er wird sprechen	*hu*	$\mathbf{j}_e$*dabär*	ידבר	הוא
sie wird sprechen	*hi*	$\mathbf{t}_e$*dabär*	תדבר	היא
wir werden sprechen		$\mathbf{n}_e$*dabär*	נדבר	
ihr werdet sprechen		$\mathbf{t}_e$*dabr**u** (m./f.)*	תדברו	
sie werden sprechen	*häm/hän*	$\mathbf{j}_e$*dabr**u** (m./f.)*	ידברו	הם/הן

solcher, solche, solches

z.B. *ani lo rozä liknot dag kasä.*
Ich möchte keinen solchen Fisch kaufen.

hu m$_{e}$unjan b$_{e}$dira kasot.
Er ist an einer solchen Wohnung interessiert.

anachnu lo kor'im itonim ka'älä.
Wir lesen solche Zeitungen nicht.

er selbst - *(b$_{e}$)azmo*

ich selbst	*(b$_{e}$)azmi*	בעצמי
du selbst	*(b$_{e}$)azm$_{e}$cha (m.)*	בעצמך
du selbst	*(b$_{e}$)azmäch (f.)*	בעצמך
er selbst	*(b$_{e}$)azmo*	בעצמו
sie selbst	*(b$_{e}$)azmah*	בעצמה
wir selbst	*(b$_{e}$)azmêjnu*	בעצמנו
ihr selbst	*(b$_{e}$)azm$_{e}$chäm (m.)*	בעצמכם
ihr selbst	*(b$_{e}$)azm$_{e}$chän (f.)*	בעצמכן
sie selbst	*(b$_{e}$)azmam (m.)*	בעצמם
sie selbst	*(b$_{e}$)azman (f.)*	בעצמן

z.B. *ata jachol lichtow ät hamichtaw b$_{e}$azm$_{e}$cha.*
Du kannst den Brief selbst schreiben.

*hu lo kataw ät hassäfär **b$_{e}$**azmo.*
Er hat das Buch nicht selbst geschrieben.

*micha'äl ohäw rak **ät** azmo.*
Michael liebt nur sich selbst.

*hu m$_{e}$dabär **im** azmo.*
Er spricht mit sich selbst.

*hi choschäwät rak **al** azma.*
Sie denkt nur an sich selbst.

Deklination der Präposition *b$_e$...*

Die Präposition *b$_e$...*, in all ihren Bedeutungen, läßt sich deklinieren. In diesem Fall ist sie ein eigenständiges Wort.

in mir	*bi*	בִּי
in dir	*b$_e$cha (m.)*	בְּךָ
in dir	*bach (f.)*	בָּךְ
in ihm	*bo*	בּוֹ
in ihr	*bah*	בָּהּ
in uns	*b̂anu*	בָּנוּ
in euch	*bachäm (m.)*	בָּכֶם
in euch	*bachän (f.)*	בָּכֶן
in ihnen	*bahäm (m.)*	בָּהֶם
in ihnen	*bahän (f.)*	בָּהֶן

z.B. *habän schäl dawid cholä, w$_e$hu m$_e$tapäl bo.*
Davids Sohn ist krank, und er pflegt ihn.

hakita schäba hi lomädät, ossa hajom tijul.
Die Klasse, in der sie lernt, macht heute einen Ausflug.

m$_e$unjan b$_e$... - interessiert an

z.B. *ani lo meunjänät bedira kasot.*
Ich bin an einer solchen Wohnung nicht interessiert.

hu m$_e$unjan b$_e$awoda chadascha.
Er ist an einer neuen Arbeit interessiert.

Die Übungen

Ersetze die unterstrichenen Wörter durch die Begriffe in der Klammer!

häm misstaklim batmuna. (hi, ata, atän)
hisstakalti bamora. (anachnu, hi, ata, hu)
hu hifssik lä'ächol. (ani, atäm, häm, hu)
ha'architäkt ssachar missrad chadasch. (achoti, ani, häm, ata)
hu mozi 600 schäkäl b$_e$chodäsch. (hi, häm, atän)
hu tikän ät habajit. (häm, zarich, anachnu, hi)

Setze in das Futur!

doron m$_e$takän ät haschärutim.
hamora m$_e$zalämät ät hadapim.
dawid m$_e$kabäl schi'ur b$_e$iwrit.
hi m$_e$tachnänät chufscha b$_e$isra'äl.
anachnu m$_e$talf$_e$nim lachawärim.

Dekliniere nach dem Beispiel!

hu m$_e$takän ät hadira b$_e$azmo.

hi lo j$_e$chola lilmod ____________
anachnu j$_e$cholim liknot ät hassäfär ___________
häm cholim. lachän häm lo j$_e$cholim lä'ächol ___________
ata zarich l$_e$schaläm ät ham$_e$chir ________

***adajin* oder *kwar*?**

z.B. *hassärät kwar hitchil? lo, hu adajin lo hitchil.*
schamata ____________ *ät hakonzärt? lo,* ________ *lo schamati.*
ssachartäm _______________ *ät hadira? lo,* __________________
zilamta ____________ *ät haj$_e$ladim? lo,* ______________________
hidlakt __________ *närot schäl schabat? lo,* __________________

Setze die entsprechenden Wörter in die Lücken!

$l_e$takän, $l_e$hisstakäl, lisskor, la'alot, limzo, $l_e$chapäss

ja'äl $w_e$doron ____________ dira bijruschalajim.
häm __________ ba'iton bamador 'dirot $l_e$hasskara'.
häm rozim ____________ dira bisswiwa towa, awal dira kasot __________harbä kässäf.
kaschä ______________ dira sola, jafa umodärnit.
lif'amim haschärutim lo modärnijim, $w_e$zarich __________ otam.

Übersetze!

Zur Zeit ist es schwer, in Jerusalem eine Wohnung zu finden. Die Wohnungen, die in schönen Gegenden liegen, haben oft hohe Mieten. Die wenigen billigen Wohnungen sind nicht modern, haben keine Heizung und kein schönes Badezimmer, und man muß alles selbst renovieren. Wenn man in der Zeitung unter der Rubrik "Vermietungen" ein günstiges Angebot findet, ist es oft nicht mehr zu haben. Es ist einfacher, eine Wohnung außerhalb der Stadt zu mieten. Dort sind die Wohnungen billiger.

Dekliniere!

בעצמי, בעצמך, בעצמו...

הוא כותב את המכתב ב____________

אנחנו יכולים כבר לאכול ב________.

הם הולכים לבית הספר ב_________.

את תלמדי את השיעור ב___________.

הוא יפתח את החנות ב_________.

Dekliniere!

בי, בך, בו...

הבית, ש___ גרתי, היה גדול.

המסיבה, ש___ הייתי, היתה יפה.

הספר, ש___ הייתי מעוניין, לא היה בחנות.

הכיתה, ש___ למדנו, היתה באוניברסיטה.

Lektion 27

Die Vokabeln

Linie/n	*kaw/kawim (m.)*	קו/קוים
eröffnet werden	*$l_e$hipatach (niftach)*	להיפתח (נפתח)
<wurde eröffnet>	*<niftach>*	<נפתח>
von neuem	*mächadasch*	מחדש
Kairo	*kahir*	קהיר
unterbrochen werden	*$l_e$hipassäk (nifssak)*	להיפסק (נפסק)
<wurde unterbrochen>	*<nifssak>*	<נפסק>
ungefähr, etwa	*k_e...*	כּ...
Krieg/e	*milchama/milchamot (f.)*	מלחמה/מלחמות
Golf, Bucht	*mifraz*	מפרץ
ägyptisch	*mizri/mizrija*	מצרי/מצריה
	mizrijm/mizrijot	מצריים/מצריות
Dienst, Service	*schärut/schärutim (m.)*	שרות/שרותים
aussehen, erscheinen	*$l_e$hära'ot (niräh)*	להיראות (נראה)
<sah aus>	*<nirah>*	<נראה>
nah	*karow/krowa*	קרוב/קרובה
	krowim/krowot	קרובים/קרובות
vergrößern	*$l_e$hagdil (magdil)*	להגדיל (מגדיל)
<wurde vergrößert>	*<higdil>*	<הגדיל>
Gefahr	*ssakana/ssakanot (f.)*	סכּנה/סכּנות
Dürre	*baẑorät (f.)*	בּצורת
Wasserspiegel	*miflass (m.)*	מפלס
rot	*adom/aduma*	אדום/אדומה
	adumim/adumot	אדומים/אדומות
Meter	*m̂ätär/mätrim (m.)*	מטר/מטרים

Verkürzung	*kizur (m.)*	קיצור
Studium	*limudim (pl./m.)*	לימודים
stattfinden	*$l_e$hitkajäm (mitkajäm)*	להתקיים(מתקיים)
<fand statt>	*<hitkajäm>*	<התקיים>
genug	*daj*	די
fehlend	*chassär/chassära*	חסר/חסרה
	chassärim/chassärot	חסרים/חסרות
Beruf/e	*mikẑo'a/mikzo'ot (m.)*	מקצוע/מקצועות
Fachmann	*isch mikẑo'a*	איש מקצוע
Markt/Märkte	*schuk/schwakim (m.)*	שוק/שווקים
Wohnen	*$m_e$gurim (pl./m.)*	מגורים

קַו הָאוֹטוֹבּוּסִים תֵּל־אָבִיב־קָהִיר – נִפְתַּח מֵחָדָשׁ

1 קַו הָאוֹטוֹבּוּסִים בֵּין תֵּל־אָבִיב לְקָהִיר נִפְתַּח הַשָּׁבוּעַ מֵחָדָשׁ. הַנְּסִיעוֹת בְּקַו זֶה נִפְסְקוּ לִפְנֵי כְּחוֹדְשַׁיִים, כְּשֶׁהִתְחִילָה הַמִּלְחָמָה בַּמִּפְרָץ. בְּקַו זֶה נוֹסֵעַ אוֹטוֹבּוּס פַּעֲמַיִים בְּשָׁבוּעַ (בְּיָמִים א׳ וְה׳) מִתֵּל־אָבִיב לְקָהִיר, וְיוֹמַיִים בְּשָׁבוּעַ (ב׳, ד׳) – מִקָּהִיר לְתֵל־אָבִיב. הָאוֹטוֹבּוּסִים הֵם שֶׁל "אֶגֶד" וְשֶׁל חֶבְרָה מִצְרִית.

אֵין סִיכּוּי לְגֶשֶׁם בַּיָּמִים הַקְּרוֹבִים

2 בַּשֵּׁירוּת הַמֶּטֶאוֹרוֹלוֹגִי אוֹמְרִים, כִּי לֹא נִרְאֶה סִיכּוּי לְגֶשֶׁם בַּיָּמִים הַקְּרוֹבִים. כָּל יוֹם שֶׁעוֹבֵר בְּלִי גֶשֶׁם מַגְדִּיל אֶת הַסַּכָּנָה שֶׁל שְׁנַת בַּצּוֹרֶת. מִפְלַס הַכִּינֶּרֶת מִתְקָרֵב לְקַו הָאָדוֹם – מִינוּס 213 מֶטְרִים.

חוּפְשַׁת הַפֶּסַח בְּבָתֵּי־הַסֵּפֶר תִּהְיֶה קְצָרָה יוֹתֵר

3 חופשת הפסח בבתי־הספר בארץ תתחיל ביום ראשון הקרוב, 24 במארס, ותיגמר ביום שני, 8 באפריל. החופשה תהיה קצרה יותר בשלושה ימים מֵאֲשֶׁר בשנה רגילה. קיצור החופשה בא להחזיר ימי לימודים שלא התקיימו בגלל המלחמה במפרץ.

בַּשְּׁנָתַיִים הַקְּרוֹבוֹת לֹא יִהְיוּ דֵּי דִּירוֹת לְהַשְׂכָּרָה

4 בשנתיים הקרובות יהיו חסרות (לא יהיו מספיק) בישראל דירות להשׂכרה. כך אומרים אנשי־מקצוע בשוק הדירות. הם אומרים כי הדרך לפתור את הבעיה היא: להוציא משרדים מדירות מגורים, ולְהַצִּיעַ את הדירות האלה להשׂכרה.

Aus der Zeitung

1. Die Autobuslinie Tel-Aviv - Kairo wurde wiedereröffnet

Die Buslinie zwischen Tel-Aviv und Kairo wurde diese Woche wiedereröffnet. Die Fahrten auf dieser Linie wurden vor etwa zwei Monaten, als der Golfkrieg begann, unterbrochen. Auf dieser Linie fährt zweimal die Woche ein Bus von Tel-Aviv nach Kairo (sonntags und donnerstags), und zwei Tage pro Woche von Kairo nach Tel-Aviv (montags und mittwochs). Die Busse sind von 'Egged' und von einer ägyptischen Gesellschaft.

2. Keine Aussicht auf Regen in den nächsten Tagen

Beim meteorologischen Dienst heißt es, daß es in den nächsten Tagen keine Aussicht auf Regen zu geben scheint (es erscheint keine Aussicht). Mit jedem Tag, der ohne Regen vergeht, wächst die Gefahr eines Dürrejahres. Der Wasserspiegel des Sees Genezareth nähert sich der roten Markierung(slinie) von minus 213 Metern.

3. Die Osterferien in den Schulen werden kürzer sein

Die Osterferien in den israelischen Schulen werden am kommenden Sonntag, dem 24. März, beginnen und am Dienstag, dem 8. April, zu Ende gehen. Die Ferien werden um drei Tage kürzer sein als in einem normalen Jahr. Die Verkürzung der Ferien soll die Schultage, die wegen des Golfkrieges nicht stattgefunden haben, ersetzen.

4. In den nächsten zwei Jahren wird es nicht genügend Mietwohnungen geben.

In den nächsten zwei Jahren wird es in Israel Mangel an (nicht genug) Mietwohnungen geben. So sagen Fachleute des Wohnungsmarktes. Sie sagen, daß der Weg, um das Problem zu lösen, folgender ist: Büros aus Privatwohnungen verbannen, und diese Wohnungen zum Vermieten anbieten.

Zum Sprachaufbau

Die neuen Verben

נִפְתָּח	נִפְתַּחַת	נִפְתָּחִים	נִפְתָּחוֹת	לְהִיפָּתַח
נִפְסָק	נִפְסֶקֶת	נִפְסָקִים	נִפְסָקוֹת	לְהִיפָּסֵק
נִרְאָה	נִרְאֵית	נִרְאִים	נִרְאוֹת	לְהֵירָאוֹת
מַגְדִּיל	מַגְדִּילָה	מַגְדִּילִים	מַגְדִּילוֹת	לְהַגְדִּיל
מִתְקַיֵּים	מִתְקַיֶּימֶת	מִתְקַיְּימִים	מִתְקַיְּימוֹת	לְהִתְקַיֵּים

Die Gruppe *hitpa'äl* im Futur

	Infinitive	1. Person	3. Person
sich nähern	לְהִתְקָרֵב	אֶתְקָרֵב	יִתְקָרֵב
sich gewöhnen	לְהִתְרַגֵּל	אֶתְרַגֵּל	יִתְרַגֵּל
sich aufregen	לְהִתְרַגֵּשׁ	אֶתְרַגֵּשׁ	יִתְרַגֵּשׁ
bedauern	לְהִצְטַעֵר	אֶצְטַעֵר	יִצְטַעֵר

ich werde mich waschen	***ä**trachäz*	**א**תרחץ	
du wirst dich waschen	***t**itrachäz (m.)*	**ת**תרחץ	
du wirst dich waschen	***t**itrachz**i** (f.)*	**ת**תרחצי	
er wird sich waschen	***j**itrachäz*	יתרחץ	הוא
sie wird sich waschen	***t**itrachäz*	**ת**תרחץ	היא
wir werden uns waschen	***n**itrachäz*	**נ**תרחץ	
ihr werdet euch waschen	***t**itrachz**u** (m./f.)*	**ת**תרחצו	
sie werden sich waschen	***j**itrachz**u** (m./f.))*	יתרחצו	הם/הן

Die Gruppe *nif'al* im Futur

	Infinitiv	1. Person	3. Person
sich befinden	לְהִימָּצֵא	אֶמָּצֵא	יִמָּצֵא
eintreten	לְהִיכָּנֵס	אֶכָּנֵס	יִכָּנֵס
beendet werden	לְהִיגָּמֵר	אֶגָּמֵר*	יִגָּמֵר
unterbrochen werden	לְהִיפָּסֵק	אֶפָּסֵק*	יִפָּסֵק
sich treffen	לְהִיפָּגֵשׁ	אֶפָּגֵשׁ	יִפָּגֵשׁ

* diese Form wird im Hebräischen nicht benutzt

ich werde eintreten		***ä**kanäss*	**א**כנס	
du wirst eintreten		***t**ikanäss (m.)*	**ת**יכנס	
du wirst eintreten		***t**ikanss**i** (f.)*	**ת**יכנסי	
er wird eintreten	*hu*	***j**ikanäss*	**י**יכנס	הוא
sie wird eintreten	*hi*	***t**ikanäss*	**ת**יכנס	היא
wir werden eintreten		***n**ikanäss*	**נ**יכנס	
ihr werdet eintrete		***t**ikanss**u** (m./f.)*	**ת**יכנסו	הם/הן
sie werden eintreten	*häm/hän*	***j**ikanss**u** (m./f.)*	**י**יכנסו	

dieser, diese, dieses

Bisher haben wir das Demonstrativpronomen 'dieser' durch das nachgestellte *sä* + bestimmten Artikel ausgedrückt. Man kann auch auf den bestimmten Artikel verzichten, wobei *sä* ebenfalls nachgestellt werden muß.

z. B. *dira sot* j_e*kara.* — Diese Wohnung ist teuer.
hadira hasot j_e*kara.* — Diese Wohnung ist teuer.

Die Übungen

Setze in das Futur!

halimudim b$_e$batej hassäfär nifssakim bakajiz.
haschana ha'iwrit nigmärät jotär mukdam.
häm nifgaschim bam$_e$ssiba äzäl rut.
ata nichnass l$_e$miss'ada umasmin dag.
anachnu nidbarim l$_e$hipagäsch badira.

miflass hakinärät mitkaräw lakaw ha'adom.
häm mitpal$_e$lim b$_e$bejt haknässät.
anachnu mitrachazim bajam bakajiz.
hi misstakälät batmunot schäbata'arucha.
ata mizta'är schälo lamad$_e$ta iwrit.

Antworte!

lama nifss$_e$ku han$_e$ssi'ot mitäl-awiw l$_e$kahir?
lama häm nift$_e$chu mächadasch?
kama p$_e$amim baschawu'a jäsch otobussim mitäl-awiw l$_e$kahir?
ma hu hakaw ha'adom schäl miflass hakinärät?
lama chufschat hapässach haschana jotär kzara?
ejch äfschar liftor ät b$_e$ajat hadirot b$_e$isra'äl?

Setze in das Futur!

התלמידים באו אתמול לכיתה, ישבו על כסאות וחיכו למורה.
אבל המורה לא הגיעה, כי היא היתה חולה.

אתמול דויד הזמין אותי ללכת איתו למסיבה אצל רות. לא רציתי ללכת, כי
רציתי לגמור את הספר החדש שקיבלתי ליום ההולדת.

אתמול היה יום חם ויפה וכול התלמידים הלכו לטייל עם המורה.

הלכתי עם רות למסעדה החדשה ברחוב דיזנגוף. המסעדה נפתחה רק לפני שבוע.
אני אכלתי שם דג ורות אכלה סטיק, שהיה מאוד טעים. אני שתיתי יין לבן
ורות שתתה בירה.

Die Präpositionen (Gruppe A)

עִם	שֶׁל	בְּ...	לְ...	אֵת
אִיתִּי	שֶׁלִּי	בִּי	לִי	אוֹתִי
אִיתְּךָ	שֶׁלְּךָ	בְּךָ	לְךָ	אוֹתְךָ
אִיתָּךְ	שֶׁלָּךְ	בָּךְ	לָךְ	אוֹתָךְ
אִיתּוֹ	שֶׁלּוֹ	בּוֹ	לוֹ	אוֹתוֹ
אִיתָּה	שֶׁלָּה	בָּה	לָה	אוֹתָה
אִיתָּנוּ	שֶׁלָּנוּ	בָּנוּ	לָנוּ	אוֹתָנוּ
אִיתְּכֶם/ן	שֶׁלָּכֶם/ן	בָּכֶם/ן	לָכֶם/ן	אֶתְכֶם/ן
אִיתָּם/ן	שֶׁלָּהֶם/ן	בָּהֶם/ן	לָהֶם/ן	אוֹתָם/ן

מִ...	בִּשְׁבִיל	עַל יַד	אֵצֶל	בִּגְלַל
מִמֶּנִּי	בִּשְׁבִילִי	עַל יָדִי	אֶצְלִי	בִּגְלָלִי
מִמְּךָ	בִּשְׁבִילְךָ	עַל יָדְךָ	אֶצְלְךָ	בִּגְלָלְךָ
מִמֵּךְ	בִּשְׁבִילֵךְ	עַל יָדֵךְ	אֶצְלֵךְ	בִּגְלָלֵךְ
מִמֶּנּוּ	בִּשְׁבִילוֹ	עַל יָדוֹ	אֶצְלוֹ	בִּגְלָלוֹ
מִמֶּנָּה	בִּשְׁבִילָה	עַל יָדָה	אֶצְלָהּ	בִּגְלָלָה
מֵאִיתָּנוּ	בִּשְׁבִילֵנוּ	עַל יָדֵנוּ	אֶצְלֵנוּ	בִּגְלָלֵנוּ
מִכֶּם/ן	בִּשְׁבִילְכֶם/ן	עַל יְדְכֶם/ן	אֶצְלְכֶם/ן	בִּגְלַלְכֶם/ן
מֵהֶם/ן	בִּשְׁבִילָם/ן	עַל יָדָם/ן	אֶצְלָם/ן	בִּגְלָלָם/ן

Die Präpositionen (Gruppe B)

לִפְנֵי	אַחֲרֵי	עַל	אֶל
לְפָנַי	אַחֲרַי	עָלַי	אֵלַי
לְפָנֶיךָ	אַחֲרֶיךָ	עָלֶיךָ	אֵלֶיךָ
לְפָנַיִךְ	אַחֲרַיִךְ	עָלַיִךְ	אֵלַיִךְ
לְפָנָיו	אַחֲרָיו	עָלָיו	אֵלָיו
לְפָנֶיהָ	אַחֲרֶיהָ	עָלֶיהָ	אֵלֶיהָ
לְפָנֵינוּ	אַחֲרֵינוּ	עָלֵינוּ	אֵלֵינוּ
לִפְנֵיכֶם/ן	אַחֲרֵיכֶם/ן	עֲלֵיכֶם/ן	אֲלֵיכֶם/ן
לִפְנֵיהֶם/ן	אַחֲרֵיהֶם/ן	עֲלֵיהֶם/ן	אֲלֵיהֶם/ן

Verbentabelle

בניין **פָּעַל** (שלמים)
שם הפועל: לִכתוֹב
הווה: כּוֹתֵב כּוֹתֶבֶת כּוֹתבִים כּוֹתבוֹת

גוף	עבר	עתיד
אני	כָּתַבתִּי	אֶכתוֹב
אתה	כָּתַבתָּ	תִּכתוֹב
את	כָּתַבת	תִּכתְבִי
הוא	כָּתַב	יִכתוֹב
היא	כָּתבָה	תִּכתוֹב
אנחנו	כָּתַבנוּ	נִכתוֹב
אתם/ן	כְּתַבתֶּם/ן	תִּכתְבוּ
הם/ן	כָּתבוּ	יִכתְבוּ

בניין **פָּעַל** (שלמים)
שם הפועל: לִמצוֹא
הווה: מוֹצֵא מוֹצֵאת מוֹצאִים מוֹצאוֹת

גוף	עבר	עתיד
אני	מָצָאתִי	אֶמצָא
אתה	מָצָאתָ	תִּמצָא
את	מָצָאת	תִּמצְאִי
הוא	מָצָא	יִמצָא
היא	מָצאָה	תִּמצָא
אנחנו	מָצָאנוּ	נִמצָא
אתם/ן	מְצָאתֶם	תִּמצְאוּ
הם/ן	מָצאוּ	יִמצְאוּ

בניין **פָּעַל** (ע"ו)

שם הפועל: לָגוּר

הווה: גָר גָרָה גָרִים גָרוֹת

גוף	עבר	עתיד
אני	גַרתִי	אָגוּר
אתה	גַרתָ	תָגוּר
את	גַרת	תָגוּרִי
הוא	גָר	יָגוּר
היא	גָרָה	תָגוּר
אנחנו	גַרנוּ	נָגוּר
אתם/ן	גַרתֶם/ן	תָגוּרוּ
הם/ן	גָרוּ	יָגוּרוּ

בניין **פָּעַל** (ל"ה)

שם הפועל: לִקנוֹת

הווה: קוֹנֶה קוֹנָה קוֹנִים קוֹנוֹת

גוף	עבר	עתיד
אני	קָנִיתִי	אֶקנֶה
אתה	קָנִיתָ	תִקנֶה
את	קָנִית	תִקנִי
הוא	קָנָה	יִקנֶה
היא	קָנתָה	תִקנֶה
אנחנו	קָנִינוּ	נִקנֶה
אתם/ן	קְנִיתֶם/ן	תִקנוּ
הם/ן	קָנוּ	יִקנוּ

בניין **פָּעַל** (פ"י)
שם הפועל: לָרֶדֶת
הווה: יוֹרֵד יוֹרֶדֶת יוֹרְדִים יוֹרְדוֹת

גוף	עבר	עתיד
אני	יָרַדְתִּי	אֵרֵד
אתה	יָרַדְתָּ	תֵּרֵד
את	יָרַדְתְּ	תֵּרְדִי
הוא	יָרַד	יֵרֵד
היא	יָרְדָה	תֵּרֵד
אנחנו	יָרַדְנוּ	נֵרֵד
אתם/ן	יְרַדְתֶּם/ן	תֵּרְדוּ
הם/ן	יָרְדוּ	יֵרְדוּ

בניין **פָּעַל** (פ"א)
שם הפועל: לֶאֱכוֹל
הווה: אוֹכֵל אוֹכֶלֶת אוֹכְלִים אוֹכְלוֹת

גוף	עבר	עתיד
אני	אָכַלְתִּי	אוֹכַל
אתה	אָכַלְתָּ	תֹּאכַל
את	אָכַלְתְּ	תֹּאכְלִי
הוא	אָכַל	יֹאכַל
היא	אָכְלָה	תֹּאכַל
אנחנו	אָכַלְנוּ	נֹאכַל
אתם/ן	אֲכַלְתֶּם/ן	תֹּאכְלוּ
הם/ן	אָכְלוּ	יֹאכְלוּ

בניין **פִּיעֵל** (שלמים)

שם הפועל: לְדַבֵּר

הווה: מְדַבֵּר מְדַבֶּרֶת מְדַבְּרִים מְדַבְּרוֹת

גוף	עבר	עתיד
אני	דִיבַּרְתִי	אֲדַבֵּר
אתה	דִיבַּרְתָ	תְדַבֵּר
את	דִיבַּרְת	תְדַבְּרִי
הוא	דִיבֵּר	יְדַבֵּר
היא	דִיבְּרָה	תְדַבֵּר
אנחנו	דִיבַּרְנוּ	נְדַבֵּר
אתם/ן	דִיבַּרְתֶם/ן	תְדַבְּרוּ
הם/ן	דִיבְּרוּ	יְדַבְּרוּ

בניין **פִּיעֵל** (ל"ה)

שם הפועל: לְחַכּוֹת

הווה: מְחַכֶּה מְחַכָּה מְחַכִּים מְחַכּוֹת

גוף	עבר	עתיד
אני	חִיכִּיתִי	אֲחַכֶּה
אתה	חִיכִּיתָ	תְחַכֶּה
את	חִיכִּית	תְחַכִּי
הוא	חִיכָּה	יְחַכֶּה
היא	חִיכְּתָה	תְחַכֶּה
אנחנו	חִיכִּינוּ	נְחַכֶּה
אתם/ן	חִיכִּיתֶם/ן	תְחַכּוּ
הם/ן	חִיכּוּ	יְחַכּוּ

בניין **הִפְעִיל**

שם הפועל: לְהַזְמִין

הווה: מַזְמִין מַזְמִינָה מַזְמִינִים מַזְמִינוֹת

גוף	עבר	עתיד
אני	הִזְמַנְ**תִּי**	**אַ**זְמִין
אתה	הִזְמַנְ**תָּ**	**תַּ**זְמִין
את	הִזְמַנְ**תְּ**	**תַּ**זְמִינִי
הוא	הִזְמִין	**יַ**זְמִין
היא	הִזְמִינָ**ה**	**תַּ**זְמִין
אנחנו	הִזְמַנּוּ	**נַ**זְמִין
אתם/ן	הִזְמַנְ**תֶּם/ן**	**תַּ**זְמִינוּ
הם/ן	הִזְמִינוּ	**יַ**זְמִינוּ

בניין **הִפְעִיל** (פ"נ)

שם הפועל: לְהַכִּיר

הווה: מַכִּיר מַכִּירָה מַכִּירִים מַכִּירוֹת

גוף	עבר	עתיד
אני	הִכַּרְ**תִּי**	**אַ**כִּיר
אתה	הִכַּרְ**תָּ**	**תַּ**כִּיר
את	הִכַּרְ**תְּ**	**תַּ**כִּירִי
הוא	הִכִּיר	**יַ**כִּיר
היא	הִכִּירָ**ה**	**תַּ**כִּיר
אנחנו	הִכַּרְנוּ	**נַ**כִּיר
אתם/ן	הִכַּרְ**תֶּם/ן**	**תַּ**כִּירוּ
הם/ן	הִכִּירוּ	**יַ**כִּירוּ

בניין **נִפְעַל** (שלמים)

שם הפועל: לְהִיכָּנֵס

הווה: נִכְנָס נִכְנֶסֶת נִכְנָסִים נִכְנָסוֹת

גוף	עבר	עתיד
אני	נִכְנַסְתִּי	אֶכָּנֵס
אתה	נִכְנַסְתָּ	תִּכָּנֵס
את	נִכְנַסְתְּ	תִּכָּנְסִי
הוא	נִכְנַס	יִכָּנֵס
היא	נִכְנְסָה	תִּכָּנֵס
אנחנו	נִכְנַסְנוּ	נִכָּנֵס
אתם/ן	נִכְנַסְתֶּם/ן	תִּכָּנְסוּ
הם/ן	נִכְנְסוּ	יִכָּנְסוּ

בניין **הִתְפַּעֵל** (שלמים)

שם הפועל: לְהִתְרַגֵּל

הווה: מִתְרַגֵּל מִתְרַגֶּלֶת מִתְרַגְּלִים מִתְרַגְּלוֹת

גוף	עבר	עתיד
אני	הִתְרַגַּלְתִּי	אֶתְרַגֵּל
אתה	הִתְרַגַּלְתָּ	תִּתְרַגֵּל
את	הִתְרַגַּלְתְּ	תִּתְרַגְּלִי
הוא	הִתְרַגֵּל	יִתְרַגֵּל
היא	הִתְרַגְּלָה	תִּתְרַגֵּל
אנחנו	הִתְרַגַּלְנוּ	נִתְרַגֵּל
אתם/ן	הִתְרַגַּלְתֶּם/ן	תִּתְרַגְּלוּ
הם/ן	הִתְרַגְּלוּ	יִתְרַגְּלוּ

Index

	Lek.
ביתו	18
בכלל לא	10
בלי	12
במה	24
במקום	14
בן	8
בן/בת כמה	8
בניין	15
בסדר	11
בעייה	16
בעל	8
בעל פה	23
בעצם	24
בעצמכם	26
בפנים	16
בצורת	27
בקול רם	21
ברגל	21
בשבוע שעבר	17
בשביל	16
בשנת	19
בת	8
בתיאבון	16
גבוה	15
גבינה	12
גבר	20
גברת	1
גדול	3
גומר (לגמור)	9
גוף	17
גלויה	7
גלידה	13
גם	2
גם ...וגם	8
גר	3
גרון	17
גרמנית	2
גשם	24
דג	16
דואג (לדאוג)	20
דואר	7
דולקים	14
די	27
דירה	5
דירות להשכרה	26
דנית	2
דעה	20
דף	9
דקה	9
דרום	24
דרישת שלום	17
דרך	21
דרך אגב	23
דת	14

	Lek.
דתי	15
ה...	3
האלה	7
אם	2
הבדל	24
הביתה	5
הוא	1
הולך (ללכת)	6
הוצאה	26
הורים	8
הזאת	7
הזדמנות	22
הזה	7
החוצה	18
היא	1
היה	11
היום	4
הייתי רוצה	16
היכל התרבות	22
הינה	3
היתה	12
הכול	8
הליכה	22
הסקה	26
הפעם	21
הר	15
הרבה	7
ו...	2
זאת	1
זאת אומרת	25
זה	1
(לזכור)	23
זול	26
זז (לזוז)	25
זכות	20
זמן	9
זקן	18
חבילה	23
חבל	12
חבר	3
חברה	20
חברה שיוויונית	20
חג	25
חדר	3
חדר אוכל	20
חדש	5
חוגג (לחגוג)	23
חודש	13
חוזר	5
חולה	4
חום	17
חומוס	12
חומר	17
חוף	24

	Lek.
חופש	4
חופשה	24
חוץ לארץ	22
חוץ מזה	20
חורף	24
חושב (לחשוב)	7
חזק	21
חי	19
חי (לחיות)	18
חיים	15
חכם	18
חם	6
חמור	21
חמש	5
חנות	7
חסר	27
חצי	5
חציל	12
חשבון	7
טוב	3
טיול	6
טיילת	23
טכנאי	1
טלפון ציבורי	23
טס	3
טעים	12
טרי	16
יד	17
יהודי	14
יהיה	14
יודע	4
יום	6
יום הולדת	23
יום חמישי	10
יום ראשון	10
יום רביעי	10
יום שישי	10
יום שלישי	10
יום שני	10
יופי	5
יוצא (לצאת)	17
יורד (לרדת)	21
יורד גשם	24
יורד שלג	24
יושב (לשבת)	6
יותר	22
יותר מאשר	22
יותר מדי	26
יין	12
יכול	6
ילד	8
ים	4
ימין	22
ימינה	22

	Lek.
יפה	3
יפנית	2
יקר	13
ירושלים	4
ירח	26
ירקות	16
יש	4
יש...ל	7
ישן (לישון)	10
ישר	16
ישראלי	27
כ...	4
כאן	4
כביסה	20
כביש	21
כדאי	11
כדי ל...	18
כואב (לכאוב)	17
כוח	21
כול	14
כול ה...	4
כול כך	12
כותב (לכתוב)	9
כזה	26
כי	6
כיכר	22
כיסא	4
כיתה	4
כך	13
כמה	7
כמה ימים	17
כמו	20
כמובן	19
כמעט	17
כן	1
כנסיה	15
כסף	7
כרטיס	22
כש...	17
כתוב	14
ל...	3
לא	1
לאורך	22
לאן	3
לב	17
לבן	15
להזמין תור	17
להיות	12
להיתראות	3
לוח	25
לומד (ללמוד)	6
לוקח (לקחת)	7
לחות	24
לחזור על	17

	Lek.
לחכות בתור	17
לילה	9
לימודים	27
לכן	13
למה	4
למזלי	10
למרות ש...	24
למשל	11
לעומת זאת	25
לפי	14
לפני	10
לפניו	21
לפעמים	20
לקראת	18
לקרוא ל...	13
לשם כך	23
מ...	5
מאה	13
מאוד	4
מאחל (לאחל)	23
מאיין	5
מבין (להבין)	20
מבקר (לבקר)	13
מברק	23
מגדיל (להגדיל)	27
מגורים	27
מגיע (להגיע)	16
מדבר (לדבר)	6
מדור	26
מדליק (להדליק)	14
מדרחוב	15
מה	2
מה נשמע	2
מה שלומך	11
מודיעין	22
מוכן	9
מוכרח	19
מונית	22
מוסיף (להוסיף)	25
מוסלמי	15
מוסר (למסור)	23
מוצא (למצוא)	11
מוצא חן	20
מוציא (להוציא)	26
מוקדם	10
מורה	4
מותר	14
מזג אוויר	24
מזכיר	20
מזל	23
מזמין (להזמין)	14
מחברת	4
מחדש	27
מחזיר (להחזיר)	22

	Lek.
מחיר	26
מחכה (לחכות)	16
מחליט (להחליט)	21
חפש (לחפש)	26
מחר	12
מטבח	20
מטוגן	16
מטייל (לטייל)	6
מטלפן (לטלפן)	15
מטע	20
מטפל (לטפל)	20
מטר	27
מי	1
מיגדל	22
מידבר	24
מיוחד	5
מיטה	17
מילא	17
מילה	13
מילון	19
מיסגד	15
מיסכן	21
מיספר	15
מיסכן	21
מיץ	12
מירפאה	17
מכבסה	20
מכין (להכין)	14
מכיר (להכיר)	11
מכתב	17
מלא	25
מלאך	14
מלון	3
מלחמה	27
מלמד (ללמד)	18
מלצר	16
ממני	23
ממציא (להמציא)	19
ממש	17
מן	21
מנגן (לנגן)	22
מסביר (להסביר)	19
מסיבה	5
מסכים (להסכים)	14
מסעדה	16
מספיק	23
מספיק (להספיק)	22
מספר (לספר)	15
מסתכל (להסתכל)	26
מעדיף (להעדיף)	20
מעוניין	26
מעלה	24
מעניין	11
מפה	22

	Lek.
מפלס	27
מפני ש...	25
מפרץ	27
מצב	26
מצויין	4
מצטער (להצטער)	16
מציאה	26
מציע (להציע)	24
מצלם (לצלם)	9
מצרי	27
מקבל (לקבל)	20
מקצוע	27
מרגיש (להרגיש)	17
מרכז	13
משהו	11
משוגע	15
משלם (לשלם)	14
משפחה	3
משרד	2
משרד נסיעות	24
מתווכח (להתווכח)	19
מתון	18
מתחיל (להתחיל)	9
מתי	9
מתכנן (לתכנן)	24
מתפלל (להתפלל)	19
מתקן (לתקן)	26
מתקיים (להתקיים)	27
מתקרב (להתקרב)	22
מתרגל (להתרגל)	19
מתרגש (להתרגש)	19
מתרחץ (להתרחץ)	24
נגמר (להיגמר)	25
נדבר (להידבר)	15
נהדר	12
נוסע (לנסוע)	9
נוסף	25
נוצרי	15
נורא	17
נותן (לתת)	21
נח (לנוח)	10
נחמד	8
נכון	6
נכנס (להיכנס)	15
נמל תעופה	13
נמצא (להימצא)	13
נעים	3
נפגש (להיפגש)	15
נפסק (להיפסק)	27
נפתח (להיפתח)	27
נקרא (להיקרא)	25
נר	14
נראה (להיראות)	27
נשאר (להישאר)	22

	Lek.
סביבה	26
סבלנות	18
סדר יום	10
סוגר (לסגור)	16
סוודר	24
סולן	22
סוף	12
סוף סוף	16
סופר	11
סטודנט	1
סיכוי	26
סיפור	11
סכום	26
סכנה	27
סלט	12
סליחה	7
סנהדרין	18
ספר	4
ספרדים	13
סרט	5
סתיו	24
עבודה	10
עברי	25
עברית	2
עדיין	26
עובד	2
עובר (לעבור)	21
עוד	7
עוזר (לעזור)	18
עולה (לעלות)	7
עולה (לעלות)	21
עולם	7
עומד (לעמוד)	18
עונה (לענות)	18
עוף בגריל	16
עושה (לעשות)	6
עיין	17
עייף	5
עיני	20
עיר	13
עיתון	7
עכשיו	2
על	4
על יד	4
על לא דבר	22
עם	18
עם	4
עצה	21
ערב	5
ערבית	2
ערוך	14
עתיד	20
עתיק	13
פה	17

	Lek.
פה	3
פוגש (לפגוש)	21
פונה (לפנות)	22
פותח (לפתוח)	16
פותר (לפתור)	18
פחות	22
פינה	22
פיסיקאי	1
פיתרון	25
פלפל	12
פנוי	26
פנסיון	3
פסח	25
פסיכולוג	1
פסל	22
פעם	10
פקיד	1
פרטי	20
פשוט	11
צבע	15
צד	22
צודק	23
צוהוריים	9
צוחק (לצחוק)	21
צעיר	11
צפון	24
צרות	18
צריך	6
צרפתית	2
קבוע	25
קבלה	13
קדוש	13
קהיר	27
קו	27
קודם	25
קול	21
קולנוע	4
קונה (לקנות)	13
קורא (לקרוא)	7
קטן	3
קיבוץ	3
קידומת	23
קייץ	13
קיצור	27
קם (לקום)	10
קצר	11
קצת	10
קר	24
קרוב	27
ראש	17
רב	11
רב,רבי	13
רבע	9
רגיל	25
רגל	17
רואה (לראות)	13
רוסית	2
רופא	17
רוצה (לרצות)	6
רושם (לרשום)	23
רחוב	5
רחוק	23
רכילות	20
רמזור	22
רע	2
רעב	16
רעיון	6
רעיון	26
רפת	20
רץ (לרוץ)	9
רק	4
רשום	23
ש...	7
שאלה	8
שאר	18
שבוע	9
שביעי	14
שבת	10
שדרות	22
שואל (לשאול)	8
שובת (לשבות)	14
שוודית	2
שוכב (לשכב)	17
שוכח (לשכוח)	24
שוכר (לשכור)	26
שולח (לשלוח)	11
שולחן	4
שומע (לשמוע)	10
שונה	24
שוק	27
שותה (לשתות)	12
שיחה	23
שיחת חוץ	23
שיעור	4
שכר דירה	26
של	5
שלג	24
שלום	2
שלי	8
שם	2
שם	8
שם (לשים)	12
שמאל	22
שמואלה	22
שמונה	5
שמיים	15
שמש	6
שנוא	18

	Lek.
שנה	8
שנה מעוברת	25
שני	8
שעה	9
שעון	19
שפה	19
שפעת	17
שקל	7
שרות	27
שרותים	26
שתים עשרה	9
תא	23
תאריך	25
תודה	2
תודה רבה	4
תוסס	19
תור	17
תושב	19
תזמורת	20
תייר	22
תינוק	8
תירגום	11
תלוי	24
תלמיד	4
תמונה	13
תמיד	16
תני לי	7
תערוכה	13
תפוז	16
תפוח אדמה	16
תרבות	22
תרופה	17